2020年度广西民族师范学院旅游管理专业硕士点建设研究项目（编号：2007/3270030702）

创新驱动广西边境口岸旅游高质量发展研究

潘冬南　著

北　京

冶 金 工 业 出 版 社

2021

内 容 提 要

本书基于新的时代背景，在对相关概念以及理论进行系统梳理的基础上，从纵向维度和横向维度，构建创新驱动旅游经济高质量发展的理论框架；借鉴国内外创新驱动旅游经济高质量发展的成功经验，结合实际，分析广西边境口岸旅游高质量发展的创新主体、创新要素，并从宏观、中观、微观三个层面构建创新驱动广西边境口岸旅游高质量发展的内在机理框架；最后提出具体的发展路径，对广西边境口岸旅游高质量发展具有重要的指导意义和实践价值。

本书内容翔实，可供高等院校旅游管理专业广大师生和从事旅游研究的相关人员阅读，也可供旅游管理部门的工作人员参考。

图书在版编目（CIP）数据

创新驱动广西边境口岸旅游高质量发展研究/潘冬南著 . —北京：冶金工业出版社，2021.6

ISBN 978-7-5024-8820-8

Ⅰ.①创… Ⅱ.①潘… Ⅲ.①旅游业发展—研究—广西
Ⅳ.①F592.767

中国版本图书馆 CIP 数据核字（2021）第 097174 号

出 版 人 苏长永
地 址 北京市东城区嵩祝院北巷 39 号 邮编 100009 电话 (010)64027926
网 址 www.cnmip.com.cn 电子信箱 yjcbs@cnmip.com.cn
责任编辑 王 颖 美术编辑 吕欣童 版式设计 郑小利
责任校对 窦 唯 责任印制 禹 蕊
ISBN 978-7-5024-8820-8
冶金工业出版社出版发行；各地新华书店经销；北京捷迅佳彩印刷有限公司印刷
2021 年 6 月第 1 版，2021 年 6 月第 1 次印刷
169mm×239mm；14 印张；211 千字；211 页
99.90 元
冶金工业出版社 投稿电话 (010)64027932 投稿信箱 tougao@cnmip.com.cn
冶金工业出版社营销中心 电话 (010)64044283 传真 (010)64027893
冶金工业出版社天猫旗舰店 yjgycbs.tmall.com
（本书如有印装质量问题，本社营销中心负责退换）

前　　言

　　党的十八大提出实施创新驱动发展战略，为我国经济健康持续发展指明了方向。党的十九大明确提出建设创新型国家的战略目标，我国经济发展已由高速增长阶段转向高质量发展阶段，创新成为引领高质量发展的第一动力。广西8个县（市、区）与越南接壤，拥有边境口岸12个，具有明显的沿边优势，在"一带一路"建设中发挥着重要的作用。广西边境口岸拥有发展旅游业的良好区位条件、资源条件以及政策条件，发展旅游业已成为边境口岸扩大对外开放、加速壮大跨境产业生态链的重要途径。但从整体上来看，广西边境口岸旅游业发展水平较低，产业综合效益不高，创新动力不足。因此，在新的时代背景下，以创新驱动旅游高质量发展成为广西边境口岸亟待解决的重要问题。

　　目前，关于旅游经济高质量发展的研究主要集中在旅游经济高质量发展的内涵、发展路径等方面，且以宏观的定性研究为主，区域性的实践研究不多。同时，对边境口岸的研究主要涉及边境口岸旅游发展影响、旅游产品、跨境旅游与业态创新等内容，较少涉及创新要素、创新驱动发展内在机理等方面的研究，在理论与实证研究上亟待深入与完善。本书基于新的时代背景，在对相关概念以及理论进行系统梳理的基础上，对创新驱动广西边境口岸旅游高质量发展进行了较为深入、系统的研究。从纵向维度和横向维度，构建创新驱动旅游经济高质量发展的理论框架，借鉴国内外创新驱动旅游经济高质量发展的成功经验，结合广西边境口岸的实际，详细分析广西边境口岸旅游高质量发展的创新主体、要素，并从宏观层面、中观层面、微观层面构建创新驱动广西边境口岸旅游高质量发展的内在机理框架，最后提出具体的发展路径，对边境口岸旅游高质量发展具有重要的指导意义和实践价值。

　　本书在撰写过程中，参考和借鉴了许多相关的文献与资料，在此对其作者表示衷心的感谢。

　　由于作者的理论知识、研究水平有限，书中难免有疏漏和不妥之处，恳请广大读者批评指正。

潘冬南

2021 年 3 月

目　　录

绪　　论

本章主要阐述研究背景与研究意义，梳理国内外关于创新驱动经济发展、经济高质量发展、旅游经济高质量发展以及边境口岸旅游发展等方面的相关研究文献，找出现有研究的不足，为后续研究奠定基础。同时，阐明本书的研究内容与研究方法、主要创新点。

第一节　研究背景与研究意义

一、研究背景

党的十八大明确提出要实施创新驱动发展战略，2016 年 5 月，中共中央、国务院印发了《国家创新驱动发展战略纲要》。党的十九大报告从四大方面提出了实施创新驱动发展战略、加快建设创新型国家，2020～2035 年，在全面建成小康社会的基础上，再奋斗十五年，基本实现社会主义现代化；到那时，我国经济实力、科技实力将大幅跃升，跻身创新型国家前列。创新成为我国现代经济发展的主题，经济高质量发展的关键在于实现从要素驱动转向创新驱动。当前，广西倾力打造"一带一路"有机衔接的重要门户，边境口岸作为广西对外开放的重要窗口，在"一带一路"建设中再担重任。旅游业在广西边境口岸经济社会发展中发挥独特的作用，以创新驱动旅游经济高质量发展，是广西边境口岸适应国家经济新形势的需要，同时也是广西边境口岸深化对外开放、推动形成多样化沿边经济合作发展模式的重要途径。

二、研究意义

我国经济发展已经从高速增长阶段转向高质量发展阶段。本书基于新的时代背景，对创新驱动广西边境口岸旅游高质量发展进行较为深入、系统的研究，具有重要的理论意义与实践意义。

（一）理论意义

本书在借鉴国内外相关研究成果的基础上，构建创新驱动广西边境口岸旅游高质量发展的内在机理，对广西边境口岸旅游高质量发展的路径进行系统研究，对进一步拓展经济高质量发展的理论研究、丰富经济高质量发展的研究内容具有重要意义。同时，目前关于广西边境口岸旅游发展的研究比较零散、不成系统，不够深入。本书对创新驱动广西边境口岸旅游高质量发展进行理论分析与实证研究，开辟了广西边境口岸旅游发展研究的新途径，能较好地为广西边境口岸旅游高质量发展提供理论指导。

（二）实践意义

在我国经济发展已经从高速增长阶段转向高质量发展阶段的时代背景下，创新是引领发展的第一动力。本书不仅分析广西边境口岸旅游发展现状与现实困境，同时也归纳总结了国内外以创新驱动旅游经济高质量发展的成功经验，有助于广西边境口岸认清形势、找出差距，明确旅游高质量发展的新方向。同时，本书的研究成果能够为广西边境口岸旅游高质量发展提供直接的路径，使其更好地发挥优势，以旅游业的高质量发展助推"一带一路"建设。

第二节　国内外相关研究综述

一、创新驱动经济发展相关研究

（一）国外相关研究

在经济学领域，美国经济学家约瑟夫·熊彼特在其出版的专著《经济发展理论》中对"创新"作了如下的定义："创新就是建立一种新的生产函数，把一种从来没有过的关于生产要素和生产条件的新组合引入生产体系。"❶ 之后，国外学者进行了大量关于创新驱动经济发

---

❶ Schumpeter J A. The schumpttr: Theory economic development [M]. Cambridge: Harvard University Press, 1934.

展的研究，取得了丰富的研究成果。

1. 创新驱动与经济增长

美国经济学家索洛和斯旺在 1956 年发表的《经济增长的一个理论》和《经济增长与资本积累》等论文中首先提出新古典经济增长模型，该模型对世界经济发展具有重要的启示作用，技术进步是实现经济增长的必要条件。美国哈佛商学院迈克尔·波特于 1990 年在其《国家竞争优势》中较早地提到了"创新驱动"，认为国家竞争力发展可以分为四个阶段，分别是生产要素导向阶段、投资导向阶段、创新导向阶段和财富导向阶段。创新导向阶段，通过对人员的培训，获取了较强的创新意识和创新能力，具备充分的研究开发能力，并且吸收消化和改进引进技术的能力较强[1]。部分学者研究制度创新对创新驱动的影响，用人制度创新与创新驱动是相互作用的；以弗里德曼为代表国家创新系统学派认为国家在制定经济发展战略时必须高度重视和突出创新驱动的重要作用，要将创新驱动作为经济发展最核心的驱动力[2]。Fagerberg J（2000）认为 20 世纪的下半叶，经济总产出的增加源于技术创新带来的产业结构的优化升级。此外，部分学者通过研究发现，技术创新使经济收入增长、商品需求以及生产率发生变动，进而推动产业结构的优化调整、转型升级；但有时候对产业结构优化、经济增长的影响具有时滞性（Peneder M，2003；Edwin L C. Lai；1998）。

2. 创新驱动与产业转型升级

国外学者对创新促进产业结构转型升级的研究较为成熟，并取得了丰富的成果。学者们认为创新能够带动产业结构升级，加速创造更多附加值的过程，但需要有高的创新效率和快的创新速度才能激发产业升级的潜力（Pietrobelli et al.，2004；Kaplinsky and Morris，2012）[3]。Kevin（2005）比较了创新和模仿策略对新产品性能的影

---

[1]　胡婷婷，文道贵. 发达国家创新驱动发展比较研究 [J]. 科学管理研究，2013，31（02）：1-4.

[2]　秦夏冰. 广西创新驱动对产业结构升级影响研究 [D]. 桂林：桂林理工大学，2018.

[3]　袁航. 创新驱动对中国产业结构转型升级的影响研究 [D]. 北京：北京邮电大学，2019.

响，并考察在中国不同市场条件下的偶然性。跨行业调查的经验结果表明，与模仿策略相比，创新策略可带来更好的新产品性能。Alten-burg T（2007）结合了创新系统、全球价值链和专业网络等方法来分析中国和印度四个最具活力的产业，发现按照目前的资本积累速度，创新能力将迅速在中国建立起来，而在印度，需要一段时间。Quatraro F（2009）将商业周期和创造性破坏的作用嫁接到增长阻滞理论中，发展了熊彼特关于结构变化的方法，分析1981～2003年意大利20个地区在向知识经济转型背景下的增长路径，研究发现由于后工业化地区制造业活动的扩张延迟，生产率增长和创新发生在制造业部门。由此可见，创新对产业结构升级具有重要作用，而创新是通过多种作用渠道对产业结构转型升级产生影响的。Metcal C J（2014）在一个竞争性创新的模型中，推导出一个进入者通过对未开发的、替代的（新兴的）技术进行创新来取代现有企业的理论条件，主要结果呈现盈利能力和创新速度的条件，这些条件产生一个马尔科夫完美均衡，在这个均衡中，进入者追求新兴技术，而老牌企业选择坚持现有技术并获取短期利润。Jeon J、Hong S、Yang T等（2016）指出技术创新很有可能改变生物技术和制药行业的结构和功能，自2000年以来，生物技术和制药企业积极结成战略联盟，技术创新使行业内的创新来源从研发转向创业；并通过分析从 Medtrack 输出和获取技术数据的模式，确定了1980年以来创业精神的演变，并讨论了技术进步带来的变化。在不同时期，生物制药企业获得了新的知识和改进的技术，并将这些新获得的知识和创新应用到市场中。Święcki（2017）基于1970～2005年45个不同国家的数据校准了模型，并对模型进行了反事实模拟，系统地评估结构变化的四个决定因素的相对重要性，研究发现产业偏向性技术变革总体上是最重要的机制，对于理解发达国家制造业劳动份额下降和相应的服务业增长至关重要。

（二）国内相关研究

近年来，国内学者非常重视创新对经济发展促进作用的研究。学者们的研究成果既有宏观的理论研究，又有微观的实证研究，围绕创新驱动发展的内涵、创新驱动发展评价、创新驱动经济发展的路径、创新驱动产业结构升级优化等方面进行研究，并取得了丰富的研究成果。

1. 创新驱动发展的内涵

关于创新驱动发展的内涵，既有政府部门的阐述，又有学术界的阐述。中共中央、国务院发布的《国家创新驱动发展战略纲要》将其界定为"创新驱动发展是创新成为引领发展的第一动力，科技创新与制度创新、管理创新、商业模式创新、业态创新和文化创新相结合，推动发展方式向依靠持续的知识积累、技术进步和劳动力素质提升转变，促进经济向形态更高级、分工更精细、结构更合理的阶段演进"❶。学术界对创新驱动发展内涵的阐述，主要从强调创新是经济发展的主要动力、强调依靠创新要素投入推动发展、强调创新驱动发展成效三个方面进行（见表0-1）。

表0-1 国内学者关于创新驱动内涵的主要观点

研究视角	作者	主要观点
强调创新是经济发展的主要动力	胡婷婷等（2013）	经济增长主要依靠科学技术的创新带来效益，在经济发展中科技进步对于经济增长的作用大大增加，即科技进步对经济的贡献率大大提高
	黄锐等（2016）	在经济发展达到一定的水平时，创新成为经济增长的主要推动力，创新驱动经济社会发展是一个循环的过程
强调依靠创新要素投入推动发展	靳思昌（2016）	创新驱动是指利用知识、技术、制度等创新要素，对现有的劳动力、资本、物质资源等有形要素进行重新组合，转化为经济效益和社会效益的活动
	李燕萍，毛雁滨，史瑶（2016）	以科技创新为核心，从以资本、能源、劳动力、土地等传统生产要素驱动经济发展的方式向以知识、人才、科技创新等新兴要素驱动经济发展的方式转型，最终实现依靠科技驱动发展的终极目标
强调创新驱动发展成效	周立德，周敏（2013）	创新驱动是一种新的经济增长方式，通过对知识、技术、机制和管理模式等要素的创新，实现对有形资本、劳动力、物质资源等要素的重新组合，以创新的知识和技术，形成新的生产力
	陈波（2014）	创新驱动与内生经济增长的内涵是一致的，创新驱动是经济发展的强大动力与恒久之源

❶ 胡海鹏，袁永，黎雅婷. 创新驱动发展能力内涵及评价研究述评［J］. 科技管理研究，2019，39（16）：11-17.

2. 创新驱动发展评价

为更好地落实创新驱动战略，学者整合质量管理学、技术创新管理学、战略管理学和形式逻辑学等理论知识，对创新驱动发展评价指标体系进行了一系列的有益探索。从整体上来看，大多数学者主要基于投入-产出模型构建评价体系的一级指标。李燕萍、毛雁滨、史瑶（2016）建立了创新资源、创新活动、创新产出以及创新环境四个一级指标。王进富、侯海燕、张爱香（2016）从创新驱动主体要素、创新驱动发展投入要素、创新驱动发展产出要素、创新驱动发展环境要素等四个方面构建创新驱动发展能力评价指标体系。创新产出的描述主要包括创新产出、知识创造、科技创新、创新影响、研发能力、生产能力、市场开拓能力（胡海鹏等，2019）。还有一些学者从创新的内容构建评价指标体系。吴海建等（2015）从创新基础、创新支撑、创新成果、服务驱动和发展绩效五个方面的内容构建创新驱动发展评价指标体系。刘焕、胡春萍、张攀（2015）从创新能力、创新资源、协同创新、区域创新体系、治理绩效等五个方面构建省级政府实施创新驱动发展战略监测评估指标体系。

3. 创新驱动经济发展路径

马克（2013）指出创新驱动经济发展路径转换需要做到创新文化建设、创新理论研究、创新体系建设、创新制度建设四个方面的突破。马苹、李靖宇（2014）提出要全面优化海洋产业布局、健全海洋科技创新体系、加大金融支持力度、构建大"S"形海域经济带、维护国家海洋权益、切实加强国际合作开发的海洋经济创新发展路径。茹少峰、李祥丽、杜建丽（2015）从数字创新计划、建立技术创新的市场机制、加强数字技术人才培养、加大企业数字技术的研发投入力度、优化政府投资结构等方面探讨大数据时代我国新常态经济增长中技术创新的路径。王君美（2015）研究创新引导经济增长模式转变的市场路径，提出加大高新技术股票融资力度、鼓励横向兼并推动创新技术应用、发展创新技术产权交易市场以及推广产业化多层次教育等建议。王定祥、黄莉（2019）指出创新驱动经济发展的核心依然是技术创新驱动，其路径既包括技术创新的投入产出过程，又包括创新成果应用于社会生产的投入产出过程；这两个过程需要协调处理好政府、市场的功能定位和有效分工。蓝乐琴、黄让（2019）从高级要素治理的视角，提出创新驱动经济高质量发展的路径：不断孵化、集聚与配置信息、技术等高级要素，塑造以高级要素为基础的创新系统，扶植跨国公司作为知识、品牌、技术、信息等高级要素汇聚的重要主体，积极处理高级要素密集型产业和初级要素密集型产业之间的关系并推动它们的融合，为不同要素密集型产业间的创新提供优良的外部条件。

4. 创新驱动产业结构升级

近年来，创新驱动产业结构升级得到了学者们的高度关注，创新驱动对产业结构升级具有重要促进作用。李昊、范德成（2019）采用最优组合赋权法、灰色聚类和 D-S 证据理论对我国产业结构升级驱动因子进行阶段性分析，结果发现从第三阶段起创新驱动因子对产业结构升级的推动作用日益显现，到第四阶段已成为产业结构升级中最重要的驱动因子。郑威、陆远权（2019）利用中国 30 个省份 2005～2015 年面板数据，构建地理距离、经济距离空间权重矩阵，并运用空间杜宾模型实证分析了创新驱动对产业结构升级的空间溢出效应及其衰减边界。实证结果表明，创新驱动不仅提升了本地区产业结构升级，还通过空间溢出效应显著地促进了周边地区尤其是地理相近省份产业结构升级。沈琼、王少朋（2019）检验技术创新和制度创新与中部地区产业转型升级的相关性，结果发现技术创新和制度创新对中部地区产业转型升级均有显著的正向影响，制度创新在产业转型升级进程中的作用大于技术创新的作用。王希元（2020）采用非线性面板门槛模型，实证研究市场化、政府创新扶持、技术市场发育、金融发展和知识产权保护等五个制度因素对创新驱动产业结构升级的影响。宋林、张杨（2020）研究创新驱动对制造业产业升级的影响及其机理，发现创新对制造业结构升级具有显著正向效应，与开放程度、政府作为等因素共同构成产业升级的动力机制。同时，一些学者的研究表明了技术创新对产业结构升级的驱动作用要比其他因素明显。赵玉林、裴承晨（2019）指出技术创新对制造业转型升级具有显著直接驱动作用；产业融合是技术创新驱动制造业转型升级的基本路径。王煌、张秀英（2017）的研究表明技术创新和产业结构升级在直接促进国际贸易发展的同时，还能通过技术创新驱动产业结构升级、产业结构升级倒逼技术创新间接影响贸易发展。王桂月、徐瑶玉（2016）通过建立指标体系，采用 SVAR 模型对我国科技创新与产业转型升级之间的动态影响关系进行实证分析，结果表明科技创新对产业转型各目标的发展有较大的贡献率，能够有效地推动产业转型升级。

二、经济高质量发展相关研究

（一）国外相关研究

从现有文献来看，目前国外没有经济高质量发展这一说法，但是与经济高质量发展密切相关的经济增长、经济发展质量等方面的研究成果较为丰富。以亚当·斯密、李嘉图为代表的学者较早地研究了经济增长的决定因素。亚当·斯密在其《国富论》中以发展生产力、增加国民财富为中心，并以探索国民财富增长的本质源泉、揭示经济增长与发展的运行机制和内在规律为己任，形成了系统而科学的经济增长因素理论：分工是发展劳动生产力、实现经济增长的决定性因素，生产劳动是经济增长的源泉，资本积累是经济增长的第一推动力，对外贸易是促进经济增长的必要条件❶。李嘉图对经济增长的研究与亚当·斯密不同，其重点是研究利益变动时经济如何维持增长的问题，经济增长的模式实质上就是资源和利益双重制约的增长模式，而在生产要素所有权没有发生变动的情况下，资源要素限制必然转化为经济利益关系对增长的制约，是该模式的基本特色❷。之后，西方学界的专家学者对经济增长方面的研究进行了长期的理论探索与实践，在经济增长阶段、经济增长质量内涵及其评价等方面取得丰富的成果。

1. 经济增长内涵、阶段研究

关于经济增长阶段方面的研究，Rosto W W（1971）将经济增长划分为传统社会阶段、"起飞"过渡阶段、"起飞"阶段、向成熟推进阶段、大众高消费阶段、追求生活质量阶段六个阶段；罗雪尔则把国民经济划分为由自然主导、劳动主导、资本主导等几个发展阶段❸。关于经济增长质量内涵及其评价方面，苏联经济学家卡马耶夫（1983）认为经济增长不仅仅包括生产资料数量的增多、产量的增长，还包括产

---

❶　高国顺. 亚当·斯密的经济增长因素分析——亚当·斯密的经济增长理论研究之一［J］. 湖北大学学报（哲学社会科学版），2004（01）：28－34.

❷　杨先明. 李嘉图的经济增长思想及意义［J］. 经济问题探索，1988（02）：53－56.

❸　王晓慧. 中国经济高质量发展研究［D］. 长春：吉林大学，2019.

品质量的提升、生产效率的提升以及消费消费品效果的增长等。Thomas V（2017）从社会福利的视角揭示经济增长内涵，认为高质量增长的因素范畴应包括人力资本以及对自然资本的投入，人力资本、自然资本、物质资本的投入达到平衡，社会福利就会增加，并对增长的质量的财政政策进行分析。Mlachila M（2013）认为高质量增长就是强有力、稳定、可持续的增长，不仅提高社会生产力，而且还能提高生活质量，减少贫穷。Mlachila 等人（2017）以发展中国家为研究对象，将高质量增长定义为高增长、可持续、社会友好型的增长，并通过实证研究得出增长质量的主要因素是政治稳定、公共扶贫支出、宏观经济稳定、金融发展、体制质量和诸如外国直接投资的外部因素。

2. 经济增长质量评价

同时，国外关于经济增长质量的评价方面也取得了一定的研究成果。联合国社会发展研究学会（1970）从物质生活、教育、收入、消费水平、外贸情况等方面设计了能够综合评价一个国家经济社会以及政治发展水平的评价体系，共包含 16 个二级指标；之后该协会在1992 年着重研究了环境对发展的影响，并设计一个包含经济、环境、社会以及制度四个方面在内的 32 个评价指标。德国的联邦环境、自然保护与核安全部（2010）对新国家福利指数的测量提出倡议，认为测量指标的选取要体现社会公平性、社会无报酬工作、环境破坏、资源或自然资本的损耗，包含收入分配指数、调整的私人消费支出、增加福利的项目、降低福利的项目、环境的损害、反映国家实力六大类21项指标❶。此外，国外部分学者还通过一些计量模型来评价某一因素对经济增长质量的影响问题。Aisen A、Veiga F J（2013）通过使用系统GMM 估计器对涵盖多达 169 个国家以及 1960～2004 年的每 5 年期间的样本进行线性动态面板数据模型，研究发现政治不稳定程度越高，人均 GDP 增长率越低；同时政治不稳定会降低生产率增长的速度，并在较小程度上降低物质和人力资本积累，从而对增长产生不利影响。Amit Ghosh（2017）采用不同的计量经济学模型调查研究了 1995～2013 年 138 个国家组成的小组的银行业全球化对经济增长的影响，研究发现适用于新兴市场和低收入国家，以及拥有超过 10% 外国银行的

---

❶ 冯蕾. 德国新国家福利指数设置及启示 ［J］. 调研世界，2011（02）：61 –65.

国家，而不适用于发达国家。Thomas Niebel（2018）基于1995～2010年59个国家的高质量样本，分析了信息通信技术（ICT）对发展中国家、新兴国家和发达国家经济增长的影响，研究发现发展中国家和新兴国家在信息通信技术投资方面没有获得比发达经济体更多的收益，这使人们质疑这些国家正在通过信息通信技术"跨越式"发展的论点。

（二）国内相关研究

自党的十九大提出经济高质量发展之后，与经济高质量发展的相关研究成为国内学者研究的热点问题，而具体的研究内容主要集中在以下三方面：经济高质量发展的内涵、特征，经济高质量发展的测度及其实证研究，经济高质量发展的路径选择。

1. 经济高质量发展的内涵、特征

国内学者围绕习近平总书记关于高质量发展的重要论述对经济高质量发展的内涵、特征、内容等进行了较为深入的研究。田秋生（2018）认为高质量发展是一种发展理念、发展方式、发展战略，是以质量为价值取向、核心目标的发展；是经济发展理论的重大创新，是习近平新时代中国特色社会主义经济思想的重要内容；是能够产生更大福利效应、GDP内涵更加丰富、更低成本、更有效率、更高水平层次形态、更加协调稳健可持续的发展。赵剑波、史丹、邓洲（2019）从系统平衡观、经济发展观、民生指向观三个视角来理解高质量发展的内涵，指出高质量发展一定是充分、均衡的发展，是包含发展方式、发展结果、民生共享等多个维度的增长和提升。王永昌、尹江燕（2019）认为高质量发展，就是按照创新、协商、绿色、开放、共享五大发展新理念，能够很好满足人民日益增长的美好生活需要，生产要素投入少、资源配置效率高、资源环境成本低、经济社会效益好的可持续的发展。此外，部分学者还结合研究所需，对城乡融合、文化产业、国际贸易、服务业、金融、公共服务等具体的经济社会领域高质量发展的内涵进行界定。文丰安、王星（2020）认为城乡融合高质量发展是通过城乡要素分配方式的创新、经济社会的协调发展、生态环境与空间布局的优化、发展成果的均等化共享打破城乡资本和要素流动的壁垒，进一步整合优化城乡资源，构建城乡资源合理配置、双向互动共享的新格局。李培峰（2019）指出文化产业不仅具

有经济属性，而且还具有意识形态属性，因而其高质量发展具有特色的内涵，即文化产业高质量发展是产业管理体系的高质量、是产业创新体系的高质量、是文化事业和文化产业的双重高质量、是产品和服务内容的高质量。马林静（2020）认为外贸高质量发展的内涵是多元的、是以提高外贸国际竞争力为核心点、在结构、格局、动力、模式及发展理念五大基本面上更加良性发展的综合态势。姜长云（2019）认为服务业高质量发展是能满足人民日益增长的美好生活需要的发展，是有效体现新发展理念的发展，主要体现为服务业发展能够有效适应、创造和引领市场需求，凸显坚持创新、协调、绿色、开放、共享发展理念的系统性、整体性和协同性。李德安（2020）指出高质量公共服务强调个体的获得感、混合的组织形式、城市的载体优势和技术的驱动作用。

国内学者关于高质量发展内涵、特征的主要观点见表 0-2。

表 0-2　国内学者关于高质量发展内涵、特征的主要观点

主题	作　者	主　要　观　点
内涵	田秋生（2018）	以质量为价值取向、核心目标的发展，产生更大福利效应、GDP 内涵更加丰富、更低成本、更有效率、更高水平层次形态、更加协调稳健可持续的发展
	王永昌、尹江燕（2019）	满足人民日益增长的美好生活需要，生产要素投入少、资源配置效率高、资源环境成本低、经济社会效益好的可持续的发展
	文丰安、王星（2020）	城乡要素分配方式的创新、经济社会的协调发展、生态环境与空间布局的优化、发展成果的均等化共享
	李培峰（2019）	产业管理体系的高质量、产业创新体系的高质量、文化事业和文化产业的双重高质量、产品和服务内容的高质量
	马林静（2020）	以提高外贸国际竞争力为核心点，在结构、格局、动力、模式及发展理念五大基本面上更加良性发展的综合态势
特点	赵剑波、史丹、邓洲（2019）	系统平衡观：高质量发展具有系统性和全面性
		经济发展观：高质量发展涉及发展过程、方式、动力、效果的全面提升，要求转变增长方式、切换增长动力、提升发展效率、分享发展成果
		民生指向观：高质量发展要提升质量的合意性，解决好坏的问题，解决满意不满意的问题
	姜长云（2019）	有效适应、创造和引领市场需求，坚持创新、协调、绿色、开放、共享发展理念的系统性、整体性和协同性
	李德安（2020）	强调个体的获得感、混合的组织形式、城市的载体优势和技术的驱动作用

2. 经济高质量发展的测度及其实证研究

关于经济高质量发展的测度，国内学者主要基于五大发展理念构建具体的评价指标，选取具体的地理区域或者某一经济领域进行实证研究。魏敏、李书昊（2018）构建了涵盖经济结构优化、创新驱动发展、资源配置高效、市场机制完善、经济增长稳定、区域协调共享、产品服务优质、基础设施完善、生态文明建设和经济成果惠民十个方面的经济高质量发展水平测度体系。史丹、李鹏（2019）以五大发展理念为引导，构建五个一级指标、62 个基础指标，并采用主成分分析法来构建经济发展质量指数。苏永伟、陈池波（2019）构建出包含六大一级指标、27 个二级指标的高质量发展评价指标体系；并通过数据的处理和指标权重的测算分别得到全国 31 个省级行政区域高质量发展的分项指数和综合指数。欧进锋、许抄军、刘雨骐（2020）从"五大发展理念"把握高质量发展内涵，构建经济高质量发展 20 个指标评价体系，运用熵权 TOPSIS 法测度广东城市经济高质量发展水平。刘丽波（2020）从增长动能转换、产业结构优化、需求结构升级、效率效益提升、发展环境优化五个方面，构建了由 30 个评价指标组成的衡量区域经济高质量发展的多层综合评价指标体系。张涛（2020）以文献研究法和模型分析法相结合，探索构建高质量发展测度体系的科学方法，建立了包含创新、绿色、开放、共享、高效和风险防控六个维度的宏微观一体化高质量发展测度体系，并以东莞市制造业企业进行了实证研究。高志刚、克剀（2020）从创新、协调、绿色、开放、共享五个维度构建沿边省区高质量发展评价指标体系，运用 AHP 和熵值分析法进行组合评价赋权，测算 2000～2017 年沿边省区经济高质量发展总指数和创新、协调、绿色、开放、共享五大分指数。黄修杰等（2020）构建了由产品质量、产业效益、生产效率、经营者素质、国际竞争力、农民收入、绿色发展等七个维度 23 个指标组成的农业高质量评价指标体系，并基于 2016 年省际数据分析了我国农业高质量发展情况。

经济高质量发展评价主要指标一览表见表 0-3。

3. 经济高质量发展的路径选择

关于经济高质量发展的路径，学者们集中认为要通过发展现代农业，推动制造业转型，建设制造强国；补足社会服务业短板，增强创新

表 0-3　经济高质量发展评价主要指标一览表

作　者	一　级　指　标
魏敏、李书昊（2018）	结构优化、创新驱动发展、资源配置高效、市场机制完善、经济增长稳定、区域协调共享、产品服务优质、基础设施完善、生态文明建设和经济成果惠民
史丹、李鹏（2019）	创新驱动、协调发展、绿色生态、开放稳定、共享和谐
苏永伟、陈池波（2019）	质量效益提升、结构优化、动能转换、绿色低碳、风险防控、民生改善
欧进锋、许抄军、刘雨骐（2020）	创新、协调、绿色、开放、共享
刘丽波（2020）	增长动能转换、产业结构优化、需求结构升级、效率效益提升、发展环境优化
张涛（2020）	创新、绿色、开放、共享、高效和风险防控
高志刚、克俎（2020）	创新发展、协调发展、绿色发展、开放发展、共享发展
黄修杰等（2020）	产品质量、产业效益、生产效率、经营者素质、国际竞争力、农民收入、绿色发展

创业活力，发挥国家和政府作用、转变消费方式等有效路径实现我国经济高质量发展（范从来、彭明生，2018；张俊山，2019）。也有部分学者提出了其他的观点，如任保平、李禹墨（2018）认为新时代我国经济从高速增长向高质量发展转型的路径包括：构建现代化的经济体系，建立高质量的经济体系；实现三大变革，提高发展动力的质量；实现活力、效益与质量的有机结合，提高供给体系的质量；提升企业效率，构建高质量发展的微观主体。部分学者强调创新驱动是推动经济高质量发展的第一动力，要采取加大企业研发力度的支持（吴延兵，2006；郑世林、周黎安，2015）；产业应转向各产业链的高端环节和核心技术领域，开拓空间，实现创新发展（金碚，2018）；推动"产学研"合作以加快成果转化（申纪云，2010；孟令权，2012）等方面具体的创新驱动路径。此外，还有一些学者认为要将要素市场化改革作为推动经济高质量发展的主要抓手，要积极推进要素市场化的

改革，健全资本、资源、土地、人才等要素市场的规范化管理（樊纲等，2011；白俊红、卞元超，2016；余泳泽、胡山，2018）。此外，更好地发挥政府的作用，加快中央地方财政及制度改革，深化社会保障制度改革，扩大对外开放等也是学者们提出的经济高质量发展的重要路径（冯俏彬，2018；金碚，2018；王一鸣，2018）。

4. 经济高质量发展的影响因素

目前，已有部分学者对经济高质量发展的影响因素进行了研究。刘家旗、茹少峰（2019）指出经济增长是要素投入、制度变迁、结构转型、创新驱动等多方面共同影响的结果，并据此找到了影响西部地区经济增长的 21 个具体影响因素。王慧艳、李新运、徐银良（2019）对科技创新驱动我国经济高质量发展绩效进行评价，并分析其影响因素，研究结果显示研发经费投入、人均 GDP、对外开放度显著影响高质量发展绩效。雷飞、黄明秀、刘进（2019）构建面板数据模型研究影响商贸流通产业高质量发展的主要因素，研究发现地方经济发展水平、城镇化水平、居民收入水平、对外开放水平对商贸流通产业发展水平的提升具有正向的影响作用。何冬梅、刘鹏（2020）基于中介效应模型研究人口老龄化、制造业转型升级对经济高质量发展的影响，研究结果表明人口老龄化对经济高质量发展具有显著负效应，且主要通过"倒逼机制"使得制造业转型升级发挥正向的部分中介效应，缓解该抑制作用。沙春枝、李富有（2020）通过中国 2000～2017 年省份面板数据，利用中介效应模型对民间金融与经济高质量发展的关系进行实证研究，结果发现民间金融仅能通过投资路径对经济高质量发展产生影响。

三、旅游经济高质量发展相关研究

（一）国外相关研究

国外旅游业发展起步早，旅游产业发展的研究主要涉及旅游产业结构、旅游产业融合、旅游产业发展模式和旅游产业影响因素等方面（Fang S M，2013；Lasserre F，2015；Liang Y H，2014；Ajake A O，2015），成果较为丰富。关于旅游产业发展质量及其评价研究的文献较少，主要侧重对旅游服务质量的研究，包括旅游服务质量与游客满意度的关系以及旅游服务质量评价模型与方法（Yung E, 2001；Mamoun N et al, 2016；Kuo Nien-Te, 2013；De Thwaites, 1999），其中 SERVQUAL 模型评价法、SERVPERF 模型评价法、IPA 法、数据包络法以及关键事件技术法较常见。由此可见，由于研究对象的差异以及国内外旅游业发展成熟度、效益的不同，国外关于旅游产业发展质量的研究成果对我国旅游经济高质量发展研究的参考价值非常有限。

（二）国内相关研究

从现有文献来看，国内对旅游发展质量的评价取得一定的研究成果。国内对旅游产业发展质量的研究是随着原国家旅游局颁布《旅游质量发展纲要（2013—2020 年）》后不断得到重视，学者们从产品、服务、设施、环境、产业运行等方面分析旅游业发展质量的内容并构建其评价指标体系。陈秀琼、黄福才（2006）从产品质量、环境质量、要素质量、产业增长方式和产业运行质量五个方面对中国旅游产业发展质量进行综合定量评价。史灵歌，彭永娟（2014）运用层次分析法，从产业要素、产业结构等六方面构建了产业质量评价体系和评价模型，并对河南旅游产业发展质量进行了实证分析。张洪、侯利莉（2015）从旅游经济运行质量和旅游可持续发展质量两个维度，构建了一个包含 6 个二级指标、21 个三级指标的综合评价体系。张爱平等（2015）从旅游发展质量内涵出发，建立包括五个子系统共 31 个指标组成的综合评价指标体系及旅游"质""量"发展协调度评价模型。刘佳、李书昊（2017）对山东省旅游业发展质量水平进行了测度和评价，发现山东省 17 市旅游业发展的规模性、增长性、高级性、有效性、带动性和可持续性六大子系统的表现水平有所差异。

十九大之后，国内学者开始对旅游经济高质量发展进行专门研究。黄萍（2018）从供给、治理体系、产业链条和发展空间、人才队伍方面研究文旅融合推动经济高质量发展的路径。马红梅、郝美竹（2020）运用双重差分模型，研究高铁建设对沿线城市旅游发展和经济高质量发展的影响。刘英基、韩元军（2020），从行动资源与保障机制两个视角构建了旅游经济高质量发展的行动逻辑框架，并对要素结构变动、制度环境及二者交互作用促进旅游经济高质量发展的机理进行了分析。近年来，乡村旅游成为乡村振兴的主要抓手，乡村旅游高质量发展引起了学者的高度关注，围绕乡村旅游高质量发展的内涵、实现路径等开展研究。罗文斌等（2019）认为乡村旅游高质量发展具有坚实的背景，是顺应我国经济发展趋势、响应党和国家政策、推动产业发展以及满足市场需求的必然要求；并从供给有效、对接精准、生态保护以及产业升级四个方面阐述了乡村旅游高质量发展的内涵。张碧星（2018）从产业链的全局出发寻求乡村旅游高质量发展的路径，认为要从乡村旅游资源的整合、加大乡村优秀人才的引进与培养力度、强化乡村旅游的品牌化发展理念等构建科学的产业化发展体系。谢珈、马晋文、朱莉（2019）从加强传统乡村文化的保护和传承、注重乡村文化元素的挖掘、创新乡村文化旅游产品供给、充分发挥政府组织决策职能四个方面提出乡村文化旅游高质量发展的具体建议。孙国兴、郭华、张蕾（2020）提出了天津休闲农业高质量发展的休闲产品多样化、农村社区互动化、产业管理规范化、产业技术生态化、企业行为市场化以及从业人员职业化等"六化"思路对策。此外，其他学者们还从不同的视角对乡村旅游高质量发展的具体路径进行了研究。田洪（2019）认为要立足特色、立足产业联动、立足灵魂指引，以推动乡村旅游高质量健康发展。王莉琴、胡永飞（2020）从构建管理体系、创新产品和项目、完善人才队伍建设、打造知名品牌四个方面提出推进和实现休闲农业与乡村旅游高质量发展的路径。

四、边境口岸旅游发展相关研究

（一）国外相关研究

国外学者以边境口岸旅游发展作为研究对象的较少，主要研究边界效应对旅游的影响以及口岸的边境旅游。Timothy（1995）认为美国和加拿大两国进行跨境购物是促进旅游业发展的动机；同时 Timothy（1999）以美国、加拿大边境线上的跨界公园为例，强调边境旅游的开发应建立跨界合作管理模式，并保持管理框架、基础设施开发、资源保护、旅游产品销售、跨界合约等方面之间的协调。Kwabena A Anaman（2002）采用问卷调查的方法对文莱的达鲁萨兰国到马来西亚东部的跨境旅游进行了经验性分析。Gelbman（2008）以以色列、埃及、约旦、叙利亚、巴勒斯坦等边境为例，分析这些国家边境文化景观的类型和边境旅游开发所面临的冲突与合作的机遇。Hampton (2014) 以印尼-马来西亚-新加坡增长三角为例，论述该区域跨境旅游的经济效应影响。

（二）国内相关研究

国内对边境口岸旅游的研究主要集中在两方面。

一是与口岸相关的边境旅游。刘佳劼等 （2015） 在分析东北地区边境口岸旅游业发展的优势条件、旅游业发展现状及存在问题的基础上，对本区域内口岸旅游业的可持续发展提出了相应对策，并在此基础上构建"六区-五带"的旅游空间战略格局。徐佳、由亚男、李东 （2015） 运用因子分析法，以霍尔果斯口岸为样本，研究感知差异下边境购物旅游的满意度。杨磊、徐若恃 （2017） 在分析广西沿边口岸旅游发展态势的基础上，从基础设施、资源整合、产品开发等方面提出沿边口岸旅游发展的对策。纪光萌、由亚男 （2017） 构建了中哈边境文化旅游产品体系，并运用主成分分析法和模糊数学综合评价法对各类边境文化旅游产品需求进行了测度。

二是边境口岸的跨境旅游。文彤 （2014） 分析跨境旅游消费对深圳罗湖口岸商业地位、休闲娱乐以及城中村落带动的影响等，认为跨（边）境旅游消费伴随着较高的重复率，有条件形成稳定持续的作用效果。黄爱莲、罗平雨 （2018） 通过研究发现开展跨境旅游对于瑞丽口岸经济社会发展具有明显的推动作用，也直接影响到了其城市商业布局及当地民族的构成。同时，黄爱莲 （2019） 以凭祥口岸为例，探讨以"事件"为核心，将"跨境"与"进口"、"旅游"与"水果"联系起来，培育"跨境旅游＋进口水果"新业态。

五、文献述评

综上所述，国内外关于创新驱动经济发展、经济高质量发展、旅游经济高质量发展以及边境口岸旅游发展等方面的研究取得了丰富的研究成果，对边境口岸旅游高质量发展具有重要的借鉴与参考作用。但总体上来看，未来研究应从以下方面进行深入与拓展。

关于创新驱动经济发展的研究，国外的理论研究体现出综合性、系统化的特点，从侧面反映出了理论研究的先进性对西方国家经济蓬勃发展的明显推动作用，西方发达国家科技创新对实现经济跳跃式发展的重要作用在全世界是有目共睹的。国内关于创新驱动经济发展的研究虽然比较晚，但总体上来看也取得了较为丰富的成果，主要集中在创新驱动发展的内涵、创新驱动发展评价、创新驱动经济发展路径、创新驱动产业结构升级等方面的研究，能对我国经济发展实践起到重要的促进作用。从未来研究的趋势来看，关于创新驱动经济高质量发展的内在机理、创新驱动各要素与经济高质量发展关系的研究需要进一步深入，目前国内的相关研究成果还很少。因此，本书尝试在这方面进行深入与完善。

关于经济高质量发展的研究，国外很早就对与经济高质量发展密切相关的经济增长、经济发展质量等方面进行研究，从早期的亚当·斯密、李嘉图等知名经济学家，到现在的众多学者，研究成果很丰富。自党的十九大提出经济高质量发展之后，与经济高质量发展的相关研究成为国内学者研究的热点问题，而具体的研究内容主要集中在以下三方面：经济高质量发展的内涵、特征，经济高质量发展的测度及其实证研究，以及经济高质量发展的路径选择。具体涉及旅游业高质量发展，由于研究对象的差异以及国内外旅游业发展成熟度、效益的不同，国外关于旅游产业发展质量的研究成果相对较少，对我国旅游经济高质量发展研究的参考价值非常有限。国内对旅游发展质量评价研究成果较为丰富，学者们从不同角度设计了评价指标体系。而对旅游经济高质量发展的研究，国内刚刚起步，主要集中在旅游经济高质量发展的内涵、发展路径等方面的研究；且以宏观的定性研究为主，区域性的实践研究不多，研究不够系统、深入。本书尝试弥补这方面的缺陷，对广西中越边境口岸旅游经济高质量发展进行深入而又系统的研究。

从国内外现有的研究文献来看，边境口岸旅游发展研究亟需开展深入、系统的研究。目前国内外在关于边境口岸旅游发展方面的研究已经取得一定的成果，研究的内容涵盖了边境口岸旅游发展影响、旅游产品、跨境旅游与业态创新等内容。国内研究的范围涉及新疆、广西、云南等地的边境口岸。广西具有明显的沿边优势，拥有东兴、凭祥、友谊关、水口、龙邦、平孟、爱店、峒中等八个国家一类口岸，在"一带一路"建设中具有重要的战略地位；但目前对这些边境口岸旅游发展尚未形成系统性的研究，亟需开展深入、系统的研究。

第三节 研究内容、方法与主要创新点

一、研究内容

本书一共分为八章进行研究论证，具体的章节安排以及主要内容如下。

绪论。本章主要阐述研究背景与研究意义，梳理国内外关于创新驱动经济发展、经济高质量发展、旅游经济高质量发展以及边境口岸旅游发展等方面的相关研究文献，找出现有研究的不足，为后续研究奠定基础。同时，阐明本书的研究内容与研究方法、主要创新点。

第一章相关概念与理论基础。本章主要介绍与研究主题密切相关的概念与理论基础。通过文献分析法，梳理创新、创新驱动、经济高质量发展、口岸、边境口岸、边境旅游、边境口岸旅游的概念与内涵。同时，较为系统地梳理经济增长理论、比较优势理论、习近平创新驱动发展战略思想、旅游共生理论、可持续发展理论的具体内容。

第二章创新驱动旅游经济高质量发展理论框架。本章首先回顾与总结了改革开放 40 年来我国旅游业的发展历程，并从我国已进入优质旅游时代、我国旅游经济增长动力转向创新驱动、建设世界旅游强国必须对接国际标准三个方面，深入分析创新驱动我国旅游经济高质量发展的共识。最后，从纵向、横向两个维度构建创新驱动旅游经济高质量发展的理论框架。

第三章创新驱动旅游经济高质量发展的经验借鉴。本章主要分析发达国家（如美国、瑞士等）旅游业创新发展的经验做法，以及国内浙江、云南等旅游业发展水平排在全国前列的发达省市旅游创新驱动的主要路径，为广西边境口岸旅游创新发展提供经验借鉴，促进旅游经济高质量发展。

第四章广西边境口岸旅游发展现状与现实困境。本章在分析广西边境口岸发展旅游业区位条件、资源条件、政策条件的基础上，从产品类型、跨国旅游便利程度、旅游合作等方面探讨其旅游发展的现状，并从整体创新能力、旅游配套设施、旅游业态发展、产品体验、合作力度、人才供需等方面分析旅游业高质量发展的主要困境。

第五章创新驱动广西边境口岸旅游高质量发展的内在机理。本章从利益相关者的视角，分析广西边境口岸旅游高质量发展的创新驱动主体，阐述创新驱动广西边境口岸旅游高质量发展的初级要素和高级要素，从宏观层面、中观层面、微观层面构建创新驱动广西边境口岸旅游高质量发展的内在机理框架。

第六章创新驱动广西边境口岸旅游高质量发展的路径。本章结合广西边境口岸旅游业发展的优势与现实困境，以新发展理念为指导、以供给侧结构性改革为主线、以科技创新引领、以体制机制完善为保障，提出创新驱动广西边境口岸旅游高质量发展的具体路径。

第七章创新驱动广西边境口岸旅游高质量发展专题研究。本章选取旅游发展水平较高的两个边境口岸——友谊关口岸、东兴口岸，对这两个口岸的旅游形象感知、旅游营销创新进行专题研究，以进一步塑造口岸旅游的良好形象，以营销创新不断提高边境口岸的旅游知名度和美誉度。

第八章结论与展望。本章主要对全书内容进行概括与总结，阐明本书的主要研究结论；同时说明本书存在的不足之处，并展望未来的研究应如何完善，指明进一步研究的方向。

二、研究方法

本书在研究过程中，广泛借鉴了经济学、管理学等学科的理论知识与方法，综合运用了多种研究方法，理论研究与实证研究相结合。主要的研究方法如下。

（一）文献研究法

充分利用馆藏资源和网络资源，收集与研究主题相关的各类文献资料，包括学术专著、学术论文、硕博学位论文、政府文件以及地方发展规划等，对创新驱动发展、经济高质量发展的相关概念与理论进行系统梳理，了解与研究主题相关的研究动态和趋势，为后续研究提供理论基础与借鉴指导。

（二）规范分析法

通过梳理和总结相关研究文献，构建创新驱动旅游经济高质量发展理论框架。借鉴国内外创新驱动旅游经济高质量发展的经验，深入探讨创新驱动广西边境口岸旅游高质量发展的内在机理；并结合实际，从理念创新、结构性改革、科技引领、体制机制等方面提出创新驱动广西边境口岸旅游高质量发展的具体路径。

（三）实证研究法

实证研究法是认识客观现象，向人们提供实在、有用、确定、精确的知识的一种研究方法。为实现研究目的，本书重点选取旅游发展基础较好的东兴口岸、友谊关口岸、水口口岸、爱店口岸、龙邦口岸等五个国家一类边境口岸进行实证研究，深入口岸开展实地调查，与广大旅游者、政府相关部门人员进行访谈，获取研究所需的相关资料。同时，对东兴口岸、友谊关口岸的旅游形象感知、旅游营销创新两方面进行专题研究，有针对性地分析问题、解决问题。

三、主要创新点

本书以广西边境口岸为研究对象，对创新驱动广西边境口岸旅游高质量发展进行较为深入、系统地研究，主要有以下三个创新点。

第一，构建创新驱动旅游经济高质量发展的理论框架。在回顾与总结了改革开放40多年来我国旅游业发展历程的基础上，深入分析创新驱动我国旅游经济高质量发展的共识，从纵向维度（要素驱动—效率驱动—创新驱动）、从横向维度（知识创新体系、技术创新体系、模式创新体系和空间创新体系），构建创新驱动旅游经济高质量发展的理论框架。

第二，详细分析创新驱动广西边境口岸旅游高质量发展的内在机理。本研究认为创新驱动广西边境口岸旅游高质量发展主要包括两大类要素：一是以劳动力、土地、资金为代表的初级要素。二是以技术、知识、信息为代表的高级要素。以"宏观—中观—微观"为框架，详细分析创新驱动广西边境口岸旅游经济高质量发展的内在机理。宏观层面上，创新要素通过提升效率推动旅游高质量发展；中观层面上，创新要素通过促进产业结构升级推动旅游高质量发展；微观层面上，创新要素通过促进发展模式创新推动旅游高质量发展。

第三，综合运用多种研究方法。本书综合运用文献研究法、规范分析法、实证分析法等，对创新驱动广西边境口岸旅游高质量发展进行深入、系统地研究。在阐述相关概念、理论的同时，通过对部分边境口岸的实证研究，较好地揭示了创新驱动广西边境口岸旅游高质量发展的内在机理，提出的发展路径更具有针对性和实效性。

本 章 小 结

　　本章阐述了本书的研究背景与研究意义，梳理国内外关于创新驱动经济发展、经济高质量发展、旅游经济高质量发展以及边境口岸旅游发展等方面的相关研究文献，找出现有研究的不足。同时，阐明本书的研究内容与研究方法、主要创新点。本书主要运用文献研究法、规范分析法以及实证研究法，创新点主要体现在：构建创新驱动旅游经济高质量发展的理论框架、深入剖析创新驱动广西边境口岸旅游高质量发展的内在机理，以及综合运用多种研究方法。

第一章 相关概念与理论基础

本章主要介绍与研究主题相关的概念，包括创新、创新驱动、经济高质量发展、口岸、边境口岸、边境旅游、边境口岸旅游的概念与内涵。同时，梳理经济增长理论、比较优势理论、习近平创新驱动发展战略思想、旅游共生理论、可持续发展理论等具体内容。

第一节 相关概念

一、创新驱动

迈克尔·波特最早提出"创新驱动"，认为在不同的经济发展阶段，其驱动力不同，并将经济发展阶段划分为创新导向阶段等四个阶段。关于创新驱动的概念，目前国内主要有政府相关政策以及学术领域对其界定。

政府相关政策方面，党的十八大，将创新驱动上升为国家战略，党的十九大报告再次强调创新是引领发展的第一动力。2016 年中共中央、国务院印发了《国家创新驱动发展战略纲要》，对我国创新驱动发展战略的实施做出了具体部署，指出："创新驱动就是创新成为引领发展的第一动力，科技创新与制度创新、管理创新、商业模式创新、业态创新和文化创新相结合，推动发展方式向依靠持续的知识积累、技术进步和劳动力素质提升转变，促进经济向形态更高级、分工更精细、结构更合理的阶段演进。"

学术领域方面，洪银兴（2013）认为创新驱动发展就是利用知识、技术、制度、商业模式等创新要素对现有的有形资源进行重组，提升创新能力以实现内生性增长，其中科技创新是其本质。张来武（2013）认为创新驱动发展是"以人为本"的发展、打造"先发优势"的发展以及由企业家驱动的发展，实施创新驱动发展战略的核心。刘刚（2014）指出创新驱动经济发展不仅包括新型创业活动的涌现，而且包括与之适应的组织和制度变革，其基本内涵是摆脱对技术引进的过度依赖，实现从外源型技术为主导向内源型技术为主导的转变。杨蕙馨等（2019）从新古典经济学的生产函数出发，对创新驱动的内涵进行重新界定，创新驱动意义上的经济增长则是在保持劳动、资本等生产要素投入量不变的前提下，通过要素使用效率的提升实现国民经济的"集约式"发展。

综合上述，本书认为创新驱动就是要以创新为第一要义，以一系列创新活动来驱动经济社会发展，提高综合国力。当前，创新驱动已经成为众多国家谋求经济发展、获取竞争优势的核心战略。近代中国落后挨打的根本原因就是科技弱、国力弱，因此，当今时代的中国必须要牢记历史教训，依靠创新驱动培育新的经济增长点，不断提升我国经济发展的质量与效益，才能在激烈的世界竞争中获取发展的主动权，推动中华民族的伟大复兴，为人类文明进步做出更大贡献。

二、经济高质量发展

根据十九大报告的精神，经济高质量发展是按照创新、协调、绿色、开放、共享五大发展新理念，生产要素投入少、生产效率高、环境成本低、经济社会效益好，同时又能够很好地满足人民群众日益增长的美好生活需要的可持续发展。其内涵主要有以下内容❶❷：

1. 经济高质量发展是质量和效益不断提高的发展

经济高质量发展，必须坚持质量第一，效益优先；是质量与效益不断提高的发展。当前，我国社会主要矛盾已经转化为人民日益增长的美好生活需要和不平衡不充分的发展之间的矛盾。为了满足广大人民群众的美好生活需要，我国经济发展就必须要提供高质量的生产、生活以及各类服务产品。

2. 经济高质量发展是绿色成为常态的发展

随着生活水平的不断提高，人们对人居环境提出了更高的要求；

---

❶ 林兆木. 关于我国经济高质量发展的几点认识［N］. 人民日报，2018-01-17（007）.

❷ 邓爱民，潘冬南. 高质量发展背景下乡村旅游扶贫的路径选择与政策协同［M］. 北京：中国财政经济出版社，2019.

同时，随着低碳技术的不断进步，当前我国经济快速发展的过程中所导致的环境污染与破坏问题也在逐渐地得到恢复与修复。因此，经济高质量发展是一种绿色成为常态的发展，是不以牺牲环境为代价来换取经济繁荣发展的科学的发展方式，是一种顾及子孙后代未来发展的可持续发展战略。

3. 经济高质量发展是深化改革开放的发展

我国经济高质量发展要实现"质量转变、效率转变、动力转变"三大转变目标，就必须要深化改革开放，改革开放依然是发展的必由之路和强大动力。深化改革开放包括两方面，一是对外的改革开放，二是对内的改革开放。未来，我国经济高质量发展将会不断加大对外开放的步伐，更加密切与世界各国的经济社会往来；对内，改革理念将渗透到我国经济社会发展的各个领域中，推动质量变革、效率变革、动力变革，提高全要素生产率，形成全面开放的新格局。

4. 经济高质量发展是共享成为根本目的发展

共享发展的提出，就是要保障人民群众的主体地位，保障人民群众当家做主的权利，保证公平正义、实现共同富裕，只有这样，才能使人民群众对美好生活的向往变为现实。因此，经济高质量发展应是共享成为根本目的的发展，经济高质量发展的成果要由人民群众共享；同时这也是充分调动广大人民群众积极参与经济建设、推动经济高质量发展的强大动力。

三、边境口岸

（一）口岸的概念

1985 年 9 月 18 日，《国务院关于口岸开放的若干规定》（以下简称《规定》）对口岸定义、开放与关闭、设立检查检验机构、两类口岸的具体划分、报批程序、对外开放前的验收、临时进出我国非开放区域的审批权限、口岸开放计划、开放口岸检查检验设施建设资金来源等做了具体的规定。《规定》将口岸定义为"供人员、货物和交通工具出入国境的港口、机场、车站、通道等。"2002 年《国务院关于口岸开放管理工作有关问题的批复》将口岸的定义更改为"供人员、货物、物品和交通工具直接出入国（关、边）境的港口、机场、车站、跨境通道等"。由此可见，口岸是经国家批准对外开放的，供人员、货物、物品和交通工具直接出入国境（关境、边境）的港口、机场、车站（铁路、公路）、跨境通道等场所。

（二）边境口岸

结合上述关于口岸的概念界定，借鉴部分学者的研究成果，本书认为边境口岸是由国家制定对邻国经贸、政治、外交、科技、文化旅游和移民等来往，并供往来人员、货物、物品和交通工具直接出入国（关、边）境的港口、机场、车站、跨境通道等。

四、边境口岸旅游

本书主要研究边境口岸旅游高质量发展的问题，因此，必须要理解边境口岸旅游的概念，而边境旅游口岸的概念与边境旅游的概念息息相关。

（一）边境旅游

边境旅游在20世纪30年代就受到学者的关注，而国内外学者关于边境旅游的概念尚未形成统一。边境旅游是一种特定区域、特定环境下的旅游形式，一般是指旅游者穿越国际或国内行政边界的一种旅游活动❶。目前，国内学者普遍认同的概念是国家旅游局在1974年颁布的《边境旅游旅行管理办法》中关于边境旅游的概念，即边境旅游是经批准的旅行社组织和接待我国及毗邻国家的公民，集体从指定的边境口岸出入境，在双方政府商定的区域和期限内进行的旅游活动。

（二）边境口岸旅游

从旅游的角度来看，口岸既是一个通道，也是一个旅游点。综合口岸、边境旅游的概念，本书对边境口岸旅游的概念进行了界定。本书认为，边境口岸旅游就是本国国民在双边政府许可的前提下，为了休闲、娱乐、文化、度假、商务或其他目的在本国边境口岸区域或出境到邻国边境口岸区域开展的、不超过一年的体验性旅游活动。关于

---

❶ TIMOTHY D J. Borderlands: An unlikely tourist destination [J]. Boundary and Security Bulletin, 2000, 8 (1): 57–65.

本书的定义，有两点需要明确：

（1）时间上，强调不超过一年，但具体逗留时间没有"是否过夜"的特别要求；

（2）空间上，必须在政府许可的前提下，可在本国边境口岸区域，或者出境到邻国边境口岸区域开展体验性旅游活动。

第二节　理论基础

一、经济增长理论

经济增长作为经济学研究的主题，一直以来备受学者们的关注。从总体上来看，经济增长理论的演变经历了四个阶段：古典经济增长理论、新古典经济增长理论、新经济增长理论、经济增长理论的多元化发展阶段。

（一）古典经济增长理论

亚当·斯密是古典经济增长理论的创始人，大卫·李嘉图、马尔萨斯进一步发展该理论。亚当·斯密是古典经济学的奠基者，以其《国富论》作为开端，批判了重商主义政策，认为实现国民财富增长的唯一和最有效的道路是自由放任，经济的增长应当是"国民财富"的增长，能够增进生产的主要原因在于劳动分工，自由交换是分工的基础❶。亚当·斯密在《国富论》中指出：

（1）一切财富源于劳动，而国民财富是一国所有劳动力参与并生产的财富的总量；

（2）通过两种方法可以提高国民财富的总量，一是增加劳动力的数量，二是提高劳动的效率（即劳动生产率）；

（3）扩大再生产最重要的环节是劳动分工，其原因在于劳动分工将无形地使劳动生产率提升，经济将由此受益，得到持续的增长❷。大

❶ 王璨.英国古典经济学家主要理论观点——以亚当·斯密、马尔萨斯、约翰·穆勒为例［J］.黑龙江史志，2015（13）：15，17.

❷ 姜锟.基于内生增长理论的陕西省经济增长内在动力研究［D］.西安：西安理工大学，2019.

卫·李嘉图继承和发展了亚当·斯密经济增长理论的精华，十分强调收入分配与经济增长的关系，基于边际生产力递减规律形成了级差地租理论和分配理论，并发展了资本积累理论。大卫·李嘉图将关注重点从财富增长转向了财富分配，从分配角度考察动态经济增长，指出工资、利润和地租的分配格局会影响资本积累，进而影响经济增长❶。马尔萨斯经济增长理论强调人口增长因素在经济增长中的重要作用，并在 1798 年出版的《人口原理》中具体论述了人口增长与经济增长的关系，并提出"人口陷阱"理论。马尔萨斯认为人口增长是按照几何级数增长的，而生存资料仅仅是按照算术级数增长的，因此，人口增长率会超过生存资料的增长率，从而导致人均收入的下降，经济增长出现停滞甚至倒退。

综上所述，亚当·斯密、大卫·李嘉图、马尔萨斯关于经济增长的理论观点形成了一个经典的经济学理论体系。这些学者的理论观点涉及经济增长与劳动力、资本、人口等的关系，资本的积累使社会对劳动力的需求增加，从而扩大了就业规模与社会生产规模；而社会生产规模的扩大直接导致了"剩余"的增加，进而再继续重复前一过程，如此反复带动了经济的增长。古典经济增长理论构建了经济增长的研究框架，为经济增长理论后续的发展奠定了良好的基础。

（二）新古典经济增长理论

产业革命完成，资本主义生产方式最终确立之后，随着社会矛盾日益激烈，经济学研究从古典经济增长理论逐渐过渡到新古典经济增长理论。1956 年，美国经济学家索罗（Solow）发表论文《对经济增长理论的一个贡献》，详细阐述了其新的观点，被称为新古典增长理论❷。之后，英国经济学家米德在 1961 年发表的《经济增长的一个新古典理论》中进行了系统的表述。新古典经济增长理论以索罗模型为代表，描述了一个完全竞争的经济，假定有资本和劳动两个生产要素，修正了哈罗德-多马模型的生产技术假设，采用了资本和劳动可替代的新古典科布-道格拉斯生产函数，从而解决了哈罗德-多马模型中经济增

❶　马晓琨. 经济学研究主题与研究方法的演化——从古典增长理论到新经济增长理论［J］. 西北大学学报（哲学社会科学版），2014，44（04）：51－57.

❷　陆静超. 经济增长理论的沿革与创新——评新古典增长理论与新增长理论［J］. 哈尔滨工业大学学报（社会科学版），2004（05）：94－98.

长率与人口增长率不能自发相等的问题。❶ 但索罗模型也存在一些缺陷，如随着资本总量的不断积累，资本的边际产出趋于下降，显然，这必然导致经济增长停滞的结论；模型遵循完全竞争的前提，在该理论框架下厂商没有多余的资源开展技术研发等❷。虽然索罗模型存在缺陷，但是其为新经济增长理论的研究奠定了良好的基础，后续研究中的模型均是在该模型的基础上发展得来。

（三）新经济增长理论

20世纪80年代中后期，新古典理论无法解释的现实问题引发了新一轮经济增长理论研究的热潮。以罗默和卢卡斯为代表的经济学家提出了新的经济增长的思想与观点，即新经济增长理论。新经济增长理论的重要内容之一是把新古典增长模型中的"劳动力"的定义扩大为人力资本投资，即人力不仅包括绝对的劳动力数量和该国所处的平均技术水平，而且还包括劳动力的教育水平、生产技能训练和相互协作能力的培养等，这些统称为"人力资本"❸。

新经济增长理论模型中的生产函数是一个产出量和资本、劳动、人力资本以及技术进步相关的函数形式，即 $Y = F(K, L, H, t)$ 其中，Y 是总产出，K、L 和 H 分别是物质资本存量、劳动力投入量和人力资本（无形资本）存量，t 表示时间。1986年，罗默在《收益递增经济增长模型》中提出了内生经济增长模型，认为知识和技术研发是经济增长的源泉，在理论上第一次提出了技术进步内生的增长模型，把经济增长建立在内生技术进步上。卢卡斯于1988年发表了《论经济发展的机制》，这是其人力资本内生增长理论的经典文章。卢卡斯把人力资本分为社会一般人力资本和专业化人力资本，社会一般人力资本通过学校教育获得，专业化人力资本通过在实践中学习获得；人力资本能够有效提高经济中的实际投入，进而提高产出水平❹。此外，

---

❶ 罗辉，周雄文. 经济增长外生和内生学派模型与要素系统 [J]. 湖南科技大学学报（社会科学版），2011，14（01）：63 – 66.

❷ 陆静超. 经济增长理论的沿革与创新——评新古典增长理论与新增长理论 [J]. 哈尔滨工业大学学报（社会科学版），2004（05）：94 – 98.

❸ 李娜，曹春香. 图书馆投资收益分析及对策 [J]. 图书馆学刊，2012，34（06）：25 – 26.

❹ Lucas, R. On the mechanics of economic development [J]. Journal of MonetaryEconomics, 1988，（07）：4 – 14.

阿罗（Arrow，K）在1962年提出"边干边学"模型，从普通的劳动与资本的科布-道格拉斯常规模型收益生产函数，推导出一个规模收益递增的生产函数。阿罗认为，人们可以通过学习获得知识，技术进步是知识的产物、学习的结果，而学习又是经验的不断总结，经验来自行动，经验的积累就体现于技术进步之上。阿罗将来自于生产和投资过程中形成的经验对技术进步的正向作用，称之为干中学❶。

（四）经济增长理论的多元化发展

诺斯（D. C. North）基于制度视角，在1971年与兰斯·戴维斯合著出版的《制度变迁与美国的经济增长》中，运用产权理论与公共选择理论来解释经济增长的原因。1973年诺斯出版了《西方世界的兴起》一书，标志其比较完整的经济增长理论的形成。完整的诺斯经济增长理论以产权为基本概念，以制度变迁为核心，包括产权理论、国家理论、意识形态理论等，理论体系严密；核心部分是用制度变迁的主要参数即产权制度来解释经济增长❷。之后，随着经济社会的不断发展，经济增长理论的研究呈现出多元化的发展趋势，学者们对经济增长研究的视角日益丰富化。国外学者从贸易、金融的视角探究其与经济增长的关系，国内学者杨小凯等采用超边际分析方法、用非线性规划和其他非古典数学规划方法，构建宏观经济增长的微观模型❸。

经济增长理论对广西边境口岸旅游高质量发展具有重要的指导作用。对广西边境口岸旅游业的发展来说，要充分发挥好自然资源、资本、劳动力、知识、技术等要素的优势，并因势利导地开发和完善相应的区域发展制度，才能形成具有特色、统一发展、持续增长的区域旅游经济高质量发展格局，从而才能为"一带一路"建设做出更好的贡献。

二、比较优势理论

亚当·斯密的绝对优势理论认为，如果一个国家在两种产品的生

❶ Arrow Kenneth J. The Economic Implication learning by Doing ［R］. Review of Eeonomic Studies，1962（29）：155－173.

❷ 张军. 道格拉斯·诺斯的经济增长理论述评［J］. 经济学动态，1994（05）：59－61，64.

❸ 杨小凯、张永生. 新兴古典经济学和超边际分析［M］. 北京：中国人民大学出版社，2000.

产上均处于绝对优势地位，另一个国家均处于绝对劣势地位，则这两个国家之间不会进行贸易。从现实来看，该理论存在明显的缺陷，1815 年，托伦斯首次提出比较利益理论，1817 年，大卫·李嘉图进一步完善托伦斯的思想，在其代表作《政治经济学及赋税原理》中提出了比较优势理论❶。比较优势理论的核心思想可以表述为：在两国之间，劳动生产率的差距并不是在任何产品上都是相等的。每个国家都应集中生产并出口具有比较优势的产品，进口具有比较劣势的产品（即"两优相权取其重，两劣相衡取其轻"），双方均可节省劳动力，获得专业化分工提高劳动生产率的好处。20 世纪 70 年代之后，比较优势理论不断得到发展，成为动态比较优势理论。关于动态比较优势的概念，学术界并没有统一。格罗斯曼和赫尔普曼（Grossman and Helpman，1991）认为，动态比较优势是在动态贸易模型中比较优势的变化的情况。英国经济学家 Stephen（1999）将其界定为：当某部门生产活动的机会成本增长率降低时，就意味着该部门具有动态比较优势，肯定了后发国家存在发展潜能。国内学者李永（2003）认为动态比较优势的概念应该将产品的机会成本与时间的变化联系在一起，如果说某国在某种产品上生产具有动态比较优势，即是指该国在一段时间内生产该产品的机会成本相对另一国是不断下降的。虽然学者们对动态优势理论的概念有不同观点，但不可否认的是，动态比较优势理论是对古典比较优势理论的延伸和发展，主要取决于要素的结构变化、技术进步以及其他因素变化，并以此实现比较优势动态转移❷。

比较优势理论着眼于静态分析，以资源禀赋为依据。但当今社会的现实是，要素投入已经不能满足经济增长、提高综合国力的需要，未来不同国家之间的竞争以竞争优势为主，而不是资源竞争。因此，需要以比较优势为基础，创造和维持产业竞争优势。20 世纪 80 ~ 90 年代，迈克尔·波特先后出版了《竞争战略》（1980）、《竞争优势》（1985）、《国家竞争优势》（1990），系统地阐述了竞争优势理论。迈克尔·波特在其《国家竞争优势》中指出："一个国家的竞争优势就是企业与行业的竞争优势，一国能否在国际市场中取得竞争优势在于

---

❶ 董瑾. 国际贸易学［M］. 北京：机械工业出版社，2013.
❷ 袁航. 创新驱动对中国产业结构转型升级的影响研究［D］. 北京：北京邮电大学，2019.

其产业发展和创新能力高低，而竞争优势形成的关键在于能否使主导产业具有优势；产业的竞争优势又源于企业是否具有创新机制。"由此可见，竞争优势理论是对比较优势理论的发展与超越，强调以竞争、创新为基础的动态分析；同时，相对于资源、地理位置等基本要素，现代化的基础设施、高素质的人力资源或高新技术等高级要素对国家竞争优势的形成具有更加重要的作用❶。

创新驱动发展意味着一个国家或地区的发展不再主要依赖于自然资源、劳动力数量等，而主要依靠科技创新与创新能力。本书将主要运用上述优势理论，分析广西边境口岸旅游高质量发展的区域优势，重点从高级要素探讨创新驱动广西边境口岸旅游高质量发展的内在机理。

三、习近平创新驱动发展战略思想

党的十八大明确提出要实施创新驱动发展战略，2016 年 5 月，中共中央、国务院印发了《国家创新驱动发展战略纲要》。党的十九大报告从四大方面提出了实施创新驱动发展战略、加快建设创新型国家的具体举措。由此可见，创新驱动发展战略是以习近平同志为核心的党中央和国务院在我国面临新的国内外形势下提出的发展战略，是马克思主义经济思想在中国化的创新成果，是我国经济建设的重要指南，也是我国经济发展方式转变的理论武器❷。创新驱动战略思想的主要内容包括以下四个方面：

1. 建成创新型国家是目标

建成创新型国家是我国创新驱动发展战略的目标。科技兴则民族兴，科技强则国家强。以习近平同志为核心的党中央提出我国到 2020 年进入创新型国家行列，到 2035 年跻身创新型国家前列，到新中国成立 100 年时成为世界科技强国的目标❸。创新型国家是以科技创新作为社会发展核心驱动力，以技术和知识作为国民财富创造的主要源泉，具有强大创新竞争优势的国家❶。由此可见，建成创新型国家是我国吸

---

❶ 董瑾. 国际贸易学 [M]. 北京：机械工业出版社，2013.
❷ 吕思. 习近平创新驱动发展论述研究 [D]. 长沙：长沙理工大学，2019.
❸ 刘峣. 昂首阔步迈向创新型国家 [N]. 人民日报海外版，2020-01-11 (001).
❶ 王志刚. 加快建设创新型国家和世界科技强国 [J]. 智慧中国，2019 (06)：11 -
14.

取历史经验教训、助推中华民族复兴、走向世界前列的必然要求。从概念来看，创新型国家的本质在于依靠一系列创新活动推动经济社会发展、提高我国综合竞争实力。

2．以科技创新为核心

科技创新是衡量一个国家综合实力的重要因素。根据习近平创新驱动发展战略思想，科技创新是创新驱动发展的核心。2014 年 6 月 9 日，习近平总书记在中国科学院第十七次院士大会、中国工程院第十二次院士大会指出："我们比以往任何时候都更加需要强大的科技创新力量。党的十八大作出了实施创新驱动发发展战略的重大部署，强调科技创新是提高社会生产力和综合国力的战略支撑，必须摆在国家发展全局的核心位置。这是党中央综合分析国内外大势、立足我国发展全局作出的重大战略抉择。"科技创新要坚持"三个面向"，要面向世界科技前沿，要面向国家战略需求，要面向经济发展主战场，为人民创造更多财富❶。

3．以增强自主创新能力为方式

习近平总书记在十八届中央政治局第九次集体学习时的讲话中指出："我国与发达国家科技实力的差距，主要体现在创新能力上。要采取'非对称战略'，更好发挥自己的优势，在关键领域、卡脖子的地方下大功夫。"因此，中国要建成创新型国家，依靠自己才是唯一的出路，必须要不断增强自主创新能力❷。

4．科技创新和制度创新"双轮驱动"

实现创新驱动是一个系统性的变革，创新驱动一定要强化科技创新与制度创新的"双轮驱动"。习近平总书记指出："实施创新驱动发展战略，最根本的是要增强自主创新能力，最紧迫的是要破除体制机制障碍，最大限度解放和激发科技作为第一生产力所蕴藏的巨大潜能。"因此，推动双轮驱动，一方面要以科技创新为核心，不断地务实科技发展的基础，增强科技原创能力，努力产出具有标志性的科技创新成果，以培育经济增长点，服务民生关注点；另一方面要破除体

❶ 来源于中国新闻网。
❷ 中共中央文献研究室．习近平关于科技创新论述摘编［M］．北京：中央文献出版社，2016．

制机制障碍，切实营造实施创新驱动发展战略的体制机制，以制度建设增强创新驱动能力，进而激发全社会的创新活力❶。

四、旅游共生理论

（一）共生理论

共生是生物科学中的一个重要的基本概念，最早由德国微生物学家 Anton deBary 在 1879 年首先提出的，并将其定义为："共生是不同生物密切生活在一起"，后来他又进一步论述了共生、寄生、腐生的问题，描述了生物间多种多样的共生方式。20 世纪 50 年代，"共生"的概念开始应用于生态、社会科学和经济等领域。在国内，我国学者袁纯清（1998）首先把共生理论向社会科学领域进行拓展，认为共生不仅是一种生物现象，也是一种社会现象；并对其在小型经济中的应用进行了系统研究❷。

1. 共生的三大要素

共生关系包括三大构成要素：共生单元、共生模式和共生环境。共生单元是构成共生关系的基本能量生产和交换单位，它是形成共生体的基本物质条件。共生模式即共生关系，是共生单元之间相互作用的方式或相互结合的形式，包括寄生、偏利共生、非对称互惠共生、对称互惠共生四种行为模式以及点共生、间歇共生、连续共生、一体化共生四种组织模式❸；其中"对称互惠共生"模式和"一体化共生"模式分别是理想的行为模式和组织模式，一体化互惠共生则是共生系统的最佳进化方式。共生单元以外所有因素的综合构成了共生环境，这是共生模式存在和发展的外部条件，如与企业相对应的所有社会环境和市场环境。此外，共生关系的持续、稳定和发展离不开共生机制，共生机制是单元之间相互作用的过程和方式。

2. 共生系统

共生系统是由共生单元按照某种共生模式构成的共生关系的集合。

---

❶ 骆大进. 坚持科技创新和制度创新双轮驱动 [N]. 文汇报，2016-08-10（005）.
❷ 袁纯清. 共生理论及其对小型经济的应用研究（上）[J]. 改革，1998（02）：101–105.
❸ 苏章全，李庆雷，明庆忠. 基于共生理论的滇西北旅游区旅游竞合研究 [J]. 山西师范大学学报（自然科学版），2010，24（01）：98–103.

共生系统的状态从行为方式（P_i）来看，包括寄生、偏利共生、非对称互惠共生、对称互惠共生四种模式；而从组织程度（M_i）来看，包括点共生、间歇共生、连续共生、一体化共生四种模式❶；其中"对称互惠共生"的行为模式和"一体化共生"的组织模式是实现双赢和多赢的理想模式。共生行为模式与共生组织模式进行组合，又可以得到16种共生关系，见表1-1❷。

表 1-1　共生模式的种类

组织程度 行为方式	点共生 M_1	间歇共生 M_2	连续共生 M_3	一体化共生 M_4
寄生 P_1	$S_{11}(M_1,P_1)$	$S_{12}(M_2,P_1)$	$S_{13}(M_3,P_1)$	$S_{14}(M_4,P_1)$
偏利共生 P_2	$S_{21}(M_1,P_2)$	$S_{22}(M_2,P_2)$	$S_{23}(M_3,P_2)$	$S_{24}(M_4,P_2)$
非对称互惠共生 P_3	$S_{31}(M_1,P_3)$	$S_{32}(M_2,P_3)$	$S_{33}(M_3,P_3)$	$S_{34}(M_4,P_3)$
对称互惠共生 P_4	$S_{41}(M_1,P_4)$	$S_{42}(M_2,P_4)$	$S_{43}(M_3,P_4)$	$S_{44}(M_4,P_4)$

3. 共生的本质

共生反映了组织之间的一种相互依存关系，这种关系的产生与发展，能够使组织朝着更有生命力的方向演化。共生过程是共生单元的共同进化过程，也是特定时空条件下的必然进化过程；共生关系不仅影响共生单元的存在与发展，而且影响环境中同类单元的存在和发展；反映了共生单元之间的物质、信息和能量关系，是共生体对物质、信息、能量的有效产生、交换与配置❸。

（二）旅游共生理论

随着理论与实践的进一步发展，共生研究方法被引用到社会领域中并取得了一定的研究成果。美国著名生态学家、现代生态学的创始人奥德暮姆（2002）在自然科学的基础条件下加入了一定的社会科学

---

❶ 尹少华，冷志明. 基于共生理论的"行政区边缘经济"协同发展——以武陵山区为例 [J]. 经济地理，2008，28（02）：242 – 246.

❷ 袁纯清. 共生理论及其对小型经济的应用研究（上）[J]. 改革，1998（02）：101 – 105.

❸ 闵阳. 论共生环境下的媒体竞争 [J]. 西南民族大学学报（人文社科版），2006（04）：190 – 192.

方法，搭建了一条从自然科学跨向社会科学的高速公路。丹麦卡伦堡公司于 2000 年出版《产业共生》一书，该书对企业产业共生进行了定义，并且该定义目前被学术界广泛接受。Chertow（2000）深入剖析了工业共生系统的起源、定义、条件、可能性、动机以及共生的优势、劣势等。Gibbs（2003）认为共生理论应用于现实生活中时会存在技术、信息、经济、管理、激励等五大障碍。

区域间的竞合关系（coopetition）是诸多学科关注的重要话题（Della Corte V，Aria M，2016；Kylanen M，Rusko R，2011；保继刚、楚义芳，1999；保继刚、梁飞勇，1991）。在管理学研究中，竞争一直是 20 世纪战略管理与营销领域的主流范式，而近几十年来，通过建立战略联盟和网络集群等的合作在商业管理中的作用更加显著（Alan F，Brian G，2005；Ordanini A，2008）。许多的研究者都强调竞争与合作的重要性，并且认为二者是同时重要的，即区域或者个体之间的竞争与合作的关系是同时存在的，而不应是二者选其一，在竞争的前提下采取合作的形式，才有利于双方利益最大化的实现。旅游业的激烈竞争与旅游地发展的资源依赖性，使得旅游区域发展中竞合关系定位与讨论的重要性格外显著。旅游研究中的区域竞合关系，在综合多学科研究的基础上，主要讨论在空间上旅游资源绝对位置和游客行为相对流动的前提下，同一区域的旅游地为争夺游客资源而引发的竞争与合作关系[1]，这对区域内部的协调发展和区域的一体化具有重要意义。旅游地是一个特殊的生命体，它们之间的关系也类似生物种之间的关系[2]。因此，来自生物界的共生理论在旅游地的竞合关系研究上具有很好的兼容性。

经济全球化和区域一体化的浪潮使得区域旅游竞合成为旅游业未来发展的必然趋势。因此，各个旅游地不再是孤立的单元，而是各种共存和共生关系[3]。Julie Jackson（2007）指出，共生关系的构成需要满足以下四个条件：

---

[1] 刘逸，黄凯旋，保继刚，等. 近邻旅游目的地空间竞合关系演变的理论修正 [J]. 旅游科学，2018，32（05）：44 – 53.

[2] 张序强，董雪旺，李华. 旅游地间生态关系分析 [J]. 人文地理，2003（01）：14 – 18.

[3] 吴泓，顾朝林. 基于共生理论的区域旅游竞合研究——以淮海经济区为例 [J]. 经济地理，2004（01）：104 – 109.

（1）共生单元之间必须具备一定的兼容性和相关性；

（2）在给定区域范围内，共生单元间应当存在一个确定的共生界面；

（3）根据内部的亲近度、同质度和相关联的程度，共生单元之间存在共生关系，这种关系是由各单元之间的能量、物质和信息的交流而形成；

（4）共生关系要稳定，同时还必须要存在有利的外部环境。

由此可见，旅游地竞合要实现共生应该包括以下四个方面的条件❶：

（1）区域内具有空间的接近性、联系的便利性；

（2）有一定的旅游合作基础；

（3）旅游资源具有一定的相似性或互补性，通过同质组合或异质互补提高区域旅游总体竞争力；

（4）具备一个稳定的区域旅游发展的共生环境，主要是必须具备一定的政策法律支持。

不同的旅游经济主体在竞争中合作，在合作中竞争，以合作为主，这是旅游业未来的发展趋势。本书的研究对象是广西边境口岸，这些不同的边境口岸就是一个个的旅游地，在旅游业发展过程中既有竞争，也需要加强大力合作，才能求得持续发展。因此，本书将在后面的内容，主要运用共生理论来研究创新驱动下广西边境口岸旅游经济高质量发展的路径创新，具体探讨这些边境口岸如何通过竞合模式的选择来实现优势互补、共同发展。

五、可持续发展理论

20 世纪五六十年代，人们所面临的环境压力越来越大，1962 年美国女生物学家 Rachel Carson（莱切尔·卡逊）在其出版的环境科普著作《寂静的春天》中，讲述了过度使用农药造成了环境污染、生态破坏，引起了公众对环境问题的重视，呼吁人们要关注人类社会的发展问题；同时，作者在书中也提出了对政府政策的挑战，将生态环境的保护问题提到了政府面前。10 年之后，联合国于 1972 年 6 月 12 日在斯德哥尔摩召开了"人类环境大会"，各国签署了"人类环境宣言"，

---

❶ 曾艳芳，梁海燕. 基于共生理论的闽台旅游产业竞合模式［J］. 重庆理工大学学报（社会科学），2012，26（02）：21-24，30.

开始了环境保护事业。1980 年，世界自然保护联盟发表了《世界自然保护战略》，首次明确提出了可持续发展概念。1987 年，联合国世界与环境发展委员会发表了一份报告《我们共同的未来》，正式提出可持续发展概念，报告中将"可持续发展"定义为"既满足当代人的需求，又不对后代人满足其自身需求的能力构成危害的发展"，并以公平性、持续性、共同性为三大基本原则。1992 年 6 月，联合国在里约热内卢召开了"环境与发展大会"，会议通过了以可持续发展为核心的《里约环境与发展宣言》《21 世纪议程》等文件。1994 年 3 月，国务院发布了《中国 21 世纪议程——中国 21 世纪人口、环境与发展白皮书》，首次将可持续发展纳入我国经济社会发展的长远规划中，提出了中国实施可持续发展的总体战略、对策以及行动方案。时任国家主席江泽民就将"可持续发展"定义为：所谓可持续发展，就是既要考虑当前发展的需要，又要考虑未来发展的需要，不要以牺牲后代人的利益为代价来满足当代人的利益。

　　旅游业一直被誉为"朝阳产业"，是在发展与环境保护关系上矛盾最小、目标最为接近的产业。但是，随着现代旅游业的快速发展，由于受到经济利益的影响，许多地方出现了过分追求数量型的增长和扩大而忽视了对环境的保护，旅游资源遭受到掠夺式的开发，造成了生态环境的破坏、污染，并引起了恶性循环，西方学者称这种现象为"旅游摧毁旅游"现象。因此，世界旅游组织倡导旅游可持续发展，并于 1997 年 2 月在马尔代夫召开了"可持续性旅游发展研讨会"，参加会议的各国都一致认为旅游业比任何部门更依赖自然、人文环境的质量，精心保护好生态环境是发展旅游业的生命线❶。实现旅游业可持续发展，必须以实现经济效益、社会效益和环境效益的统一为目标。同时，联合国将 2002 年定为生态旅游年。

　　20 世纪 90 年代，我国区域旅游开发迎来了高潮期，可持续发展理念被引入旅游规划中。1997 年 12 月，国家旅游局、国家科委和中国科学院联合在北京召开了首届"全国旅游业可持续旅游发展研讨会"，标志着中国政府对可持续旅游的直接介入和关注❷。直至今日，旅游业

---

❶ 车玲. 促进中国旅游业升级转型 ［J］. 发展研究，2008（04）：82–83.

❷ 孟华，秦耀辰. 20 世纪下半叶旅游发展观的演进及启示 ［J］. 河南大学学报（社会科学版），2005（06）：63–66.

的可持续发展一直是旅游学界、政府部门普遍关注的话题。旅游可持续发展要求各级政府和旅游经营者要用长远发展的眼光来开发旅游资源、开展旅游经营活动，促进旅游业的公平发展，改善旅游目的地居民的生活质量，并为旅游者提供高质量的旅游产品，满足旅游者的需求；同时强调生态环境的保护意识，保护旅游资源或旅游产业赖以生存和发展的生态环境，强调自然、人文、生态环境的协调统一，造福子孙后代❶。

随着人们对美好生活的需求越来越强烈，旅游已经成为人们常态化的生活方式，广西边境口岸旅游发展具有广阔的发展前景。同时，旅游是传播文明、增进友谊的载体；旅游作为一种综合性产业，竞争较小，有利于开展国家之间的相互合作。因此，边境口岸参与"一带一路"建设，旅游发挥着不可替代的作用。本书将结合旅游可持续发展理论的核心思想，努力探寻创新驱动边境口岸旅游高质量发展的可持续路径，在追求旅游经济高质量发展的同时，注重边境口岸旅游发展的生态效益、社会效益，实现经济效益、生态效益和社会效益的协调统一。

本 章 小 结

本章主要介绍了与本书研究主题密切相关的概念与理论基础。通过文献分析法，梳理了创新、创新驱动、经济高质量发展、口岸、边境口岸、边境旅游、边境口岸旅游的概念与内涵。同时，较为系统地梳理了经济增长理论、比较优势理论、习近平创新驱动发展战略思想、旅游共生理论、可持续发展理论的具体内容。经济增长理论的发展经历了古典经济增长理论、新古典经济增长理论、新经济增长理论、经济增长理论的多元化发展四个阶段，对广西边境口岸如何充分发挥好自然资源、资本、劳动力、知识、技术等要素的优势，并因势利导地开发和完善相应的区域发展制度，才能形成具有特色、统一发展、持续增长的区域旅游经济高质量发展格局具有重要的指导作用。比较优势理论有助于分析广西边境口岸旅游高质量发展的区域优势，以及从

---

❶ 周武忠. 旅游学概论［M］. 北京：化学工业出版社，2009.

高级要素探讨创新驱动广西边境口岸旅游高质量发展的内在机理。习近平创新驱动发展战略思想为广西边境口岸如何通过创新驱动旅游经济高质量发展提供了行动指南。不同的旅游经济主体在竞争中合作，在合作中竞争，以合作为主，这是旅游业未来的发展趋势。旅游共生理论对广西边境口岸旅游高质量发展的路径创新具有重要指导作用，能够指导边境口岸如何通过竞合模式的选择来实现优势互补、共同发展。旅游经济高质量发展就是要实现经济效益、生态效益和社会效益的协调统一。旅游可持续发展理论的核心思想，为探寻创新驱动边境口岸旅游高质量发展的可持续路径提供理论依据，能够指导边境口岸在追求旅游经济高质量发展的同时，注重边境口岸旅游发展的生态效益、社会效益，实现三者的协调统一。

第二章　创新驱动旅游经济
高质量发展理论框架

纵观我国旅游业的发展历程，改革创新一直贯穿其中。旅游产业具有关联度高、带动性强的特点，因此创新驱动旅游经济高质量发展涉及多方面的因素，既要考虑创新的初级要素，又要考虑创新的高级要素；同时还要考虑宏观、中观和微观视角，以及从点到面的演变。

第一节　我国旅游业发展历程回顾

改革开放以来，我国经济快速发展，取得了世界瞩目的成绩，并创造了许多发展奇迹。我国旅游业从无到有、从弱到强，并在我国综合国力不断增强、旅游需求持续旺盛下高速增长，旅游综合效应明显，对拉动消费、促进就业、助推脱贫等方面具有重要作用。改革开放的黄金40年，旅游业的快速发展与转型升级是我国经济社会发展和人民生活水平提高的一个缩影。目前，旅游业已经融入我国经济社会发展全局，成为国民经济战略性支柱产业。从整体上来看，改革开放40年，我国旅游业发展经历了四个主要阶段❶：

一、1978年至1991年：产业初创阶段，旅游业快速发展

相对国外而言，我国旅游业起步比较晚，但发展速度很快，并取得了世界瞩目的成绩。改革开放之前，我国旅游业以政治接待为主，不以赢利为目的，所以不完全属于产业的范畴。改革开放之后，旅游业开始了产业型发展之路。

---

❶ 来源于搜狐网。

（一）国家从战略上明确旅游业的性质与地位

1978 年至 1991 年间，党中央、国务院对旅游业发展寄予厚望，并制定了一系列的扶持政策。改革开放设计师邓小平非常重视旅游业发展，在 1978 年 10 月至 1979 年 7 月期间就旅游业发展问题发表了 5 次专门讲话，指出"旅游事业大有文章可做，要突出地搞，加快地搞""搞旅游要把旅馆盖起来。下决心要快，第一批可以找侨资、外资，然后自己发展"。此外，1978 年 10 月，邓小平对于中美关系的发展提出，两国的商务关系可以发展，运用民间的通航方式，进一步促进旅游业的发展。由于美国是我国旅游的最大客源国，可以考虑泛美航空公司做我们旅行社的代理人，应制定综合方案，打开美国大门❶。1979 年中美建交之后，我国就成为美国出境旅游的主要目的地。1981 年，国务院第一次组织召开全国旅游工作会议，明确指出：旅游事业是关系国计民生的一项不可缺少的综合性经济事业，是国民经济的一个组成部分。在这个阶段，国家从战略高度明确了旅游业的性质与地位，旅游业兼具经济事业与外事工作的双重身份，是国民经济的组成部分，不可或缺。1985 年，国务院批准《全国旅游事业发展规划（1986—2000）》，旅游事业发展规划列入国家"七五"计划，旅游业的产业定位得到了进一步明确。

（二）旅游业的管理体制日渐完善

1981 年 3 月，中共中央书记处和国务院常务会议提出发展旅游事业"积极发展，量力而行，稳步前进"的方针，以及"统一领导，分散经营"的旅游体制管理原则，并决定旅游总局与国旅总社分署办公。1985 年，建立以国营旅游企业为主导的旅游经营体制，责权利相结合的、高经济效益、高服务质量的旅游企业管理体制，并向各省、自治区、直辖市下放外联权的签证通知权；同时还发布旅游业第一部行政法规——《旅行社管理暂行条例》。1987 年国务院批准颁布《导游人员管理暂行条例》。1988 年开始实行星级饭店评定制度，逐渐规

---

❶ 中共中央文献研究室、国家旅游局. 邓小平论旅游［M］. 北京：中央文献出版社，2000.

范酒店行业的管理，提高酒店的服务水平。1991年的年初，要求各地建立正常的、规范的旅游行业管理秩序，继续进行治理整顿旅行社工作，进一步整顿旅游市场价格。

（三）旅游企事业单位增多

1978年至1991年间，为满足旅游接待需求，不少旅游企业建成营业，一些名胜古迹也开始向游客开放，对中国旅游业的发展做出了巨大的贡献。1979年，中国旅游服务公司成立，统一办理旅游设施进口事宜。1980年，中国第一家中外合资企业——北京航空食品有限公司被批准成立。1981年，我国先后在东京、巴黎、纽约、伦敦、法兰克福、悉尼、洛杉矶等城市设立旅游办事处。1982年，中国第一家中外合资饭店——北京建国饭店建成开业。1986年，中国第一个旅游全行业组织——中国旅游协会正式成立。1988年，北京天安门城楼正式向游客开放，中国首家民营航空公司——中国国际航空股份有限公司在北京正式成立。同时，为了满足旅游业发展对人才的需求，我国部分高校开始了旅游教育，相关部门也进行了旅游人才的专业培训。如1978年北京第二外国语学院设置饭店餐饮管理、旅游外语等专业，是中国最早开办旅游管理专业的院校。1979年，第一所旅游高等院校——上海旅游高等专科学校成立。1981年，国家旅游局在北戴河举办了首期全国饭店经理培训班。1984年，中国旅游函授大学联合成立。1985年北京兆龙饭店落成，邓小平亲题店名。

（四）旅游活动日渐丰富

国内旅游活动日渐丰富，1978年，香港至广州和内地一些城市的航线开辟。1979年，黄山的旅游发展得到了邓小平的肯定与支持。之后，长江三峡的豪华游轮旅游、慕田峪长城旅游区开发、北京游乐园、北京美术馆展览、哈尔滨冰灯展等受到了国人的欢迎，丰富了国人的生活。同时，国家也开始允许国民出境旅游，外国人来中国旅游的人次逐年增加，旅游外汇收入不断增长（见图2-1）。1983年，第一批中国公民共25人从广州出发前往中国香港旅游探亲，香港媒体称之为"新中国第一团"。1990年10月，率先开放中国公民赴新加坡、马来西亚和泰国自费旅游。

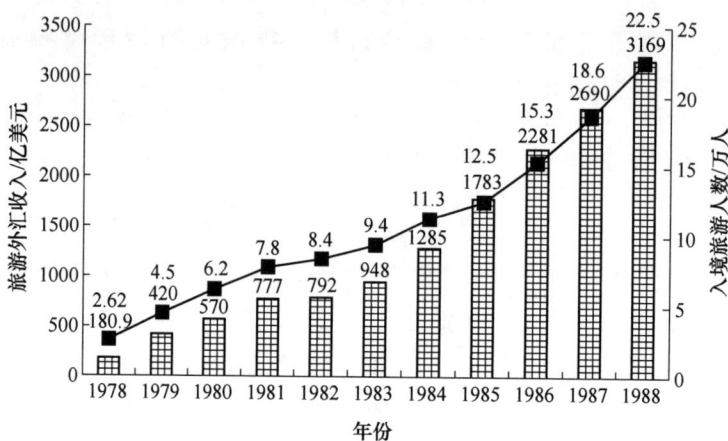

图 2-1 1978～1988 年我国入境旅游人数、旅游外汇收入情况

二、1992 年至 2002 年：产业化进程阶段，旅游业体系形成

经历了前面十几年的发展，1992 年至 2002 年，我国旅游业在国民经济中的地位不断增强，产业体系形成；行业管理制度得到一定的完善，旅游业信息化发展得到重视，在营销方面也取得了一定的突破。

（一）旅游业在国民经济中的地位不断增强

20 世纪 90 年代，我国正处于扩大内需，经济结构转型的重要时期。1992 年，随着我国市场机制的完善，旅游业在国民经济发展中承担更大的责任❶。在这一时期，旅游业由第三产业中的重点产业，上升为第三产业积极发展新兴产业序列中的第一位，成为国民经济三个新的增长点之一。2001 年，国务院《关于进一步加快旅游业发展的通知》中指出："树立大旅游观念，充分调动各方面的积极性，进一步发挥旅游业作为国民经济新的增长点的作用。"由此可见，这一时期，我国旅游业在国民经济中的地位不断增强，并在国民经济的轨道上开始了产业化进程。此外，1997 年出境旅游市场正式开放，国内旅游、入境旅游和出境旅游"三足鼎立"的市场格局基本形成❷。

---

❶ 杜一力．中国旅游业经历的四个主要发展阶段［N］．中国青年报，2018-08-02（008）．

❷ 程玉，等．中国旅游业发展回顾与展望［J］．华东经济管理，2020，34（03）：1－9．

（二）加大对国内旅游的扶持

这一时期，国家大力支持和鼓励国内旅游的发展，转变了以往主要支持入境旅游创汇的做法。1993年，国务院办公厅批转国家旅游局《关于发展国内旅游业的意见》，提出今后一个时期将"搞活市场，正确引导，加强管理，提高质量"作为国内旅游发展的方针。该方针为我国国内旅游发展规模的扩大及其蓬勃发展指明了方向。同时，国内相关政策的实施使国民拥有了更多的闲暇时间，极大促进了国内旅游需求的旺盛。1999年9月18日，《全国年节及纪念日放假办法》发布，10月1日成为首个旅游"黄金周"。2000年6月，国务院办公厅转发《关于进一步发展假日旅游的若干意见》，正式确立"黄金周"假日制度。国内旅游在这一时期发展态势良好，接待人次、旅游收入方面有一定的突破。2002年，全年国内旅游人数87782万人次，比上年增长12%；国内旅游收入3878亿元，增长10.1%。全年境外入境人数9791万人次，比上年增长10%。其中，外国人1344万人次，增长19.7%；中国香港、中国澳门和中国台湾同胞8447万人次，增长8.6%；国际旅游外汇收入204亿美元，比上年增长14.6%❶。

（三）行业管理制度不断完善

经过改革开放十多年的积累，1992年至2002年，我国处于市场化改革的重要时期，旅游业此时面临着变革，在加强行业管理的同时，要推进旅游市场化改革，促进旅游行业的发展❷。在具体的行业管理上，国家相关部门制订了一系列的管理制度，实现政企分开，扩大旅游市场的开放程度，实施行业标准归口管理，以提高行业管理水平，促进旅游业可持续发展。

（1）旅游企业经营管理规范方面。1993年7月29日，国家旅游局颁布实施《饭店管理公司管理暂行办法》；1996年10月15日，国务院颁布实施《旅行社管理条例》，同年11月28日，国家旅游局发布《旅行社管理条例实施细则》；1997年5月，国家旅游局、国家物

---

❶　来源于《中华人民共和国2002年国民经济和社会发展统计公报》。
❷　高梦浠. 改革开放40年来我国旅游业的发展历程、成就与展望［J］. 价格月刊，2018（11）：73－77.

价局共同颁布《中华人民共和国评定旅游涉外饭店星级的规定》；1999 年，对外经济贸易部和国家旅游局联合发布《中外合资旅行社试点暂行办法》，进一步开放旅行社市场。

（2）旅游行政管理规范方面。1994 年 3 月，国务院批准并印发《国家旅游局职能配置、内设机构和人员编制方案》，详细地划分了旅游管理中中央和地方的权限，政府和企业的职责。1998 年，国家旅游局与国旅总社、国际饭店等直属企业正式政企分离，完成与经济实体脱钩。

（3）行业质量标准与管理方面。1995 年，国家旅游局成立"全国旅游标准化技术委员会"，是世界上第一个以旅游业为对象的标准化技术委员会；组建国家旅游局、省旅游局、地方旅游局三级旅游质量监督管理所。

（4）公民出游、安全管理方面。1995 年 1 月，《旅游安全管理暂行办法实施细则》发布；1997 年 3 月，《中国公民自费出国旅游管理暂行办法》得到国务院正式批复。

（四）旅游营销模式不断创新，旅游信息化建设取得成效

在这一时期，我国旅游业发展发生了一系列的变化，旅游营销观念不断更新，营销理念已从过去的"好酒不怕巷子深"转变为主动营销，以顾客需求为中心的现代营销理念，营销模式具有很大的创新性，主要表现为持续开展主题营销、展览会以及世博会的举办等。1992 年，为集中开展宣传促销和产品推广活动，国家旅游局以"中国友好观光年"为主题，拉开主题促销的序幕，之后，每年均确定一个主题，开展系列促销活动（见表 2-1）。旅游交易会、博览会也成为我国旅游营销的重要方式之一。1999 年 5 月 1 日至 10 月 1 日，我国成功举办了昆明世界园艺博览会，这是 20 世纪末规模最大、为期最长的国际展览会，成功地带动了云南省旅游业的快速发展。此外，旅游信息化建设也取得一定成效，2001 年 1 月 11 日，国家旅游局正式启动"金旅工程"。"金旅工程"是国家信息化工作在旅游部门的具体体现，由政府旅游管理电子化、旅游电子商务两部分组成，旨在提高旅游行业整体管理水平、运行效率、改进业务流程，全面发展旅游电子商务，与国际接轨，为世界旅游电子商务市场提供服务。

表 2-1　历年中国旅游宣传主题与宣传口号

年份	宣传主题	宣传口号
1992	中国友好观光年	游中国，交朋友
1993	中国山水风光游	锦绣河山遍中华，名山圣水任君游
1994	中国文物古迹游	五千年的风采，伴你中国之旅；游东方文物的圣殿：中国
1995	民族风情游	中国：56 个民族的家；众多的民族，各异的风情
1996	休闲度假游	96 中国：崭新的度假天地
1997	中国旅游年	12 亿人喜迎 97 旅游年；游中国：全新的感觉
1998	中国华夏城乡游	现代城乡，多彩生活
1999	中国生态环境游	返璞归真，怡然自得
2000	神州世纪游	文明古国，世纪风采
2001	中国体育健身游	中国—新世纪、新感受；跨入崭新世纪，畅游神州大地
2002	中国民间艺术游	民间艺术，华夏瑰宝；体验民间艺术，丰富旅游生活
2003	中国烹饪王国游	游历中华胜境，品尝天堂美食
2004	中国百姓生活游	游览名山大川、名胜古迹，体验百姓生活、民风民俗
2005	中国旅游年	2008 北京——中国欢迎您，红色旅游年
2006	中国乡村游	新农村、新旅游、新体验、新风尚
2007	中国和谐城乡游	魅力乡村、活力城市、和谐中国
2008	2008 中国奥运旅游年	北京奥运、相约中国
2009	中国生态旅游年	走进绿色旅游、感受生态文明
2010	中国世博旅游年	相约世博，精彩中国
2011	2011 中华文化游	游中华，品文化；中华文化，魅力之旅
2012	2012 中国欢乐健康游	旅游、欢乐、健康
2013	2013 中国海洋旅游年	体验海洋，游览中国；海洋旅游，引领未来；海洋旅游，精彩无限
2014	美丽中国之旅——2014 智慧旅游年	美丽中国，智慧旅游；智慧旅游，让生活更精彩；新科技，旅游新体验
2015	美丽中国——2015 丝绸之路旅游年	游丝绸之路，品美丽中国；新丝路、新旅游、新体验
2016	丝绸之路旅游年	漫漫丝绸路，悠悠中国行；游丝绸之路，品美丽中国；神奇丝绸路，美丽中国梦
2017	丝绸之路旅游年	古老丝绸路，美丽中国行；游丝绸之路，品美丽中国；传承丝路精神，共享丝路旅游
2018	美丽中国——2018 全域旅游年	新时代，新旅游，新获得；全域旅游，全新追求

三、2003 年至 2012 年：成为战略性支柱产业，市场化程度不断加深

随着旅游产业规模的不断扩大，在这一时期，旅游业的地位再次得到提升，在旅游法制建设、宣传以及国际影响力等方面取得瞩目的成绩。

（一）旅游业成为战略性支柱产业

随着"黄金周"等假日制度的实施，国内旅游需求不断旺盛，旅游业在国民经济中的地位日益凸显，在这一时期，旅游业的地位再次得到进一步明确，从国民经济中的重要产业被赋予了"双目标定位"，要把旅游业培育成国民经济的战略性支柱产业和人民群众更加满意的现代服务业。2007 年 12 月 16 日，经国务院通过的《全国年节及纪念日放假办法》和《职工带薪年休假条例》对外公布，形成了新的国家法定节假日调整方案和休假方案。根据新方案，2008 年元旦以后，我国全体公民放假的天数由之前的 10 天增加到 11 天，增加清明、端午、中秋三个传统节日各一天，春节从除夕开始放假，"五一"由原来的 3 天减少为 1 天，元旦、国庆节放假天数不发生变化。机关、团体、企业、事业单位、民办非企业单位、有雇工的个体工商户等单位的职工享有带薪休假，具体的规定是：职工累计工作满 1 年但不满 10 年的，享有带薪休假 5 天；满 10 年但不满 20 年的，享有带薪休假 10 天；满 20 年以上的，享有带薪休假 15 天❶。新的休假制度充分考虑国民的旅游需求，对旅游业可持续发展具有非常重要的推动作用。

（二）旅游国际知名度显著提升

2001 年，我国加入 WTO 之后，旅游业面临新的发展机遇。中国在世界上树立了良好的形象，吸引了更多的国外游客来华旅游；同时中国引入了国际旅游市场的竞争机制，不断提升旅游业服务与管理水平；旅游业发展的外部大环境也不断得到优化。此外，我国政府与相关国家举行国家旅游年活动，我国旅游业对外宣传力度不断增强，迅

---

❶ 冯小伟. 以带薪休假促进旅游业可持续发展［J］. 市场研究，2008（05）：19－21.

速提高了我国旅游知名度。国际旅游知名度的显著提升,使得我国国际旅游市场不断繁荣,旅游外汇收入日益增加。2012 年我国入境旅游人数达到 1.32 亿人次,比 2002 年多出 4000 万人次;中国公民出境旅游快速发展。2002 年我国出境旅游人数只有 1660 万人次,到 2012 年已达到了 8200 万人次❶。

(三) 强化宣传,提高国民旅游意识

为了促进旅游消费,提高国民的旅游意识,在这一阶段,国家相关部门还设立"中国旅游日"。2011 年 3 月 30 日上午,国务院常务会议通过决议,将《徐霞客游记》开篇日 5 月 19 日定为"中国旅游日"。"中国旅游日"设立之后,各地纷纷响应,围绕主题开展各种各样的旅游惠民活动,以强化旅游宣传的作用,进一步提高国民的旅游意识,激发国民旅游消费欲望。如,2011 年"中国旅游日"当天,山西太原、长治、大同、运城四个通航城市共同启动"5·19 中国旅游日"暨"飞越三晋畅游山西"——2011 民航伴我游山西大型旅游惠民活动,惠民活动不仅持续到 2011 年 12 月 30 日,而且以 5 万个优惠机位通过旅行社组团的形式让利于广大游客。郑州市开展优秀旅游景区展示、旅游文化演艺等,同时 60 多个景点推出了近百项活动让利游客❷。

2011~2019 年"中国旅游日"活动主题一览表见表 2-2。

表 2-2　2011~2019 年"中国旅游日"活动主题一览表

年　份	主　题
2011	读万卷书,行万里路
2012	健康生活,欢乐旅游
2013	休闲惠民,美丽中国
2014	文明旅游,智慧旅游
2015	新常态,新旅游
2016	旅游促进发展　旅游促进扶贫　旅游促进和平

---

❶ 高梦浠.改革开放 40 年来我国旅游业的发展历程、成就与展望 [J].价格月刊,2018 (11):73-77.
❷ 来源于中央政府门户网站。

年　份	主　题
2017	旅游让生活更幸福
2018	全域旅游，美好生活
2019	文旅融合，美好生活

资料来源：根据网上资料整理而得。

四、2013 年至今：全面融入国家战略，从经济产业转向民生服务为主题

改革开放 30 多年后，我国旅游业的发展进入了全面融入国家战略的阶段，旅游业从过去的经济产业逐渐转向以民生服务为主题的产业，成为五大幸福产业之首；旅游外交大显风采，我国旅游国际影响力显著提升。

（一）开启旅游强国建设新篇章

2013 年十八届三中全会制定了全面深化改革若干规定，旅游业发展也进入了全面改革和创新开放的重要时期。旅游业发展全面贯彻党的十八大和十八届三中、四中全会精神，紧紧围绕十八大提出的"经济建设、政治建设、文化建设、社会建设、生态文明建设"的"五位一体"总体布局，以及"全面建成小康社会、全面深化改革、全面依法治国、全面从严治党""四个全面"战略布局，以"创新、协调、绿色、开放、共享""五大发展理念"为指导，大力实施"515"战略、全域旅游发展战略和"三步走"战略，旅游业各项改革取得了明显成效。2015 年全国旅游工作会议上，我国提出了"515"战略，即"文明、安全、有序、便利、富民强国"5 大目标，"整治旅游市场秩序、惩治旅游不文明行为、构筑旅游安全保障网、启动旅游厕所革命、创新产业促进机制、大力开发新产品新业态、推进区域旅游一体化、开拓旅游外交、深化旅游体制改革、用信息化武装行业"10 项行动以及52 项举措。"515"战略的提出是对新常态下旅游业的定位和功能进行深刻解读和再认识，以推动我国旅游业转型升级、提质增效，加快旅游业的现代化、信息化与国际化进程。

2017 年全国旅游工作会议上，我国提出了实施旅游业"三步走"

战略，以推动我国迈入世界旅游强国的行列。"三步走"战略，即：第一步，从粗放型旅游大国发展成为比较集约型旅游大国（2015～2020 年）；第二步，从比较集约型旅游大国发展成为较高集约型旅游大国（2021～2030 年）；第三步，从较高集约型旅游大国发展成为高度集约型的世界旅游强国（2031～2040 年）。结合"三步走"战略，2016 年我国旅游业发展从景点旅游向全域旅游转变。全域旅游作为新时期我国旅游发展的总体战略，得到了中央领导的充分肯定，习近平总书记 2016 年 7 月 18～21 日考察宁夏时明确指出：发展全域旅游，路子是对的，要坚持走下去。李克强总理 2017 年 3 月在政府工作报告中提出：要完善旅游设施和服务，大力发展乡村、休闲、全域旅游。此外，国务院总理李克强在 2016 年夏季达沃斯论坛这一重要的、高规格的国际性会议上，提出旅游、文化、体育、健康、养老"五大幸福产业"的概念，旅游业成为"五大幸福产业"之首。而党的十九大报告提出，我国社会主要矛盾已经转化为人民日益增长的美好生活需要和不平衡不充分的发展之间的矛盾。旅游作为一种放松身心、休闲娱乐的体验活动，逐渐成为人们的常态化生活。当前，随着供给侧结构性改革的不断深入，我国建立起了以"旅游＋"为核心的新产业框架体系，旅游与农业、工业、体育、科技、健康、交通、卫生等领域融合发展，形成了一系列新兴旅游业态，更好地满足了现代游客的多样化与个性化旅游需求。

（二）文旅融合新时代

文化是旅游的灵魂，旅游是文化的载体。文化产业与旅游产业的关联度高、渗透性强，两者的融合是大势所趋。"十三五"以来，我国陆续出台了一系列促进文化旅游产业发展的政策，进一步推动了文旅产业的融合发展。2018 年 3 月，国家旅游局与文化部整合，正式组建文化和旅游部，这是党中央和国务院积极借鉴西方发达国家管理体制模式，统筹我国文化产业与旅游产业协调发展的一项重大举措，国务委员王勇在介绍国务院机构改革方案时指出："组建文化和旅游部，是为了增强和彰显文化自信，统筹文化事业、文化产业发展和旅游资源开发，提高国家文化软实力和中华文化影响力，推动文化事业、文化产业和旅游业融合发展。"文化和旅游部的成立，标志着我国进入了文旅融合新时代，"诗和远方"走在了一起；同时为我国文旅融合发展提供了机构保障，能够大力推动我国文化旅游产业的蓬勃发展，进一步增强中华民族文化自信。在文旅融合的新时代背景下，全国各地广泛开展了历史文化街区、文旅乡村、文化创意产业园、主题公园、文旅小镇和大型实景演出等六大文旅融合新产品的开发。这些文旅融合的新产品在一定程度上满足了游客的文化体验需求，产生了较为可观的经济效益，同时对保护传承优秀传统文化也起到了重要的推动作用，提升当地的旅游知名度和美誉度。

（三）"旅游＋扶贫"成为脱贫致富新模式

近年来，党中央和国务院高度重视扶贫工作，并明确将 2020 年为脱贫攻坚收官之年。旅游产业具有较强的辐射和带动效应，我国许多乡村地区旅游资源丰富，自然环境优美，具有发展旅游业的良好基础。因此，不少乡村地区大力发展乡村旅游，乡村旅游成为脱贫攻坚的重要抓手。旅游精准扶贫也得到了党中央和国家领导的高度认可，很多省级管理部门也制定了一系列相关的政策或行动方案，如贵州省出台《发展旅游业助推脱贫攻坚三年行动方案》、山东省出台《乡村旅游提档升级工作方案》、云南省印发《关于加快乡村旅游扶贫开发的意见》《云南省旅游扶贫专项规划（2016—2020 年）》等，通过大力发展乡村旅游，鼓励老百姓积极参与旅游开发，通过发展旅游业发家致富。

在这个时期，不少贫困地区都在大力发展乡村旅游，并积极探索村民参与旅游开发的各种模式，涌现出了湖南湘西土家族苗族自治州十八洞村、贵族西江千户苗寨、陕西咸阳市礼泉县袁家村等乡村旅游扶贫的全国典范。乡村旅游成为脱贫攻坚的主战场与中坚力量，乡村旅游产业的发展不断助推乡村地区经济社会的全面发展，推动农村产业结构调整，促进农民增收致富，使其走上奔小康的道路[1]。2013 年11 月 3 日，习近平总书记来到十八洞村考察之后，该村就依托当地的生态与资源优势，大胆探索乡村旅游脱贫致富的道路，并将农家乐作为致富的突破口，鼓励村民创办农家乐。西江千户苗寨是全世界最大

---

[1] 邓爱民，潘冬南. 高质量发展背景下乡村旅游扶贫的路径选择与政策协同［M］. 北京：中国财政经济出版社，2019.

的苗寨，位于贵州省黔东南苗族侗族自治州雷山县境内，有1400多户，6000多人，原本贫穷落后、文化保护乏力的民族传统村落在2008年旅游开发之后发生翻天覆地变化，2017年西江千户苗寨村民人均收入达22100元，是2007年的13倍，旅游接待人数和旅游综合收入，从2008年的78万人次和1亿元，猛增到2017年的606万人次和49.91亿元，分别增长了7倍和49倍❶；在旅游发展过程中，坚持"人人有份，户户受益"的原则，健全的利益调节机制不仅提高了当地农民的旅游收入和生活质量，同时也促进了民族传统文化的保护与传承，增强了民族传统文化自信。陕西咸阳市礼泉县袁家村依托乡村旅游资源不断创新扶贫模式，采取"党支部＋合作社＋乡村旅游"的方式，通过公司带动、投资入股、创业平台、就业岗位四种脱贫路径，将周边村200户611名贫困群众紧密团结在旅游产业链条上，形成了"一村带十村"效应，通过联手公司保底、让利投资入股、搭建创业平台、拓展就业岗位四条路径，使广大村民共同享受袁家乡村旅游发展红利，助力当地群众走共同富裕之路❷。

（四）旅游外交彰显大国魅力

近年来，文化和旅游部非常重视旅游外交，积极传播中国形象，为世界各国人民传递中国声音、带去中国微笑。因此，旅游外交成为我国加强与世界联系、增进民心相通的重要平台，旅游业也成为我国与世界各国对外合作交往的重要内容。旅游年是旅游外交的重要载体。2012年、2013年中俄两国互办旅游年，拉开了中国与相关国家互办、共办"旅游年"的序幕。之后，我国分别与美国、印度、韩国、澳大利亚、瑞士、丹麦、哈萨克斯坦、加拿大等国相继举办了"旅游年"。"旅游年"对世界展示了美丽富饶的中国，对入境旅游市场拓展具有重要的促进作用；同时，"旅游年"使我国旅游国际影响力不断提高，我国在世界旅游领域的重要地位不断提升，为建成世界旅游强国奠定良好基础。

"一带一路"，旅游先通。"一带一路"是中国为推动经济全球化

---

❶ 来源于人民网。
❷ 来源于央广网。

深入发展而提出的国际区域经济合作新模式。旅游业作为服务贸易的重要组成部分，服务于国家发展大战略，在"一带一路"建设中具有重要的作用。同时，"一带一路"也为我国旅游联通世界提供了很好的机遇。为贯彻落实"一带一路"倡议，2015 年国家旅游局将国家旅游年主题确定为"美丽中国——丝绸之路旅游年"，旨在以发展旅游业落实共建"一带一路"构想；之后，2016 年、2017 年，国家旅游局依旧将旅游宣传主题确定为"丝绸之路旅游年"，先后举办首届丝绸之路旅游部长会议，建立中国—中东欧国家旅游部长定期会议机制，召开首届中俄蒙旅游部长会议、首届中国—南亚旅游部长会议、首次中国—东盟旅游部门会议等❶；2017 年 5 月 14～15 日第一届"一带一路"国际合作高峰论坛在北京举行，旅游合作成为该论坛重要成果之一。

目前，我国已经成为世界上最大的旅游客源国，为世界贡献了最大的出境旅游市场，我国在世界旅游发展中的地位明显提高，角色从原来的"参与者"变成了"主导者"，得到了世界各国的认可。亚太旅游协会（PATA）2015 年会于 2015 年 4 月 23 至 26 日在四川省乐山市举办，包括亚太旅游协会主席斯伯努以及马来西亚、帕劳、关岛、所罗门群岛等国旅游局、波音公司等 300 余名国内外嘉宾与会。2016 年 5 月，由中国政府与联合国世界旅游组织共同举办的首届世界旅游发展大会在北京举办。2017 年 9 月，中国发起成立的第一个全球性、综合性、非政府、非营利世界旅游组织——世界旅游联盟在成都成立；而同年 9 月联合国世界旅游组织第 22 届全体大会在成都举办。2019 世界文化旅游大会于 2019 年 10 月 23～24 日在陕西省西安市举办。一系列高级别会议的举办，反映了我国旅游业综合竞争实力，凸显了我国在世界旅游中的重要地位；同时向世界各国很好地展示了我国的旅游形象以及改革开放所取得的一系列瞩目的发展成就，为我国进一步扩大与世界各国的交流与合作提供了重要的契机。

（五）行业管理规范取得重大突破

这一时期，我国旅游业行业管理取得重大突破，旅游法律法规日

———————————

❶ 来源于人民网。

渐完善，行业管理手段与方式不断改革与创新。2013 年 4 月 25 日第十二届全国人民代表大会常务委员会第二次会议通过审议通过了《中华人民共和国旅游法》，习近平主席签署 12 届第 3 号主席令后正式颁布。旅游法的颁布是中国旅游发展史上的丰碑，同时也是党中央和国务院高度重视旅游业发展、旅游业取得世界瞩目的发展成就的深刻反映。旅游法直面我国旅游业发展的现实问题，综合运用经济法、行政法和民事法的法律规范，构建了政府统筹、部门负责、有分有合的旅游综合协调、市场监督、投诉处理等监管制度，为建设旅游强国提供最坚实的法律保障❶。

此外，为全面推进全域旅游发展，2017 年国家旅游局不断探索现代旅游治理机制的改革，从过去部门的单一管理体制过渡到综合管理体制，推进建立"1＋3"管理体制。具体地，"1＋3"管理体制，"1"就是旅游委员会，"3"就是设立旅游警察、旅游巡回法庭，工商旅游分局；旅游警察负责维护景点及景点周边的治安，旅游巡回法庭是流动式的，可以及时调解和处理旅游过程中发生的一些纷争；工商旅游分局则是对一些不规范的经营行为、甚至是欺行霸市的行为进行惩处❷。许多省市在具体落实过程中，结合地方实际，在国家旅游局改革思路的基础上，积极探索"1＋3＋N"旅游市场综合监管模式，并取得显著的成效。如福建泉州市构建以市旅游产业领导小组办公室为龙头，旅游警察、旅游工商、旅游巡回法庭三位一体，充分发挥交通运输、质检、商务、地税、通信、物价等涉旅部门的职能，发挥专业监管与共同执法的作用，有效地规范旅游市场秩序，切实维护了旅游者和经营者的合法权益，全市旅游业得到了健康持续发展。

综上所述，我国旅游业从无到有、从弱到强，在改革开放 40 多年的黄金发展期取得了一系列令世界瞩目的发展成就。我国旅游业在国民经济中的重要地位也随着我国国民经济发展的变革发生了重大变革，从第一次被列入国家发展计划，到第三产业中的重点产业、国民经济的重要产业，再到旅游业培育成国民经济的战略性支柱产业和人民群众更加满意的现代服务业，"五大幸福产业"之首。旅游业在国民经

❶ 中国旅游业发展史上的丰碑［N］．中国旅游报，2013-04-26（001）.
❷ 来源于人民网。

济中定位的变化深刻地反映了旅游业已经从经济产业转向了服务民生的主题定位，成为广大城乡居民非常普遍的消费方式，以及人们对美好生活向往的重要组成部分。同时，旅游外交在我国外交大局中的重要作用日益凸显，成为向世界展示我国综合国力、增强中华民族文化自信以及促进我国与世界各国交流合作的重要平台，我国旅游的国际影响力显著提升。

第二节　创新驱动旅游经济高质量发展的共识

一、我国已进入优质旅游时代

党的十九大提出了中国特色社会主义进入新时代，社会主要矛盾已经转化为人民日益增长的美好生活需要和不平衡不充分的发展之间的矛盾。面对国内外新的环境局势，我国旅游业发展呈现出消费大众化、需求品质化、发展全域化、产业科技化和竞争国际化五大发展趋势。

（一）消费大众化

近年来，我国经济蓬勃发展，综合国力和国际影响力明显增强。随着我国经济社会发展的不断提高，人们可支配收入的不断增加，广大群众对精神文化的需求越来越旺盛，旅游已经成为人们的常态化需求，旅游消费呈现出大众化趋势。中国旅游研究院（文化和旅游部数据中心）2020年3月10日发布《2019年旅游市场基本情况》显示：2019年我国旅游经济继续保持高速增长，全年实现旅游总收入6.63万亿元，同比增长11%；旅游业对GDP的综合贡献为10.94万亿元，占GDP总量的11.05%；国内旅游人数达60.06亿人次，同比增长8.4%，其中城镇居民44.71亿人次，增长8.5%；农村居民15.35亿人次，增长8.1%。国内旅游收入中，城镇居民花费4.75万亿元，增长11.6%；农村居民花费0.97万亿元，增长12.1%。总体来看，国内旅游市场火爆，并具有以下两个主要特征：一是自助、自驾人数持续增长。随着我国高速公路的不断完善，个性化、自由度高的自驾游越来越受到广大民众的青睐，近年来，中短途自驾游是国内旅游的主流。根据途牛旅游网携手中国旅游车船协会自驾游与露营房车分会、西部自驾车旅游联盟共同发布的《中国西部自驾旅游发展报告2018》的报告，2017年中国自驾游人数平稳增长，总人数达31亿人次，比2016年增长17.4%，占国内出游总人数的62%。马蜂窝旅游网联合赫兹国际租车、神州租车、人民日报客户端旅游频道共同发布的《全球自驾游报告2019》显示，2018年中国国内自驾游达到5.8亿人次，同比增长35.6%。二是人群年轻化、选择主题化。在自驾游中，无论是国内游还是出境游，"80后"都是消费主力军；同时，亲子自驾、应季主题自驾进入黄金时代，房车自驾、定制自驾将成为新风尚。预计未来，自助、自驾游人数将持续增长。

（二）需求品质化

党的十九大报告指出，当前，我国的社会主要矛盾已经转变为人们日益增长的美好生活需要和不平衡、不充分的发展之间的矛盾。随着生活的显著改善，人民对美好生活的向往更加强烈，因此，旅游者对旅游产品的质量提出更高的要求，旅游需求品质化的趋势越来越明显。旅游需求品质化即旅游者对旅游产品的质量提出更高的要求，希望能够得到更加丰富、深刻、强烈的旅游体验。旅游需求品质化具体体现在：旅游者对休闲度假的需求快速增长，对旅游基础设施、公共服务、生态环境的要求越来越高，以及对个性化、特色化旅游产品和服务的要求越来越高。根据国际经验，人均GDP超过5000美元为休闲度假游需求触发点。2019年，我国人均GDP突破1万美元，已具备覆盖休闲度假游需求的物质基础。从需求上来看，近年来，我国旅游需求的品质化与中高端化日益明显，康养、亲子、研学、休闲度假以及高端私人订制旅游需求旺盛。《2017年中国休闲度假发展报告》显示：2017年国内休闲度假人数占比达到60%，其中自由行占62%；其次是半自助游、定制旅游、邮轮、私家团，定制游成为居民休闲度假的新兴方式。"80后""90后"是主力的消费群，占60%以上。此外，休闲度假人均消费达到3819元，比2016年同比增长近10%。由此可见，未来广大旅游者对旅游目的地服务与质量的品质化要求将会更加凸显。因此，在供给方面，我国旅游供给必须要从"有没有，缺不缺"转变为"好不好，精不精"，顺应时代发展潮流，走优质旅游发展道路，建立高质量的旅游产品和服务体系，这既是我国经济社会发展的客观需求，也是实现旅游业健康持续发展的必由之路。

（三）发展全域化

李克强总理 2017 年 3 月在政府工作报告中提出：要完善旅游设施和服务，大力发展乡村、休闲、全域旅游。全域旅游上升为国家战略，成为新常态下"稳增长、促改革、调结构、惠民生、防风险"的重要抓手。全域旅游是以旅游业带动和促进经济社会协调发展的一种新的区域协调发展理念和模式，是按照"创新、协调、绿色、开放、共享"五大发展理念、系统总结我国旅游发展实践而做出的重大战略选择。全域旅游提出之后，全国各地纷纷响应，积极参与建设，推动当地的景点旅游向全域旅游转变。2016 年 2 月、10 月，国家旅游局分别公布第一批、第二批国家全域旅游示范区创建名单（262 家、238 家），500 家创建单位覆盖全国 31 个省、区、市和新疆生产建设兵团（见表 2-3）。

表 2-3　全域旅游示范区创建单位空间分布情况

地　区	总数/家	省平均数/家	总面积/万平方千米	总人口/万人
东部地区	132	13	19.4	9341
中部地区	142	12	27.6	7727
西部地区	170	14	107	7082
东北地区	56	9	30	2708
合计	500	—	184	26858

在全域旅游时代，跨界融合将长期存在，旅游业将成为带动其他产业发展的重要驱动力，旅游业与其他产业融合发展将助力产业高质量发展。2018 年 2 月 5 日"旅游＋"首次被写入中央一号文件，文件指出，要利用"旅游＋""生态＋"等模式，推进农业、林业、教育、文化、康养等与旅游产业的深度融合。"旅游＋"将催生更多的新产品、新业态、新发展模式（见表 2-4）。

表 2-4 "旅游 +"新产品、新业态情况一览表

旅游 +	新产品、新业态
旅游 + 农业、林业、水利	现代农业庄园、共享农庄、田园综合体、精品民宿、森林公园、国家水利风景区等
旅游 + 城镇化、工业化和商贸	旅游特色小镇、风情县城、文化街区、城市绿道、主体功能区、中央游憩区等
旅游 + 教育、科技、文化、卫生和体育	研学游、医疗健康旅游等健康旅游产品与业态，大型演艺、主题公园等文创产业，冰雪、山地、水上等体育旅游
旅游 + 交通、环保、国土	公路旅游区、自驾车房车营地、邮轮游艇旅游、低空旅游、航空旅游小镇等
旅游 + 互联网	在线旅游产品、旅游大数据、智慧旅游等

资料来源：文化和旅游部 2017 年全域旅游发展报告。

（四）产业科技化

随着科学技术的快速发展，现代信息技术已经融入人们日常工作、生活的方方面面，因此，人们希望外出旅行时也能够享有便捷的信息技术服务。未来，科学技术与旅游业的结合越来越紧密，不断推动中国旅游业的创新与发展。2015 年 1 月 10 日，国家旅游局印发的《关于促进智慧旅游发展的指导意见》提出，到 2016 年，建设一批智慧旅游景区、智慧旅游企业和智慧旅游城市，建成国家智慧旅游公共服务网络和平台。到 2020 年，我国智慧旅游服务能力明显提升，智慧管理能力持续增强，大数据挖掘和智慧营销能力明显提高，移动电子商务、旅游大数据系统分析、人工智能技术等在旅游业应用更加广泛，培育若干实力雄厚的以智慧旅游为主营业务的企业，形成系统化的智慧旅游价值链网络。2015 年 9 月 18 日，国家旅游局颁布《关于实施"旅游 + 互联网"行动计划的通知》，通知中明确指出：到 2020 年，旅游业各领域与互联网达到全面融合，互联网成为我国旅游业创新发展的主要动力和重要支撑，网络化、智能化、协同化国家智慧旅游公平服务平台基本形成；在线旅游投资占全国旅游直接投资的 15%，在线旅游消费支出占国民旅游消费支出的 20%。上述相关政策的颁布，为旅游与科技的紧密结合提供了政策保障，旅游目的地只有大力实施"旅游 + 互联网"，发展智慧旅游，才能为旅游者提供更多优质服务。

（五）竞争国际化

发展旅游业将普遍成为全国各地参与国际分工、增加外汇收入、提高国际知名度的重要手段。随着我国进一步对外开放的力度不断加强，越来越多的外资旅游企业融入中国市场，旅游企业面临的竞争日益国际化。未来，国际品牌将加快中国布局，中国本土企业也将加快"走出去"的步伐，中国旅游产业全球化趋势将会更加显著。从整体上来看，我国旅游企业竞争国际化趋势主要体现在两方面：一是国际知名酒店品牌扩张中国的热情将会持续高涨，在中国城镇化的进程中看到更多商机，将会不断进军中国内地的二、三线城市；二是中国本土企业发力国际化布局。随着我国出境旅游规模的不断扩大，国内部分综合实力强大的旅游企业频频海外布局。例如，携程旅游集团把智慧景区输出海外，深度布局澳大利亚市场，与悉尼水族馆、野生动物园、杜莎夫人蜡像馆等多家景区合作扫码入园；同时，投资了印度在线旅游巨头 MakeMyTrip，并与纵横集团、海鸥、途风等美国领先的三大旅行社企业达成战略投资与合作，此外还收购了英国旅行搜索平台天巡控股。锦江国际集团不断扩张海外布局，以近十亿欧元收购欧洲第二大酒店集团——卢浮酒店集团，该酒店集团旗下有四大系列、七大品牌，覆盖经济型和高端酒店。这些扩张海外布局的旅游企业必将带动其他旅游企业不断改革创新，走出国门积累国际经验，进而增强国际市场竞争力。

二、我国旅游经济增长动力转向创新驱动

（一）创新驱动是中国经济新常态的主要特征之一

改革开放 40 多年来，我国经济增长主要依靠要素驱动，劳动力、资本、资源三大传统要素在国民经济的快速发展中发挥了重要作用。但随着我国经济的发展，传统要素面临诸多的瓶颈，已经难以支持我国经济健康持续发展的需要，必须把发展动力转换到科技创新上来。在过去，劳动力是我国经济发展的优势之一，但随着人口老龄化趋势越来越明显，劳动力的规模驱动力已经减弱；从资本的角度来看，政府投资的比重过大、企业资本与社会资本的投资面临障碍与束缚；而

改革开放以来，我国在经济增长的同时，土地、动植物资源等消耗量不断上升，环境污染问题也比较严重❶。因此，以习近平总书记为核心的党中央高度重视创新，并明确提出将中国经济"从要素驱动、投资驱动转向创新驱动"作为中国经济新常态的主要特征之一，同时，这也是经济新常态的核心内涵。自十八大以来，习近平总书记在公开讲话和报道中，多次提到了"创新"，对"创新"的重视程度是任何时期都无法比拟的，创新成为引领发展的第一动力，创新贯穿党和国家一切工作。

（二）中国旅游经济增长需要创新驱动

创新是发展的第一动力。党的十八大明确提出要实施创新驱动战略，同时，"创新"是党的十九大报告的热词，一共出现了50多次。习近平总书记在党的十九大报告中指出，创新是引领发展的第一动力，是建设现代化经济体系的战略支撑。近年来，我国政府、高校、企业等高度重视创新，各行各业都进行了一系列的改革创新，旅游业作为我国的战略性支柱产业，根据党的十九大报告的要求大力实施改革创新是必然的。此外，旅游产业在国民经济中的地位越来越高，在我国经济社会发展中发挥着重要的作用。但是，旅游经济在快速增长的同时，也存在一系列的问题亟待改革与完善，如旅游产业发展方式较为粗放、环境污染问题时有出现、旅游产品科技含量不高、市场供需错位问题凸现、管理体制落后等，迫切需要从资源、劳动力等低水平要素驱动转向创新驱动。《"十三五"旅游发展规划》中提出，"十三五"旅游业发展要遵循创新驱动的原则，以创新推动旅游业转型升级，推动旅游业从资源驱动和低水平要素驱动向创新驱动转变，使创新成为旅游业发展的不竭动力；并提出要将创新作为增强我国旅游业发展的新动能，通过理念创新、产品创新、业态创新、技术创新、主体创新，构建旅游发展新模式、扩大旅游新供给、拓展发展新领域、打造发展新引擎、提高发展新效能。新冠疫情的出现，使旅游业被迫按下了暂停键，整个行业受到了重创。目前，随着疫情防控的常态化，我国旅游业如何尽快恢复并且实现健康持续发展是最为严峻的问题。

---

❶ 国家行政学院经济学教研部. 中国经济新常态［M］. 北京：人民出版社，2015.

而从现实情况来看，我国旅游业只有加快创新发展的步伐，才能解决上述提出的问题，即疫情倒逼我国旅游业必须加快创新发展的步伐，包括产品、营销、管理、技术等方面的创新。

三、建设世界旅游强国必须对接国际标准

（一）建设世界旅游强国具有重大而深远的意义

经过改革开放 40 多年的发展，我国旅游业的发展从无到有、从弱到强，在国民经济中的地位不断提升。当今世界，建设旅游强国成为许多发达国家经济社会发展的一大重要目标，并将旅游业发展上升为国家战略，如美国的"国家旅行和旅游发展战略"、日本的"观光立国战略"等。发达国家旅游业起步早，旅游资源丰富，旅游服务设施完善，产业整体发展水平都比较高。旅游产业具有明显的关联度高、带动效应强的特征。因此，对我国而言，建设世界旅游强国，对提高我国的国际影响力，彰显大国风采，提高中华民族文化自信，实现中华民族的伟大复兴具有重大而深远的意义。

（二）建设世界旅游强国必须接对国际标准

建设世界旅游强国是一项复杂、系统的工程。关于世界旅游强国的标准，目前国内外没有统一的标准，但我国著名旅游专家王兴斌教授最早在 2000 年 4 月《中国旅游报》上发表了观点，将世界旅游强国的特征归纳为以下十个：

（1）国际旅游接待人数和创汇水平名列世界前茅；

（2）国内旅游的人次、出游率和消费居世界先进行列；

（3）出境旅游的规模居世界前列；

（4）旅游经济总量在国民经济中的比重接近世界平均水平；

（5）培育一批享誉世界的旅游名品、精品和绝品；

（6）拥有一批具有国际竞争实力的骨干旅游企业集团；

（7）造就一支宏大的高素质的产业队伍；

（8）建立现代科技教育支撑体系；

（9）形成与国际接轨的旅游经营管理机制；

（10）建立经济效益、社会效益和环境效益互相促进的旅游可持续

发展体系。

从王兴斌教授归纳的上述十个特征来看，简言之，世界旅游强国必须要有世界一流的旅游资源、旅游管理体制、旅游产品、旅游人才、旅游企业以及旅游品牌，既是一个国家旅游业发展数量规模、质量效益的主要体现，同时也是一个国家综合实力、国际影响力的直接体现。我国是发展中国家，与美国、德国、法国、日本等发达国家的旅游业相比，我国在旅游设施设备、旅游服务质量、产业发展结构、产业发展规模与质量、目的地建设等方面还存在很大的差距。随着国内外旅游市场需求的持续旺盛，广大旅游者对旅游品质提出了更高要求。纵观当今世界局势，世界旅游业发展格局深度调整，重心正逐步东移，对我国而言，机遇大于挑战。建设世界旅游强国，我国不能因为我们是发展中国家而降低自身标准，应该向欧美等旅游发达国家学习，在质量、服务等各方面向欧美国家看齐；以创新作为发展的第一动力，充分利用人工智能、云计算、大数据等新技术，不断推动旅游产业的改革与创新，以高质量发展建成世界旅游强国。

第三节　创新驱动旅游经济高质量发展的理论框架

旅游产业具有关联度高、带动性强的特点，而旅游活动是旅游者的一种空间流动。因此，创新驱动旅游经济高质量发展理论框架的构建，既要考虑宏观、中观和微观视角，同时又要考虑从点到面的演变。本书将借鉴国内学者李凌（2013，2018）的研究成果，从纵向、横向两个维度构建创新驱动旅游经济高质量发展的理论框架。

一、纵向维度：要素驱动—效率驱动—创新驱动

从国内外经济发展的历程来看，经济发展可以分为要素驱动、效率驱动、创新驱动三个阶段，其中效率驱动阶段起到了"承前启后"的作用。在要素驱动阶段，生产要素居于核心地位，经济增长主要依靠土地、资本、劳动力等生产要素的投入，生产要素越多，经济规模也就越大。当要素禀赋殆尽、"资源诅咒"凸显、人口红利消失、投资效益递减、土地低密度开发显现时，传统的经济增长模式就难以为

继，此时，建立在要素质量增进基础之上的效率驱动便应运而生❶。在效率驱动阶段，经济增长主要依靠高质量的要素，即提升要素质量，要素质量成为与效率转型有关的经济增长的新动力❷。效率驱动强调的是增长的良性循环，从主要依靠出口和投资驱动为主向依靠消费、投资与出口协调拉动转型；从粗放增长向集约增长转型，实为提高生产力和竞争力的水平❸。随着各类推动经济发展的创意与创新元素不断涌现，效率驱动阶段呈现出创新驱动的科技特征。之后，随着人口红利减弱，投资的边际报酬递减，新技术、新产业、新业态、新模式对劳动力素质和制度供给的要求越来越高，必须强化创新对经济增长的引领。因此，创新驱动强调创新是经济增长的第一动力，从供给侧的角度来看，要素升级、结构优化、制度变革是经济增长的主要动力。由此可见，经济增长动力的演变过程是一个承前启后的递进发展过程，即要素（投资）驱动—效率驱动—创新驱动的递进发展过程。

在我国旅游业发展初期，一些具有自然资源和人文资源优势的地区，率先通过发展旅游业扩大了城市知名度和美誉度，并拉动地方经济社会发展，如北京、上海、杭州、西安、桂林等。这些城市所在的省份具有其他省份不可比拟的优势旅游资源，资源驱动旅游产业发展作用明显。实践证明，资源驱动发展模式在我国旅游业发展初期产生了良好的促进作用，为产业体系的形成、塑造良好的国际旅游形象等奠定基础。20 世纪 90 年代之后，随着旅游业在国民经济中的地位日益提升，旅游工作的重心是培育产业体系。这个时期，我国旅游业发展的资本驱动特征非常明显，党中央和国务院出台一些政策积极促进各类资本向旅游业集聚；为解决基础设施建设问题，1998 年后我国开始发行国债，2000 年至 2004 年共发行旅游国债 67.2 亿元；2005 年至 2007 年，投入 21 亿元资金用于红色旅游建设。但随着大量资源、资本投入旅游市场，旅游业发展面临一系列瓶颈，旅游市场出现了产品结构性过剩的突出问题，各类人造景观遍地开花、重复建设、旅游

❶ 李凌. "效率驱动"是"创新驱动"的前奏［N］. 社会科学报，2013-10-24（002）.
❷ 李凌. 创新驱动高质量发展［M］. 上海：上海社会科学院出版社，2018.
❸ 郑秉文. "中等收入陷阱"与中国发展道路——基于国际经验教训的视角［J］. 中国人口科学，2011（01）：2－15，111.

产品与市场需求脱节等问题。因此，旅游业开始进入效率驱动的发展时期。许多地方政府、旅游企业纷纷思考如何提升投入与产出效率、促进转型升级、提高综合效益的问题。而在寻求解决上述问题的途径中，一些创意与创新元素被引入旅游业中，效率驱动阶段也呈现出科技创新的特征。如以携程、艺龙等为代表的旅游电子商务运营商，以《印象·刘三姐》《云南映象》等为代表的旅游文娱项目，这是高新技术在旅游业运用成功的典型案例。进入 21 世纪之后，随着大量外资涌入中国，我国旅游业发展面临更加激烈的竞争，只有不断创新才能在激烈的市场竞争中占据优势地位。"十三五"期间，我国旅游业发展坚持以创新推动旅游业转型升级，创新成为旅游业发展的不竭动力。

综上所述，我国旅游业发展的主导驱动力经历了要素驱动——效率驱动——创新驱动的演变过程。未来，我国旅游业在产品创新、营销创新、知识创新、科技创新、组织创新等方面的特征将会更加明显，将以创新作为第一动力，进一步推动世界旅游强国的建设，提高我国旅游业的国际影响力。

二、横向维度：四大创新体系为旅游经济高质量发展提供创新动力

创新是一种手段，也是一种过程，这个过程是一系列的连锁反应。国内学者李凌（2018）根据创新波及的先后顺序，将创新活动领域分成知识创新体系、技术创新体系、模式创新体系和空间创新体系四个部分。知识创新体系是其他各类创新体系的源泉和基础，既包括教学与科学研究的知识创新，又包括人力资本对知识存量和流量的控制能力；技术创新体系是知识创新体系在生产和服务领域的应用与延续，大数据、云计算、平台经济与移动互联网等技术广泛而又深刻地影响经济运行的环境，促进产业结构与需求结构的变革，从而驱动创新、助推转型升级；模式创新关注的是新技术、新产品与市场能否很好对接的问题，包括商业模式创新和行政体制创新；空间创新体系延展创新的主体或载体，将其拓展到街区、城市或者城市群，考察知识、信息、技术和组织在区域间的生产、集聚、扩散、更新与转化的规律❶

---

❶ 李凌．创新驱动高质量发展 [M]．上海：上海社会科学院出版社，2018．

高质量发展已经成为我国经济发展的总的指导方向，各行各业都在努力朝着高质量发展方向迈进，进一步促进我国社会主义市场经济的繁荣发展，推动小康社会的全面建成❶。作为国民经济战略性支柱产业，旅游业的高质量发展是时代发展所必需的。旅游经济发展需要顺应时代潮流，以创新作为发展的第一动力，才能突破各种发展瓶颈，全面提升产业发展质量和综合效益，在满足广大人民群众对美好生活需求的同时，激活产业发展的新动能，实现以旅游业发展带动和促进经济社会协调发展。

旅游经济高质量发展的创新动力来源于知识创新、技术创新、模式创新与空间创新。

（1）知识创新。建设世界旅游强国，我国必须要高度重视旅游企业的主体地位。从全世界范围来看，旅游企业的集团化都是大势所趋，中国也正在经历这一阶段，与此同时，中国旅游企业的海外投资也呈现快速增长的势头。而当前，知识创新已成为旅游企业参与更高层次竞争的重要战略行为。旅游企业的知识结构具有隐性知识比重大、客户价值导向、创新频率高且需求量大、专用性程度较高、机会主义问题显著等方面的特征，旅游企业知识创新应侧重对隐性知识的主动干预、重视对中基层员工知识的"自下而上"管理、高度关注隐性知识的团队共享和显性化环节、高度重视对知识创新和共享活动的主动系统干预❷。

（2）技术创新。科技兴旅，促进科学技术与旅游业的融合发展是大势所趋，是提升旅游业科技含量、促进旅游经济高质量发展的内在要求。对旅游业发展的实践而言，就是要加大现代信息技术在旅游业中的运用，大力发展智慧旅游，推进旅游业的智慧管理、智慧服务和智慧营销。

（3）模式创新。旅游业发展不仅要关注量的增长，更要重视质的提升。要适应消费需求提升趋势，进一步促进旅游业供给侧结构性改革向纵深推进，通过实施"旅游＋"带来业态融合新领域，催生旅游

---

❶ 邓爱民，潘冬南. 高质量发展背景下乡村旅游扶贫的路径选择与政策协同［M］. 北京：中国财政经济出版社，2019.

❷ 饶勇. 旅游企业知识创新管理的认知与实践——以珠江三角洲地区为例［J］. 旅游科学，2009，23（03）：69－75.

新业态、新产品，拓展发展新模式；同时，不断探索旅游设施升级的路径，完善服务新体系。改革管理体制、建立激励机制、完善联动机制、优化投入机制，通过体制机制创新推动旅游经济高质量发展。

（4）空间创新。当前，我国大力实施全域旅游，这是旅游业空间创新的重要体现。"全域"的重点不在"全"，而在"域"，打破"独立景点"发展思路，将原有的独立的大景区建设变更成为全域性的、多角度的旅游开发，将城市、乡村、街道的建设和发展与旅游业发展结合起来。发展全域旅游要紧抓"规、宣、招、配"四字真经，实现旅游开发四步走战略，即规划先行、品牌引领、精准招商、宣传推广。

本 章 小 结

本章回顾与总结了改革开放 40 多年来我国旅游业的发展历程，旅游业的快速发展与转型升级是我国经济社会发展和人民生活水平提高的一个缩影。旅游业从无到有、从弱到强，经历了产业初创、产业体系形成、成为战略性支柱产业、全面融入国家战略四个主要阶段；从第一次被列入国家发展计划，到第三产业中的重点产业、国民经济的重要产业，再到旅游业培育成国民经济的战略性支柱产业和人民群众更加满意的现代服务业，"五大幸福产业"之首。同时，从我国已进入优质旅游时代、我国旅游经济增长动力转向创新驱动、建设世界旅游强国必须对接国际标准三个方面，深入分析了创新驱动我国旅游经济高质量发展的共识。消费大众化、需求品质化、发展全域化、产业科技化和竞争国际化是我国旅游业的五大发展趋势，创新已经成为我国旅游业发展的第一动力。此外，旅游产业具有关联度高、带动性强的特点，而旅游活动是旅游者的一种空间流动。因此，创新驱动旅游经济高质量发展理论框架的构建，既要考虑宏观、中观和微观视角，同时又要考虑从点到面的演变。从纵向维度来看，我国旅游业发展的主导驱动力经历了要素驱动——效率驱动——创新驱动的演变过程。而从横向维度来看，知识创新、技术创新、模式创新和空间创新四大创新体系为旅游经济高质量发展提供创新动力。

第三章　创新驱动旅游经济
高质量发展的经验借鉴

创新是全球旅游业的热点话题。各国政府都高度重视旅游创新，旨在推动旅游经济又好又快发展，进而实现旅游业健康持续发展。本章主要分析发达国家（如美国、瑞士、西班牙等）旅游业创新发展的经验做法，以及国内浙江、云南等旅游业发展水平排在全国前列的发达省市创新驱动旅游发展的主要路径，为广西边境口岸旅游创新发展提供经验借鉴，促进旅游经济高质量发展。

第一节　创新驱动旅游经济高质量
发展的国外经验

21世纪初以来，伴随着国际旅游竞争的加剧、科学技术的推动，旅游经济增长面临的突出问题使国外许多国家的政府意识到创新在旅游业发展中的重要作用，并积极探索各种创新途径，以期通过创新促进旅游经济质量与效益的提升。

一、政府高度重视旅游创新

经济合作与发展组织（OECD）是由38个市场经济国家组成的政府间国际经济组织，加入该组织的国家主要是美国、英国、法国、意大利、瑞士、加拿大、澳大利亚、希腊、西班牙、新西兰、日本、韩国等。从全球范围来看，这些国家不仅经济社会发展水平比较高，同时许多国家的旅游业比较发达，在世界上具有一定的知名度与名誉度。这些国家的政府部门高度重视旅游业的发展，并通过一系列的创新措施助推旅游经济高质量发展。政府部门在旅游业发展方面的创新措施主要体现在以下两个方面❶：

---

❶ 何德旭，等. 旅游绿皮书：2016—2017年中国旅游发展分析与预测［M］. 北京：社会科学文献出版社，2017.

（一）颁布相关政策促进旅游业创新发展

政府制定相关政策是旅游业创新发展的重要保障。许多国家政府部门高度重视国家层面的创新政策对旅游业的影响，为了推动旅游业的创新发展，颁布了相应的创新政策。例如，挪威政府在2007年时将激发创新作为旅游政策的首要目标，强调要建立创新网络，鼓励国际企业聚集性发展；丹麦政府在其官方的旅游政策中提出，旅游政策的主要目标之一就是通过战略性开发项目提高旅游行业的创新程度，尤其是面临衰退的沿海地区；冰岛政府在首份全国性旅游政策文件中提出，要积极引导旅游领域的创新和产品开发，重点解决季节性、评估创新对于增长的价值、建立标准和质量保险，并将营销、文化旅游、活动多样性和创新最佳范例等作为重点领域；德国政府强调旅游业需要在提高流动性、新技术应用、建立创新网络、通过旅游政策整合相关政策等方面实施创新行动；西班牙政府通过全国、区域和地方三个层面的政策来鼓励和推动旅游创新，以实现从强调数量和规模转向突出创新和质量。

（二）以项目促进旅游业创新发展

以项目建设、实施促进旅游业创新发展是不少国家政府相关部门采取的主要措施。旅游业是瑞士的三大支柱产业之一，是仅次于机械制造和化工医药工业的第三大创汇行业，为促进旅游业的创新发展以及提升旅游业的国际竞争力，瑞士政府专门设立了"促进旅游业的创新和合作"项目。相对于其他欧洲国家，瑞典旅游业的起步比较晚，但是其发展速度快，目前已经成为瑞典的主要产业之一。瑞典被誉为"创新之国"，一系列的改革与系统设计使其发展超越许多欧洲国家并保持强劲的竞争力。瑞典政府建立专门机构推动创新体系发展，为提高旅游业的发展水平，实现旅游业的健康持续发展，专门安排瑞典企业与创新大臣负责为旅游业开发新的思路；同时国家创新局的政策不仅覆盖旅游业，并且还专门设立了"动态创新体系促进区域增长"旅游项目。

二、相关国际组织积极推动旅游业创新发展

除了各国政府高度重视旅游业的创新发展之外，一些国际组织也积极推动世界旅游业的创新发展。经济合作与发展组织（OECD）旅游委员会一直致力于旅游业的创新发展，不仅关注各国的旅游创新政策，而且还对创新进展给予了高度关注。2003 年，经济合作与发展组织旅游委员会专门召开"旅游的创新与增长"会议，邀请各国政府部门、业界和学界共商旅游业的创新发展与可持续增长；并于 2011 年与北欧创新局开展合作，联合开展"旅游和体验产业中的商业模式创新"的相关研究[1]。2019 年，联合国世界旅游组织（UNWTO）和正在筹备 2022 年世界杯足球赛的卡塔尔的国家旅游委员会（QNTC）签署合作协议，确认卡塔尔国家旅游委员会成为世界旅游组织首个初创大赛赞助商，以期通过首届体育旅游初创大赛落实创新的理念，并进一步加强旅游和体育部门的合作，优化创业生态系统，促进体育旅游的创新发展。此外，卡塔尔国家旅游委员会也将成为 IE 大学和世界旅游组织在线旅游研究院的赞助方，研究院将受益于世界旅游组织对旅游业的深入了解和专业知识，以及 IE 大学的创新教育模式[2]。2020 年，新冠肺炎疫情使全球旅游业受到了重创。为了推动后疫情时代旅游业的复苏与振兴，欧洲旅游委员会（ETC）重视与相关部门的团结协作，联合欧铁集团发布《欧洲国际旅游及铁路运输白皮书》，并在白皮书中强调，铁路运输将成为欧洲旅行的重要方式，这种方式既可以减少环境污染，又可以避免人满为患的情况；同时要通过可持续增长模式来促使旅游业成长为可持续、数字化和创新性的行业。

三、以营销创新不断扩大知名度与美誉度

随着世界旅游业竞争的日益激烈，国外的旅游目的地或旅游企业都非常重视旅游市场营销的巨大作用，树立了营销创新意识，加大了对旅游市场的营销力度，以增强旅游营销效益，提高市场竞争力。瑞士作为一个全球知名的旅游目的地，其旅游业一直保持很高的市场竞

---

[1] 何德旭，等. 旅游绿皮书：2016—2017 年中国旅游发展分析与预测［M］. 北京：社会科学文献出版社，2017.

[2] 来源于 Travel Weekly China 旅讯官网。

争力，这与其独特的、高精准的营销渠道和方式息息相关。瑞士在选择营销渠道和方式时，不仅舍得投入经费，密切关注目标市场的需求特征和消费偏好，而且还非常重视文化差异❶：联邦旅游局的营销资金高达 6000 多万美元，每年印制的宣传手册超过 4000 万份，几乎所有的景区景点、宾馆酒店都提供统一版本的旅游宣传资料和旅游地图；瑞士联邦旅游局还专门在中国设立了常设机构，开设了针对中国游客的旅游网站，开通了官方微信公众号，从而为中国游客提供各种量身定制的旅游产品推介和信息，26 个州级旅游局在中国聘请专门人员负责旅游市场开发。为了进一步吸引中国游客，瑞士国家旅游局在 2016 年还任命国内演员黄轩为中国区形象代言人，希望借助黄轩在中国市场的知名度和影响力将瑞士自然、纯净、亲和的旅游形象传递给中国的旅游消费者。同时，瑞士重视主题营销，充分挖掘瑞士的资源特色，根据不同季节和不同营销对象推出各种主题活动，并设计了使旅游者难忘的宣传口号，如开辟了"夏日山地旅游""攀登阿尔卑斯山峰""冬季假期运动""瑞士冬季运动 100 年""5000 公里跨国滑雪"等旅游项目，举办了"徒步旅游""骑马旅游"等专项旅游❷。此外，瑞士也非常重视整合利益相关者，开展联合营销，打造独特的国家品牌。在具体的实施过程中，国内各旅游局把整个国家作为一个旅游目的地来开展营销，并努力促成政府与企业之间、各州市之间、国内与国际的联合营销。

除了瑞士之外，澳大利亚、苏格兰、马来西亚、韩国等旅游发达国家也非常重视旅游营销创新，并独具特色。澳大利亚大堡礁通过在其官网发布了多国语言版本的"世上最好的工作"全球招聘公告，招聘大堡礁看护员，旨在利用招聘过程的吸引力进行营销造势，吸引世人的广泛关注，以提高大堡礁的知名度与美誉度。苏格兰爱丁堡通过运用爱丁堡音乐节的文化影响力大力实施新型的网络营销。爱丁堡艺术节的专业网站内容十分丰富，涵盖节目预告、游览地图、博客以及广播链接等，精美生动，更新及时。马来西亚将体验营销与文化营销紧密结合，通过节日庆典打造旅游新格局，并通过会展、奖励旅游推

---

❶ 王雷. 从瑞士旅游业国际化发展看海南旅游业竞争力提升 [J]. 今日海南，2019（12）：51 – 53.

❷ 来源于品橙旅游网。

介会等多种形式的推介会开展海外营销。韩国通过"韩流"在世界范围内的影响力，借助娱乐营销不断提高国家旅游形象，并依靠影视业开创了新的营销模式，根据电视、电影在全球形成吸引力，根据影视情节包装推广全国的各个旅游景区，有力地推动了韩国旅游业的发展。

四、以产品创新不断增强市场吸引力

国外非常重视旅游产品的创新，并且在创意元素的打造上也非常值得中国学习与借鉴。丹麦是世界上幸福指数最高的国家，近年来根据自身的童话、美食、设计、城堡以及惬意的生活方式，打造了"童话丹麦""美食丹麦""设计丹麦"等一系列不同主题的深度旅游新产品，以吸引中国游客。同时，丹麦还充分挖掘其 Hygge（可译为"舒适惬意"）文化特色，吸引中小型旅游团队，扩大 MICE 市场影响力。MICE，即会展市场，包括 Meetings（会议）、Incentives（奖励旅游）、Conferencing/Conventions（大型企业会议）、Exhibitions/Exposition（活动展览）和 Event（节事活动）。通过完善的会议设施以及一系列丰富多彩的体验项目，丹麦不仅提高了许多公司的会议、集体学习成效，同时也为日常工作紧张、繁忙的白领提供放松身心的极佳机会。近年来，马来西亚在注重休闲度假旅游产品以及观光旅游产品的同时，也开始注重拓展会展与奖励旅游产品的海外市场，并将会展与奖励旅游视为马来西亚旅游业长期发展的重要利润增长点。

此外，国外对旅游产品的创新还非常注重创意元素的打造，通过文化创意，开发了一系列独具特色的旅游纪念品，大大提升了旅游购物的消费水平。新加坡、荷兰、美国在文化创意旅游纪念品的开发方面取得了很好的成效，也受到了广大游客的青睐，具体情况如下❶：

（1）新加坡。新加坡是全球最受欢迎的旅游目的地之一，通过借鉴日本的 Kitty 猫、美国的米老鼠，以其象征性标志之一的"鱼尾狮"，通过融入新加坡的美食、时尚、好客的文化元素以及日常生活故事，打造了一系列"乐宾莱恩"（LuvingLionel）旅游创意产品。这些旅游创意产品范围十分广泛，包括瓷器、毛绒玩具、手机链、钥匙圈、手提包、T恤衫、老字号饼店的包装盒等，不仅促进传统文化的创新发展，

---

❶ 来源于豆瓣网。

同时也全方位地向世界游客形象地展示了新加坡的文化特色及其魅力。

（2）荷兰。郁金香、木鞋、风车是荷兰的国家标志，目前以这些国家标志为创意元素的旅游纪念品受到了广大游客的青睐。郁金香形状的饰品、小摆件、围巾等独具特色，在阿姆斯特丹大街小巷的商店里，到处是种类繁多的、以木鞋为原型的旅游纪念品，从小巧的工艺品到人们日常穿的木鞋，应有尽有；在博物馆里，有各种以艺术品为原型的旅游纪念品向游客出售；为了统一开展形象宣传，不同旅游纪念品商店使用的包装也是统一的，给广大游客留下了深刻的印象。

（3）美国。美国许多报刊亭为全世界游客出售融入了当地文化、本土特色的旅游纪念硬币，这种纪念硬币以美国各个时代流通过的硬币为原型，硬币的一面是当地政府认证的印记，另外一面可供游客在上面写上自己的名字或者是自己喜欢的一句话，别具特色。

五、跨界旅游合作的创新世界瞩目

当今时代，跨界旅游合作已经成为时代的潮流。国外在跨界旅游合作实践方面取得了很好的成效，同时在跨界旅游合作研究方面也取得了较为丰富的成果。国外跨界旅游合作的组织创新、模式创新等方面值得中国学习与借鉴。走在经济一体化发展前列的欧盟，其旅游发展一体化的成功实践经验世界瞩目，一系列相关的创新政策非常值得借鉴。欧盟的创新政策具体包括四个方面（见表3-1）。同时，为了取消边境壁垒和贸易障碍，推动旅游一体化发展，在1995年3月，欧盟对各类人员取消边境检查的《申根协定》首先在7个国家生效，首开相关国家自由旅行的先例，之后覆盖到欧洲的大部分国家；并且于1999年1月1日正式启动欧洲货币单位，欧元进入外汇市场；重视统一旅游宣传推广与推介欧洲文化旅游，在2011年提出《新欧盟旅游政策框架》，旨在建设高质量的旅游品牌，推广欧洲旅游，积极推进与中国的旅游合作❶。2011年欧洲旅游局联盟（ETC）与欧盟委员会（EC）联合在中国开展"旅游目的地欧洲"的推广活动，并推出针对中国游客的欧洲旅游产品，中欧也在2013年签署《关于可持续旅游领域合作的联合声明》。

❶ 王兴斌. 欧盟区域旅游一体化的启示［N］. 中国旅游报，2014-01-03（006）.

表 3-1　欧盟一体化进程中的创新发展策略

策　略	目　标	具　体　内　容
制度联合与机制建设	进一步推动方案、提议规范化、制度化，加强旅游业的持续竞争力	欧洲议会、欧洲委员会、理事会之类的机构，专门为旅游业服务的机构——欧洲咨询委员会的设立，以及欧洲旅游论坛等机制的诞生
中小企业的主导力量与政府部门的引导措施	提高旅游市场活力，增强旅游企业的竞争优势	中小企业：发挥其运作灵活的优势。政府部门：立足于全局做出整体决策；利用整体化优势，区域共同开发研究项目；落实到技术层面的政策支持
个体文化创造与社会互动能力	力图建立一个给予个体文化创造与社会互动能力的制度性空间	营造欧洲文化城市的共同文化计划，个体文化创造也是受到积极鼓励
空间的均衡与时间的持续	旅游一体化要实现空间上的均衡协调以及时间上的可持续发展	"欧洲社会基金""欧洲农业保障和指导基金""欧洲区域发展基金""凝聚基金"等，援助经济发展缓慢的欠发达会员国的贫困地区；制定欧盟"21项议程"、欧盟第五期环境行动计划等，强调时间上的可持续，即高度重视环境要素

资料来源：孙洁，冯学钢. 欧盟旅游业一体化发展的框架与策略［J］. 北京第二外国语学院学报，2004（03）：53－57，62.

第二节　创新驱动旅游经济高质量发展的国内经验

创新是 21 世纪的主题。改革开放以来，我国旅游业经过 40 多年的发展后取得了显著的发展成效，但从整体上来看，我国依旧是对资源依赖度较高的粗放型旅游大国，在显著发展的背后存在着旅游产品类型不够丰富、旅游服务质量饱受诟病、旅游产业融合发展缓慢与后劲不足、旅游市场监管不到位等突出问题，与建设世界旅游强国的目标还具有一定的差距。这些问题反映出创新驱动我国旅游经济高质量发展的紧迫性。近年来，我国旅游业发展水平比较高的省份，能够认识到创新在解决上述问题中的重要性，并采取多项改革措施，旅游改革创新中出现了很多的亮点，在以创新驱动旅游经济高质量发展方面树立了典范。本节将分析部分典型案例，为以创新驱动中越边境口岸旅游经济高质量发展提供经验借鉴与新的发展思路。

一、政府高位推进旅游业改革创新

政府在创新驱动旅游经济高质量发展的过程中扮演两种角色：一是创新的主体，政府自身需要不断地进行改革，才能适应旅游经济高质量发展的需要；二是创新的"推进器"，政府需要为其他方面的改革创新提供制度保障。从全国范围来看，浙江桐庐、云南省等在政府高位推进旅游业创新改革方面取得了很好的成效，值得推广与借鉴。

目前，全国都在大力发展全域旅游，浙江桐庐县以体制机制改革引领全域旅游推进工作，形成了"产业因全域旅游而更兴旺、城乡因全域旅游而更美丽、百姓因全域旅游而更富有"的全域全业全民发展格局，各地在发展全域旅游的过程中以"桐庐模式"为样本。具体有以下三个方面的成功经验❶：

（1）建立与全域旅游相配套的领导体系。构建县乡两级全域旅游发展工作体系，成立县旅游委员会，县党政主要领导挂帅全域旅游发展工作领导小组，并在各乡镇街道明确分管全域旅游的领导，推进职能整合、优势互补，管理合一。

（2）建立与全域旅游相配套的执法体系。通过设立全域旅游巡回法庭、市场监管局旅游分局、全域旅游警察大队，大力推进旅游执法改革；同时在重点景区设立警务室，完善景区消费维权联动机制与"110"快速处置机制，健全投诉受理机制。切实维护广大旅游者的合法权益。

（3）三是建立与全域旅游相配套的保障体系。加大政策扶持力度，为全域旅游发展提供资金、人才等方面的保障。组建国有独资开发公司，设立全域旅游发展专项资金，并根据财政实际每年给予不同程度的增幅；通过人才优惠政策引进旅游高层次人才，建立专业人才库，聘请知名专家组建顾问咨询团，并加大对旅游从业人员尤其是一线服

---

❶ 国家旅游局．全国旅游业改革创新典型案例（第1辑）［M］．北京：中国旅游出版社，2017．

务员以及紧缺人才的培训力度。云南省深化旅游执法体系改革，为更好地受理旅游者的投诉，切实维护广大旅游者和旅游经营者的合法权益，建立了三级旅游执法质监机构。剑川县是大理州深化管理体制改革的试点县，大力开展"大旅游"管理体制的积极探索❶:

一是整合机构，撤销原来的县旅游局、沙溪寺登街景区管理委员会，设置剑川县旅游资源保护建设管理委员会。

二是整合职能，林业局、住建局、文广局等与旅游密切相关的部门负责人兼任旅游委的副主任（兼职），建立双岗双责机制，构建"大市场、大监管"工作格局。

三是整合队伍，设置综合执法大队，将县城市管理综合行政执法局整体划转到县旅游资源保护建设管理委员会，实施旅游综合执法查处。这些探索，不仅强化了旅游综合执法的力度，理顺了管理机制，加快了政府职能转变，而且还进一步提升了旅游行业的服务水平。

二、区域旅游合作改革创新

实施区域协调发展战略是按照高质量发展的要求提出的重要战略举措，对建立现代经济体系，决胜全面建成小康社会具有重要而深远的意义。我国地域辽阔，各地的经济社会发展水平，旅游资源基础不同，区域旅游发展不协调的问题较为突出。为了进一步推动区域旅游合作，缩小差距，实现共同发展，我国一些主要的区域代表在合作方式、打造世界品牌、拓展发展空间等方面做出了全新的探索，并取得了较好的成效，如京津冀地区、长江经济带、粤港澳大湾区等。这些代表区域的成功经验对广西边境口岸旅游协调发展在合作思路、合作方式、合作路径等方面提供借鉴。

（一）京津冀探索全新合作方式

京津冀地区包括北京、天津两个直辖市以及河北省，具有得天独厚的优势，旅游资源丰富，旅游合作基础良好，具有合作共生的基础。2014 年，党中央提出京津冀协同发展战略，旅游业成为京津冀区域一

---

❶ 云南省编办. 剑川探索推动旅游资源保护建设与开发体制改革 [J]. 中国机构改革与管理，2015（03）: 45.

体化的先导产业。近年来，为进一步推动区域旅游协调发展，京津冀三地从实现国家战略的高度思考和谋划出发，积极探索全新的合作方式，并取得了显著的成效。

一是三地联合印发行动计划，明确目标和重点工作。2016年7月，京津冀旅游协同发展第六次工作会议通过了京津冀三地旅游局（委）联合编制的《京津冀旅游协同发展行动计划（2016—2018年）》，从发展壮大旅游产业、加快建设旅游市场、着力建设旅游服务新网络、逐步完善旅游行业管理体系四个方面明确提出三年内的21项重点任务；提出要培育京津冀旅游创新创业主体，促进创新要素向旅游企业集聚，打造一批具有国际竞争力的创新型旅游企业；同时，创新发展模式，加快旅游产业与其他产业的深度融合发展，做强融合产业，做大关联产业[1]。

二是打造无障碍旅游区。京津冀三地联合建成京东休闲旅游示范区、京北生态（冰雪）旅游圈、京西南生态旅游带、京南休闲购物旅游区、滨海休闲旅游带五大旅游示范区，加强区域交通协同对接，通过打通旅游通道、完善旅游导览系统等旅游公共服务的协同，打造无障碍旅游区。

三是成立旅行社联盟和景区联盟。2017年京津冀旅行社、景区联盟成立，按照政府监管、行业自律、市场化运作、全民参与的思路，积极为三地旅行社、景区与政府的信息沟通搭建桥梁，实现资源互通、信息共享[2]。

（二）长江经济带联合打造世界级旅游品牌

依托长江形成的长江经济带，覆盖上海、江苏、浙江、安徽、江西、湖北、湖南、四川、重庆、云南、贵州11个省市，具有明显的发展优势和重要的战略地位。推动长江经济带发展是党中央、国务院做出的重大决策，对实现"两个一百年"奋斗目标以及中华民族的伟大复兴具有重要的战略意义。长江经济带拥有得天独厚的旅游资源，近

---

[1] 贾楠.《京津冀旅游协同发展行动计划（2016—2018年）》发布［N］.河北日报，2016-10-24.

[2] 国家旅游局.全国旅游业改革创新典型案例（第2辑）［M］.北京：中国旅游出版社，2018.

年来，旅游成为促进长江经济带绿色发展的重要引擎，其中处于中上游的三峡旅游区在推动长江旅游经济带建设中发挥了引领作用，成为区域旅游合作的典范。

一是签署区域旅游经济合作的"1+3"协议❶。早在 2004 年 9 月，湖北、重庆就在武汉签署加强长江三峡区域旅游经济合作的"1+3"协议，即《关于加强鄂渝两省市长江三峡区域旅游经济合作协议》及其框架下两省市旅游局、旅游质量监督管理所和旅行社协会分别签订的 3 项具体合作协议，旨在联手共建长江三峡无障碍旅游区和世界旅游品牌。

二是共同推广长江三峡国际旅游品牌。制定《中国长江旅游推广联盟三年行动规划》，统一口径，统一品牌，统一形象，共同推广长江三峡国际旅游品牌；开展"72 小时过境免签"产品推广营销，依托中国长江三峡国际旅游节，两地互送客源、互推旅游产品。

三是共同打造长江三峡全域旅游示范区。2017 年，重庆、湖北省旅游委（局）签署鄂渝长江三峡区域旅游合作备忘录，旨在共同打造长江三峡全域旅游示范区。双方加强对长江区域旅游的全域谋划，按照国家旅游局《全域旅游示范区创建工作导则》要求开展各项创建工作；交通部门、旅游部门积极对接，加快长江三峡区域基础设施建设，推动区域旅游公共服务体系的不断完善；加强联合执法，实施跨区域旅游投诉首接制、旅游行政执法联动机制、执法人员联合调研培训制度等；按照"共抓大保护、不搞大开发"的要求，加强长江生态保护合作，推动长江旅游资源开发利用与生态环境保护的协调统一，从而大大提升了长江三峡国际旅游目的地的整体水平❷。

（三）粤港澳大湾区积极拓展发展空间

粤港澳大湾区是世界第四个大湾区，由广州、深圳、珠海、佛山、惠州、东莞、中山、江门、肇庆 9 个珠三角城市以及香港、澳门两个特别行政区组成。推进粤港澳大湾区建设是习近平总书记亲自谋划、亲自部署、亲自推动的国家战略，是我国新时代形成全面改革开放新

---

❶ 来源于新华网。
❷ 国家旅游局. 全国旅游业改革创新典型案例（第 2 辑）［M］. 北京：中国旅游出版社，2018.

格局的新举措，也是推动"一国两制"事业的新实践。粤港澳大湾区河网密布，港口资源丰富，国家发展战略的实施，为大湾区拓展旅游发展空间，不断增强区域整体旅游吸引力，打造世界级旅游目的地提供了历史性机遇。

一是完善的交通基础设施为大湾区旅游合作提供有力的支撑。完善的交通基础设施是区域旅游合作的前提基础。2018年10月23日，港珠澳大桥正式开通，这是粤港澳三地首次合作共建的超大型跨海交通工程，其顺利建成并通车为粤港澳旅游发展带来了全新的机遇。港珠澳大桥大大缩短了粤港澳三地之间的距离，大桥不仅成为新的超级景点，同时对粤港澳三地旅游新业态的培育、旅游线路的整合与优化具有重要的推动作用。

二是探索建立旅游合作机制。粤港澳大湾区旅游业发展重在协同创新。2017年12月11日，粤港澳大湾区城市旅游联合会现场通过了《粤港澳大湾区城市旅游联合会章程》，联合会正式成立。联合会秉承"合作发展、品牌共创、市场共享"的理念，对内进一步深化三地旅游业的互动与合作，对外统一国际旅游形象、共同打造大湾区世界级旅游目的地。2020年10月，粤港澳大湾区"9+2"城市旅游市场联合监管协作体正式成立，将从政府、企业、行业组织等不同层面，改进与加强市场监管，为保证区域旅游产品品质、推动粤港澳大湾区旅游业高质量发展提供有力支撑❶。

三是共建智库平台。建设大型智库平台、发挥智库的决策咨询与辅助功能，对大湾区建设具有重要的意义❷。2017年6月粤港澳大湾区研究院在广州成立，研究院将联合粤港澳地区及世界知名高校、科研机构等为大湾区建设提供决策咨询与智力支持。同时，探索建立粤港澳旅游研究院是粤港澳大湾区城市旅游联合会在2018年制定的十项重点工作之一，旨在为粤港澳大湾区旅游发展提供更好的"智库"支持。

三、"一带一路"跨境旅游营销创新发展

"一带一路"是和平之路、繁荣之路、开放之路、创新之路、文明

---

❶ 来源于中国经济网。
❷ 林志鹏，孙海燕. 粤港澳大湾区智库建设的定位与路径［J］. 决策探索（上），2019（02）：74－75.

之路。旅游业在"一带一路"建设中具有重要而不可替代的作用，同时，"一带一路"建设也成为旅游业发展的新引擎。"一带一路"沿线地区、城市在跨境市场开拓、互动营销等方面不断创新改革，为广西边境口岸有机融入这一国家战略，借机推动区域旅游健康持续发展提供经验借鉴。

（一）甘肃创新营销方式，打响"精品丝路"品牌

近年来，甘肃积极融入"一带一路"建设，不断深入与"一带一路"沿线国家的经贸合作，持续扩大开放，从内陆腹地走到了开放前沿。2016 年，国家旅游局主办"中国十大精品旅游线路"评选活动，"丝绸之路精品旅游线路"名列榜首。地处中国西北地区的甘肃省在"丝绸之路精品旅游线路"占据重要地位，位于该线路的黄金路段。近年来，甘肃省紧抓"一带一路"建设的历史性机遇，坚持做足丝路文章，不断创新营销方式，加强对外宣传，打响"精品丝路"旅游品牌，打造旅游对外开放新格局。具体的措施有以下三点：

一是通过旅游节庆，持续提升旅游影响力。2011 年，甘肃省开始定期举办敦煌行·丝绸之路国际旅游节，这是丝绸之路沿线国家和地区唯一一个以丝绸之路命名的品牌旅游节会以及国家层面向西开放的常设性节会。节会内容丰富多彩，如 2016 年的中德旅行商丝路对话会、丝绸之路旅游推介之夜、丝绸之路国际旅行商大会、丝绸之路旅游展品展览会、"千万游客畅游甘肃"启动仪式等，同时国际化水平、市场化程度高，特色鲜明，为甘肃走向世界、世界了解甘肃提供了一扇窗，使甘肃旅游以更加开放的姿态牵手世界。

二是政企合作，协力宣传甘肃旅游品牌形象。甘肃省旅游相关部门积极转变传统营销观念，以旅游宣传合作为载体，联手知名企业集团采取灵活而系统的全域营销模式，开展富有特色的主题促销活动，如 2018 年与兰州肯德基联手合作，在兰州、天水、平凉、武威、张掖、酒泉、嘉峪关、敦煌等重点旅游城市，打造15 家"交响丝路·如意甘肃"旅游主题餐厅，开启甘肃旅游与知名大型企业集团战略宣传营销的新篇章❶。

---

❶ 来源于每日甘肃网。

三是加强境外市场推广。持续做好敦煌旅游这篇大文章，高举丝路旅游旗帜，突出古老的"丝路文化"主题和新兴的"丝路户外运动"主题，加强境外旅游市场推广，并取得显著成效。在境外媒体发布的"2018年全球必去的52个目的地"榜单中，甘肃位列第17位，是我国唯一入选省份；同时这也是继甘肃登上世界旅游指南《孤独星球》"2017亚洲最佳旅行目的地榜单"榜首之后的又一全球性荣誉❶。甘肃省还不断创新入境旅游市场开发机制，依托当地知名旅游企业在重点入境客源市场设立旅游营销推广中心，开创了"借船出海"的发展新模式，使其海外旅游市场营销宣传实现了常态化、精准化，提升了"交响丝路·如意甘肃"品牌形象。

（二）福建"海上丝绸之路"旅游营销亮点纷呈

福建是古代海上丝绸之路的重要起点和发祥地，是21世纪海上丝绸之路核心区。近年来，福建省积极融入"一带一路"建设，在旅游营销中不断转变观念、创新营销模式，持续打响"清新福建"旅游品牌，其主要做法有以下三方面：

一是打造福建旅游营销矩阵。以"清新福建"品牌为统领，做好城市品牌的建设，同时完善景区品牌体系、旅游要素品牌体系、节庆活动品牌体系，打造"清新福建"品牌矩阵；深入挖掘品牌文化内涵，构建包含"清新生态""清新人文""清新美食""清新好礼"在内的"清新福建"品牌宣传体系。

二是注重营销手段的整合应用。传统媒体与新媒体并用，在央视播出"清新福建"宣传片以及在全国各大主流报刊刊登"清新福建"的系列宣传；利用互联网、移动通信等新媒体开展多样化、深层次的营销活动，如在淘宝网福建旅游官方旗舰店推出"清新福建'惊'喜四连拍""百城千店淘福建"活动，与百度、携程、途牛旅游等OTA电商的合作，提高"清新福建"在互动社区、分享平台的曝光率；借助省旅游局官方网站、"v游福建"微博等平台，开展"i在福建"海峡两岸清新文艺之旅、2013中国旅游总评榜票选等活动❷。

---

❶ 来源于人民网。
❷ 汪平，刘露.营销发力　助推转型［N］.中国旅游报，2014-08-20（015）.

三是推动"清新福建"品牌国际化。在菲律宾、马来西亚、澳大利亚、日本、阿根廷等国家建设一批福建文化海外驿站，并在美国、马来西亚、菲律宾等设立海外旅游推广中心，推动品牌海外宣传的常态化；将福建旅游资源"429"以及 10 个国际旅游故事列入全省公务员出境出国人员《应知应会手册》，讲好福建海外旅游故事；突出"海丝"营销主题，积极与"一带一路"沿线国家开展交流合作，赴相关国家开展旅游推介活动，并在推介过程中邀请当地明星、华人参与推介，突出国际旅游营销的针对性与有效性。

四、旅游公共服务共建共享改革创新

优质旅游时代，广大旅游者对旅游公共服务体系提出了更高的要求；同时，优质高效的旅游公共服务水平也是把旅游业建设成为人民满意的现代服务业，实现世界旅游强国目标的重要保障。近年来，全国各地都在积极探索共建共享旅游公共服务的创新做法，浙江、成都、河北等地在智慧旅游打造、旅游信息咨询、旅游厕所、旅游惠民便民等方面取得了较好的改革成效，能为广西边境口岸加快推进旅游公共服务体系的完善提供经验借鉴与创新方向。

（一）浙江务实创新，引领"智慧强旅"

近年来，浙江省以理念创新为指导，加大投资力度，推进信息化技术在旅游行业中的应用，不断提升旅游信息化水平，"智慧强旅"建设位居我国前列。

一是打造智慧旅游平台。围绕旅游业吃、住、行、游、购、娱六大要素，对全省旅游资源和信息进行整合、筛选和优化，打造国内首个集咨询、电商、公共服务等相关功能于一体的智慧旅游平台——"浙里好玩"，并于 2017 年 12 月 14 日正式上线。该平台主要包括资讯攻略、区域电商、用户活动、公共服务四大板块，不仅涵盖了浙江省的各类优质旅游资源，同时兼具旅游营销推广、旅游会员积分管理、旅游企业信息管理等功能。

二是乡村旅游开启"智慧模式"。将物联网、云计算等信息技术对乡村旅游进行全方位、立体化的智能化升级，不仅提升了乡村旅游产品的科技吸引力，为广大旅游者提供全新的体验，同时也为乡村旅游营销推广、创意新业态、提升乡村旅游品质等提供了新动能。如临安区与携程、同程开展专项合作，开辟"临安旅游主题页"，旅游者只需动动手指就可以选择高品质的民宿、景区和农家乐等；华浦江新光村积极打造"旅游＋创客＋古村落＋互联网"的乡村旅游新业态，形成了线下体验、线上销售的发展模式；淳安千岛湖景区率先引用智慧绿道信息化系统，集运行监测、信息服务、安全保障、互动体验、统计分析五大核心功能于一体，不仅为广大旅游者提供新的互动体验，同时也进一步提升了景区的智能化管理水平❶。

三是政企合作，进一步提升智慧服务水平。浙江省文旅厅与阿里巴巴集团联手合作，基于阿里巴巴集团旗下的高德地图，为旅游者提供游前、游中、游后的全方位智慧旅游服务，实现一张地图游遍"诗画浙江"。

（二）成都大力推进厕所革命，建设成效获多方认可

小厕所，大民生。厕所是旅游目的地文明的窗口，是城市品质和城市形象的重要载体。近年来，成都市大力推进旅游厕所，采取多种创新措施，取得了丰硕的建设成果，不仅使广大旅游者留下深刻印象，同时也获得国家相关政府部门的认可，2015 年、2016 年连续两年被国家旅游局评为"厕所革命"先进市。成都市主要采取四个方面的措施加大旅游厕所建设与改革的力度：

一是完善设施设备用品，提供人性化服务。成都市加大对厕所改革的资金投入力度，以客人为本，加大设施设备完善的力度，不少旅游厕所成为景点，得到广大旅游者的点赞。如成都武侯祠博物馆的旅游厕所配有沙发、冰箱、饮水机、微波炉、婴儿护理台、第三卫生间等，杜甫草堂博物馆的旅游厕所不仅颜值高，而且还配备了休息区、哺乳室、第三卫生间等。

二是科技因素的应用不仅改善环境，而且为旅游者提供更多的便利。成都市全力打造数字厕所，在城管 APP 和微信公众号中新增"找公厕、用公厕、评公厕"功能模块，帮助广大市民和旅游者找到距离自己最近的厕所；部分厕所内设置空气清新自动调节器，自动喷洒空

---

❶ 来源于浙江省文化和旅游厅官网。

气清新剂减少异味，安装音乐播放器，免费 wifi 覆盖等，大大改善了如厕环境。

三是加强厕所管理。成都市政府将旅游厕所新改建工作纳入目标管理中，旅游政府相关部门还通过明察暗访、交叉检查等形式加强对厕所的标准化、品质化、精细化管理。

四是营造独具特色的厕所文化氛围。成都市新都区将廉政文化融入公厕改革，厕所内悬挂漫画，开展廉政文化漫画宣传；体现老成都传统韵味的文化元素（如影壁、睡莲、锦鲤、鸟笼、圈椅等）也被融入旅游厕所改革中，与景区的景观相得益彰。

（三）河北共享停车，建设文明旅游城市

停车难不仅是城市居民日常生活的一大烦恼，同时也是广大旅游者面临的现实问题。因此，解决停车难的问题成为许多旅游城市改善民生、便利游客的重点工程项目。近年来，河北省在开展共享停车服务，创文明旅游城市方面采取了多项创新措施，并取得了显著的成效。

一是开放机关单位，社会车辆免费停泊。2017 年河北正定县以"拆墙停车"之举，实现政府机关与民居的零距离，沿街机关单位拆除围墙，社会车辆可以随时进入免费自由停放；同时，卫生间、开水间也提供给旅游者共享，使广大旅游者、市民感受到了正定的暖心与爱心❶。2018 年大厂回族自治县沿街行政、企事业单位的内部停车场也在下班时间、节假日全天面向社会公众免费开放。

二是开启城市智慧共享停车新模式。石家庄市大力实施城市泊位共享改革，通过物联网、云计算、大数据等技术，整合路侧泊位、停车场车位、社区泊位等资源，建立城市泊位信息数据中心，研发并上线平安泊车 APP，打造城市车位智慧共享模式，实现泊位信息发布、搜索、预约、导航、自动识别入库、科学管理等功能于一体。

三是共享汽车现身旅游景区。正定县打造"旅游＋共享汽车"，在荣国府、园博园、南关停车场等各大景区投放纯电动共享汽车，既方便广大旅游者开展自助游，又能减少碳排放，保护环境。

---

❶ 国家旅游局. 全国旅游业改革创新典型案例（第 2 辑）［M］. 北京：中国旅游出版社，2018.

第三节 经验启示

根据对创新驱动旅游经济高质量发展的国外、国内经验的分析可知，随着国际市场竞争日益激烈，创新已经成为我国旅游业发展的必然选择，创新驱动旅游经济高质量发展必须要充分发挥政府的引导作用，加大信息技术在旅游业中的应用，并加强理论研究。

一、创新驱动发展是我国旅游业发展的必然选择

创新是推动人类进步的重要力量。随着全球旅游竞争的加剧，创新已经成为全球普遍关注的热点话题。创新已经融入我国经济社会发展的方方面面，旅游业也不例外。改革开放以来，我国旅游业发展取得了世界瞩目的成绩，但与欧美等世界旅游强国相比较，我国旅游业发展整体效率较低，旅游企业的国际竞争力弱，大企业的组织与管理能力以及知识方面仍存在缺陷。因此，创新是我国旅游业发展的必然选择，中国旅游业发展的驱动必须转到"创新"上来，提升效率、质量和品质，既包括产品创新、管理创新、技术创新、营销创新，也包括制度创新、政策创新以及治理创新。

二、创新驱动发展要充分发挥政府的引导作用

许多国家旅游经济发展的经验表明，政府的制度、政策在旅游业创新发展中具有不可或缺的作用，即使是市场化程度很高的国家，也非常积极地发挥政府在旅游业创新发展中的重要作用。创新驱动我国旅游经济高质量发展，要处理好市场与政府的关系，强调市场在资源配置中起决定性作用，要更好发挥政府的作用，坚持有所为，有所不为。政府相关部门要转变职能，深化"放管服"改革，在旅游创新发展战略与政策制定、加强和优化旅游公共服务，保障公平竞争，弥补市场失灵，加强旅游市场监管，维护旅游市场秩序等方面发挥引导作用。

三、旅游营销创新至关重要

当前，旅游市场经济发展迅速，竞争也越来越激烈，营销在旅游

目的地的发展具有至关重要的作用。只有不断地强化旅游宣传推广，塑造具有鲜明特色的旅游形象，才能持续激活市场，提升旅游知名度、美誉度和社会影响力；才能对旅游者产生强大的吸引力，刺激旅游者消费，增加客流量，从而促进旅游经济的健康持续发展，实现以旅游业的发展带动整个区域经济社会的全面发展。旅游营销创新要着重加强营销观念、营销手段、营销模式的创新，要充分利用现代网络技术，深度融合传统媒体与新媒体的功能，整合多方资源，打造特色品牌，塑造良好的品牌形象，以增强旅游营销效益，提高市场竞争力。

四、科技创新引领旅游经济高质量发展

当今时代，科学技术的发展已经融入我国经济社会发展的方方面面，创新驱动发展战略成效显著，创新驱动是经济发展的新动力、新动能。国内外成功经验表明了，科技改变旅游，科学技术不仅增加了旅游消费所需的时间与收入，同时为旅游产品创新、旅游市场管理创新、旅游品质的提升等方面提供了重要保障。原文化和旅游部部长雒树刚在 2019 年中国旅游集团论坛上指出科技创新对于旅游服务便利化、旅游管理智慧化、旅游业态多元化具有重要的作用，有利于推动旅游业高质量发展❶。未来，科技创新将引领我国旅游经济高质量发展。旅游目的地要充分利用现代科学技术，以科技创新来推动旅游产业的整体现代化水平，在旅游服务便利化、旅游管理智慧化、旅游业态多元化实现质的飞跃。

本 章 小 结

本章梳理了国外、国内关于创新驱动旅游经济高质量发展的成功经验和主要做法，为创新驱动广西边境口岸旅游高质量发展提供经验借鉴与创新方向。

国外旅游业起步早，并重视创新在旅游业发展中的重要作用，其主要经验有以下四个方面。

---

❶ 宋子千. 科技引领"十四五"旅游业高质量发展［J］. 旅游学刊，2020，35（06）：10－12.

一是政府高度重视旅游创新，颁布相关政策促进旅游业创新发展，同时以项目促进旅游业创新发展；

二是相关国际组织积极推动旅游业创新发展，经济合作与发展组织（OECD）旅游委员会一直致力于旅游业的创新发展；

三是以营销创新不断扩大知名度与美誉度，通过营销观念、营销手段的创新有针对性地开展海外营销；

四是以产品创新不断增强市场吸引力，在创意元素的打造上也非常值得中国学习与借鉴。

国内旅游发展水平高的地区如浙江、甘肃、四川、云南等在创新驱动旅游经济高质量发展方面也为其他旅游目的地提供了经验借鉴，具体有以下四点。

一是政府高位推进旅游业创新改革。浙江桐庐县以体制机制改革引领全域旅游推进工作，剑川县是大理州深化管理体制改革的试点县，大力开展"大旅游"管理体制的积极探索。

二是区域旅游合作创新机制，京津冀探索全新合作方式、长江经济带联合打造世界级旅游品牌、粤港澳大湾区积极拓展发展空间。

三是"一带一路"跨境旅游营销创新发展，如甘肃创新营销方式，打响"精品丝路"品牌，福建"海上丝绸之路"旅游营销亮点纷呈。

四是旅游公共服务共建共享改革创新，如浙江引领"智慧强旅"、成都大力推进厕所革命、河北共享停车等创新性措施。

从国内外经验分析可知，创新驱动发展是我国旅游业发展的必然选择。同时，结合我国实际情况，创新驱动发展要充分发挥政府的引导作用。旅游营销创新至关重要，直接影响到旅游目的地的知名度、名誉度和社会影响力，必须高度重视。此外，科技创新引领旅游经济高质量发展，在旅游服务便利化、旅游管理智慧化、旅游业态多元化实现质的飞跃。

第四章 广西边境口岸旅游发展现状与现实困境

推动口岸旅游经济高质量发展，不断探索对外开放的创新路径是广西边境口岸更好地融入"一带一路"建设的有力支撑。广西边境口岸具有发展旅游业的良好条件，要对其旅游业发展的现状进行全面分析，以找出制约高质量发展的主要因素，为今后的改革创新提供现实依据，以实现旅游经济高质量发展；推动旅游业健康持续发展，使旅游业成为广西边境口岸融入"一带一路"沿线国家开放与合作中的重要支撑。

第一节 广西边境口岸旅游经济高质量发展的区域背景分析

广西具有沿海、沿江、沿边的优势，已成为中国西南乃至西北地区最便捷的出海通道，是中国唯一与东盟国家既有陆地接壤又有海上通道的省区。边境口岸是国家对外交往的重要窗口，广西边境口岸资源丰富，在"一带一路"建设背景下，具有重大的发展机遇和良好的发展基础。

一、广西边境口岸概况

中国与越南是山水相连的邻邦、志同道合的伙伴，两国文化相通，政治制度相同，发展道路相近，人民有着悠久的传统友谊。广西位于中国的西南部，其西南与越南毗邻，是西南地区最便捷的出海通道，在中国与东南亚的经济交往中占有重要地位。广西是全国8个边境省区之一，有8个县（区、市）与越南接壤，与越南有着1347公里的陆地边境线，自北往南贯穿广西百色、崇左和防城港，沿线旅游资源丰富多样，共有口岸25个，其中国家一、二类边境口岸12个，口岸开放数量居全国第三。东兴、爱店、友谊关、水口、龙邦等5个口岸为国家一类公路边境口岸；凭祥口岸为国家一类边境铁路口岸；此外，还有凭祥市平而、大新县硕龙、龙州县科甲、防城区峒中、那坡县平孟和靖西市岳圩等6个二类边境口岸。另外还有26个边境贸易点，这些共同构成了中越边境别具一格的风情旅游带。近年来，随着"一带一路"倡议的实施，中国与东盟国家经济文化合作日益密切，广西口岸经济的发展迎来了许多难得的历史性机遇。广西边境口岸特别是一类口岸在"一带一路"建设背景下的发展意义重大，边境口岸的旅游业发展前景广阔。

广西主要边境口岸情况一览表见表4-1。

表4-1 广西主要边境口岸情况一览表

口岸	地理位置	特色与功能
东兴	广西防城港市东兴市	我国唯一与越南海陆相连的国家一类口岸；货运、边境旅游发展有特色
凭祥	广西凭祥市区的南区凭祥火车站内	边境铁路口岸，是中国通往东盟最便捷的铁路大通道
友谊关	广西凭祥市西南端	我国通往越南及东盟各国最大的陆路口岸，以大宗物料进出口为主的物流型口岸
水口	广西龙州县西端水口镇与越南交界	集矿产品进出口、加工、商贸于一体
爱店	广西宁明县爱店镇	以中草药出口加工、贸易为主，中国对东南亚最大的中草药生产出口基地
平而关	广西凭祥市友谊镇平而村	农副土特产进出口、边境小额贸易、边民互市贸易与旅游为一体
科甲	广西龙州县武德乡	以农产品、矿产品进出口和边境小额贸易为主
硕龙	广西大新县西北的归春河边	以旅游为主，兼具贸易职能
龙邦	广西靖西市城南部中越边境94号界碑北侧约30米处	桂西、滇东、黔南通往越南及东南亚各国便捷陆路通道之一
平孟	广西那坡县南部，中越边界第114号界碑处	市场日趋繁荣，交易方式由原来的以物易物、边民互市发展到边境小额贸易及一般贸易

资料来源：根据网站资料整理而得。

二、广西边境主要口岸基本概况

（一）东兴口岸

东兴口岸位于广西防城港市东兴市区，处于北仑河与越南哥龙河的交汇处。东兴口岸距离越南芒街口岸仅 100 米，是我国唯一与越南海陆相连的国家一类口岸。东兴口岸在 1958 年经国务院批准对外开放，在我国抗美援朝期间发挥了重要作用，是重要的物资和人员输出通道。东兴口岸对应的是越南芒街口岸，通过中越北仑河大桥相连接，将中国的东兴市和越南的芒街市连成一体。根据越南政策，越南人民到了芒街都可以办理边民证，进入东兴非常方便。由于通关便利，在东兴口岸附近，有很多越南籍的街头商人，向中国游客售卖越南香烟、香水、手链、越南盾、越南小吃、越南水果等，这些越南街头商人每日往返于芒街与东兴之间。越南通过芒街口岸与中国进行着频繁、友好的贸易往来，使得芒街成为越南北部最大、最开放的口岸经济特区。

中越两国的边贸往来让东兴成为最繁荣的边贸城市，每年进出口货物以百万吨计，出入境人数逐年增高。据统计，2016 年经东兴口岸出入境人数达 706 万人次；2017 年增长到 997 万人次，日均客流量 3 万余人次，比 2016 年增长了 28%；2018 年更是高达 1219 万人次，首次突破 1000 万人次大关，同比增长 18.24%，创历史新高，连续 4 年呈百万增长，是中国出入境旅客人员数量最高的陆路口岸。为保障口岸的顺畅通关，东兴出入境边防检查站先后推出自助通关、扫描录入、中国边民免盖章通关、机关警力援勤一线、研发团队预约 APP 等便民利民的服务措施，提高了口岸的通关效率，落实了中国公民通关不超过 30 分钟的新举措。另一方面，不断增加口岸硬件设施的投入力度，先后建成 30 条自助通道、4 条人工通道，通道数量达到 50 条。此外，还将通道形状设置为 L 型，有效缓解了出入境旅客增多造成的通关压力。口岸通行能力由原来每天 2 万人次提升至 5 万人次，30 分钟内可满足至少 3100 名旅客的通关需求，口岸通关承载能力实现倍数增长。

东兴口岸已在广西同类口岸中位居第一，成为领跑广西的第一大口岸，在我国陆路口岸中排名第三，仅次于香港口岸和深圳口岸。东兴口岸凭借独特的地理位置，利用区位优势积极打造边境贸易口岸和旅游口岸，积极融入我国"一带一路"的建设大潮中，在我国对外开放中发挥越来越重要的作用。

（二）友谊关口岸

友谊关口岸位于广西凭祥市西南边陲，中越边境 1116-1117 号界碑处，至今已有 2000 多年的历史，是中国九大名关中唯一的边关。友谊关口岸是中国与越南进出口贸易的主要口岸之一，在促进中国与东盟国家之间的经济、文化交流方面发挥了非常重要的作用。

近年来，广西加大对友谊关口岸的基础设施建设，口岸设施日益完善，建成口岸新联检楼、人员出入境廊道、口岸大门及旅客服务中心等工程，并实现口岸联检互联互通和数据共享，2018 年通关便利化改革实现了"三个率先"：凭祥综合保税区率先在全区实行外籍车辆直通过驳；率先成为广西第一个实现全信息化智能通关的口岸；率先在全国实现口岸"无周末通关制"。2018 年经友谊关口岸出入境游客首次突破 200 万人次，创历史新高，比 17 年同期增长 20.16%。凭借区位优势，凭祥市大力实施"口岸 + 旅游"政策，使跨境旅游合作取得突破性进展。中越跨境旅游人数逐年增长。红木产业是友谊关口岸的特色产业，友谊关口岸凭借优越的区位条件以及越南和东盟的优势资源，依托现有的产业基础，加强边境贸易，将红木产业作为进出口加工业的重点，把红木产业与旅游结合起来，现已发展成为全国最大的红木家具进口口岸，凭祥市成为中国规模最大、配套最全的红木产品产销集散地。

（三）爱店口岸

爱店口岸位于广西宁明县爱店镇，与越南谅山省禄平县接壤，距越南谅山省 34 公里，禄平县 17 公里，距海防市 190 公里、首都河内 180 公里，与越南峙马口岸相对；距离友谊关口岸、南宁市、凭祥市、东兴市等重要贸易地较近。口岸的沿边三级柏油公路与区内三条公路相连接，交通十分便利。2015 年 1 月 12 日，爱店公路口岸对外开放，由公路二类口岸升格为一类口岸。

爱店口岸的中越边境贸易已有 100 多年的悠久历史。随着中越友好关系的改善和外向型经济的发展，爱店口岸边境贸易呈现快速增长的趋势，进出口的货物达上千种，主要有农用材料机械、农用物资、建筑、中草药材、农副产品等，其中以中草药材的贸易最为显著。目前从爱店口岸出口的中草药达100多个品种，主要以大黄根、黄芪、茯苓、罗汉果等为主。爱店口岸中草药出口额占广西中草药出口总额的90%，云集了100多家从事中草药经营的公司，每年成交量超过4万吨，已发展成为中国乃至东南亚最大的中药材边贸集散地。

爱店口岸升格为一类口岸后，为适应国家"一带一路"的建设需要，政府放松了通行政策，允许中越双方持有效护照或其代用证件、边境地区出入境通行证的人员从爱店口岸出入境旅游、购物、考察和经商等，极大促进了宁明县与越南在经贸、金融、文化、技术、旅游等方面的合作，增强了宁明县在国内外的知名度。据统计，宁明县2014年边境贸易交易额为118.15亿元，2018年则增长到218亿元。2019年，全县外贸进出口总额为248亿元，排在崇左市的第3位。爱店口岸还对基础设施进行了升级改造，扩建面积达到10285平方米的口岸联检楼，采用新技术全面提升口岸的信息化和自动化水平，使通关时间大大缩短，通关效率进一步提高；扩建验货场，由50亩扩建至96亩；完成对报关报检楼和检验检疫实验室、卡口监管楼、检验检疫处理区配套用房等的建设。目前，爱店口岸查验设施设备建设标准已达全国公路口岸一流水平，能满足出入境旅客每年100万人次的需要。

虽然爱店口岸的建设获得了一定的成就，但也存在不可忽视的问题，如交通条件较差、建设资金不足等。爱店公路路面狭窄且多弯，是交通事故频发地；口岸建设资金主要由县级政府提供，由于地方经济发展和县级政府财政资源的有限性，制约了口岸经济的发展。因此，爱店口岸要抓住国家"一带一路"带来的发展契机，通过招商引资完善交通网络；大力发展加工贸易，增加边境的贸易额；利用优越的区位条件大力发展边境旅游，策划跨国精品旅游线路，提高公母山、金牛潭风景区、白马坟遗址等旅游景点的知名度，将爱店口岸打造为一个综合性、多功能的国际性口岸。

（四）水口口岸

水口口岸位于广西龙州县西端水口镇与越南交界的边境线上，与越南高平省复和县驮隆口岸仅一河之隔，沿着二级公路往东经凭祥可直达东兴，往西经硕龙可直达靖西，也是进入越南及东南亚国家的重要通道，具有较为优越的地理区位优势。水口口岸是广西最早的通商口岸，在中越交往史上占有重要的地位。

近年来，广西加大龙州水口口岸的建设力度，拓宽口岸交通通道；改造口岸联检大楼；引进水口鸿基商贸城、水口免税店等项目，扩建水口口岸验货场；已建成龙州至水口二级公路和崇左—水口高速公路；积极推进龙州水口—驮隆中越界河公路二桥、崇左—水口—越南高平高速铁路的建设。水口口岸基础设施建设日益完善，口岸服务功能进一步提高。

驮隆口岸是目前越南国内农产品进口税费最优惠的口岸，而水口口岸与驮隆口岸隔河相望，其水果出口占据绝对优势，对越南的水果出口额连年高速增长，成为我国水果对越出口的第一大口岸。

（五）龙邦口岸

龙邦口岸位于靖西市城南部中越边境 94 号界碑北侧约 30 米处，海拔在 800 米以上，处于云贵高原边缘，成为广西海拔最高的边境口岸。龙邦口岸对应的是越南高平省茶岭县的越南雄国口岸，与越南高平茶岭县、重庆县山水相连，距离越南高平省省会高平市 38 千米，距离茶岭县仅 5 千米。龙邦口岸是百色市唯一的国家一类口岸，是广西西部、云南东部、贵州南部通往越南及东南亚国家的便捷陆路通道之一。

龙邦口岸的交通网络以二级公路为主干、三级油路为支架，已建成南宁至靖西、靖西至那坡的二级公路，靖西至龙邦高速公路建成通车，将靖西到龙邦的行车时间缩短了 30 分钟，南宁市到龙邦口岸可全程走高速，3 个多小时就可以抵达。靖西至龙邦高速公路连接东西，贯通南北，进一步完善了广西出境高速公路网，开辟了中国西南地区通往东南亚国家的一条新陆路通道。龙邦口岸地理位置优越，周边资源丰富，边境贸易发展迅速。龙邦口岸交易的商品品种越来越丰富，档次越来越高，主要进出口的商品有锰矿、铁矿、钛矿以及农副产品、机械设备、建材、农副产品、水果和日用商品等，达 100 多个品种。从 1999 年起，龙邦口岸就大批量进口越南铁矿，成为目前广西陆路边境口岸中进口越南铁矿最多的口岸。

龙邦边境旅游景区除了具有自身独特的壮族文化与民风民俗外，还具有越南异域风情的特点。越南的民俗工艺品、地方特产等都与龙邦进行交易。此外，越南当地居民的生活习惯、民俗风情也与龙邦边境口岸的居民相互融合渗透。因此，龙邦边境旅游景区成为了解越南的一个重要平台。另外，龙邦口岸联检大楼建筑设计雄伟威严，也逐渐成为一项重要的旅游资源，吸引游客前来观赏。

龙邦口岸是中国与越南两国共同推进的龙邦—茶岭跨境合作区的项目之一，目前已实现与越南茶岭口岸无缝对接，口岸基础设施建设日趋完善。建有10条货运专用进出通道、31个"前店后仓"型交易商铺，并设有对驳车位区、冷冻仓库、国家检验区和海关查验场等；不仅如此，口岸还配套建设了跨境和境内交易结算中心、海关申报中心、国家税务申报点和边境居民自助申报终端，满足了中越边境居民采购、申报、结算的一站式需求。这是目前我国陆地边境规模最大、设施配套最齐全、通关服务系统最先进的边民互市贸易区，推动了周边地区边境贸易的发展，对促进"一带一路"的建设，推动中国与东盟经济合作，促进边境民族地区经济社会的发展具有重要意义。

第二节 广西边境口岸旅游发展现状分析

边境口岸是"一带一路"建设的重要节点。旅游业是服务贸易的重要组成部分，在"一带一路"倡议实施中具有重要作用。广西边境口岸具备发展旅游业的区位条件、资源条件、政策条件，近年来旅游业态不断丰富，旅游便利程度不断提升，并在与越南开展旅游合作方面也取得了一定的成绩，为旅游经济高质量发展奠定了基础。

一、广西边境口岸旅游发展的基础条件分析[1]

（一）区位条件

边境地区是连接中国与众多邻国的门户和纽带，在"一带一路"

---

[1] 潘冬南．"一带一路"背景下中越边境口岸旅游业发展的优化路径［J］．中国集体经济，2020（18）：25－27，51.

建设中具有独特的地位和作用。广西与越南山水相连，随着北部湾发展战略、"一带一路"倡议等的实施，中越边境口岸基础设施不断完善，交通日益便利，旅游合作的区位条件优越。如友谊关口岸与东兴口岸是广西陆路边境口岸中进出口货运量最大和人员出入境最多的两个重点口岸，党中央国务院和自治区党委政府高度重视这两个中越跨境合作区的开发开放建设，不断加大基础设施建设投入，目前友谊关口岸向内有南（宁）友（谊关）高速公路连接通往中国腹地和北部湾海域的综合交通运输网络，向外直接与越南的 1 号公路相连；东兴口岸"两纵一横一环"主要路网基本贯通。

（二）资源条件

丰富的旅游资源是中越边境口岸旅游合作的基础。得益于良好的生态环境以及优越的区位优势，中越边境口岸不仅拥有丰富的自然旅游资源，同时人文旅游资源独具特色，各个口岸的旅游资源既有一定的相似性，又有自身独特的优势。友谊关口岸的友谊关是中国的九大名关之一，国家 AAAA 级景区；是中越边境上最大、最重要的关防，与越南公路相接，关楼风姿伟岸，楼前的松柏常青。硕龙口岸附近的德天瀑布驰名中外，中越德天·板约国际旅游合作区已上升为国家、自治区对外开放的重要战略。东兴口岸汇聚了许多独具越南特色的风味餐馆以及商品类型丰富的旅游购物点，2016 年常态化开通中国东兴—越南芒街跨境自驾游，2018 年 6 月，跨境自驾游线路成功延长至中国桂林与越南下龙湾。龙州水口口岸以水果出口为主要特色，独特的边贸交易成为吸引游客的重要因素，等等。近年来，依托于丰富而又独特的旅游资源，广西边境口岸正努力朝着集跨境旅游、休闲度假、娱乐购物、贸易加工、旅游商品展销、人文交流等于一体的跨国旅游方向发展，中越边境游成为广西旅游的热点。

（三）政策条件

广西具有沿海沿边沿江的区位优势，党的十八大以来，中央赋予广西"三大定位"新使命，即构建面向东盟的国际大通道、打造西南中南地区开放发展新的战略支点、形成"一带一路"有机衔接重要门户，"一带一路"倡议、中国—东盟自贸区升级版、《左右江革命老区振兴规划》等战略实施，为广西的开放开发带来了一系列优惠政策。此外，为推动边境口岸、边境城市的快速发展，促进沿边地区经济社会发展，国家相关部门颁布了《国务院关于支持沿边重点地区开发开放若干政策措施的意见》《国务院关于同意设立广西凭祥重点开发开放试验区的批复》《文化和旅游部等10部门关于印发内蒙古满洲里、广西防城港边境旅游试验区建设实施方案的通知》《防城港边境旅游试验区建设三年行动计划》（详见附录部分）等政策文件。边境口岸是广西对外开展经济文化交流的重要窗口，上述战略的推进与实施为广西边境口岸的进一步发展提供了极佳的政策条件。这些良好的政策条件推动了边境口岸通关模式的改革，从而进一步促进游客量的增加，同时不断提升了各个边境口岸旅游设施的接待水平。

二、广西边境口岸旅游发展的现状分析❶

（一）旅游业态较为丰富

近年来，广西各边境口岸根据自身的区位优势和资源条件大力发展旅游业，目前发展的旅游业态主要有以下三种类型：

（1）边境跨国游。边境跨国游是广西边境口岸目前主要的旅游业态，以凭祥友谊关和东兴口岸为代表。"打开门就是越南，走两步就进东盟"，凭祥与越南谅山接壤，近年来大力实施"口岸＋旅游"，加快推进凭祥边境旅游试验区、中越友谊关—友谊跨境旅游合作区的建设，跨国旅游持续火爆，中越跨境旅游人数逐年增长，2018年经友谊关口岸出入境游客远超2013年的100万人次。东兴市与越南芒街接壤，近年来紧紧围绕推进防城港边境旅游试验区、创建国家全域旅游示范区、建设中越跨境旅游合作区等重大机遇，加快跨国旅游发展，边境游、跨国自驾游异常火爆，2018年经东兴口岸出入境旅客人数高达1219万人次，比2017年出入境旅客人数增长18.24%，创历史新高。

（2）边境民族文化游。广西边境口岸地区都是少数民族聚集区，居

---

❶ 潘冬南．"一带一路"背景下中越边境口岸旅游业发展的优化路径［J］．中国集体经济，2020（18）：25－27，51．

住着壮族、瑶族、京族等少数民族，民族歌舞文化、民族服饰、民族习俗、民族工艺品等丰富多彩，构成了边境民族风情游的主要内容，也是边境地区开发特色文化产业的重要资源和基础。如东兴的"京族三岛"京族文化、靖西市的绣球文化、那坡的黑衣壮文化等都是典型代表。

（3）边境休闲度假游。东兴市旅游集山、海、边、少数民族特色于一体，具有发展边境休闲度假游的得天独厚的条件，购物休闲是东兴口岸的一大特色，全国各地游客络绎不绝；而随着京岛旅游度假区的不断发展，东兴口岸附近的金滩也成为众多游客休闲度假的好去处。凭祥市依托浦寨边境贸易区，打造南疆国门24小时全天候开放、服务设施齐全、购物场所多样、具有浓郁边关风情旅游和免税购物的"不夜城"，助推旅游业从单一的观光游览逐渐向旅游观光、休闲度假、文化体验等综合型旅游升级。

（二）边境跨国旅游日益便利化

近年来广西高度重视边境口岸跨国旅游业的发展，并不断推进跨国旅游的便利化进程。2009年3月，国家公安部、监察部、旅游局联合下文，批准崇左市开展边境旅游异地办证试点工作业务，办证地点设在凭祥市。随着凭祥口岸异地办证业务的开通，外地游客凭身份证和相片就能用较短的时间在凭祥市办理去越南河内、广宁、高平、谅山等省的旅游手续。同时，2013年9月5日，崇左龙州—越南高平边境旅游线路开通暨首发团出发仪式在龙州举行，标志着崇左边境旅游有了新的突破，参加赴越旅游的团队，可从友谊关、水口口岸出境，赴越南旅游。2013年7月11日，受国务院委托，公安部和国家旅游局联合发文，批准广西北海、防城港、百色及崇左市公安机关出入境管理部门，为参加边境旅游的非边境地区人员，签发边境旅游出入境证件，来自全国各地的游客，均可参加有权经营边境旅游业务的组团社，在上述四个城市的公安机关出入境管理部门办理中华人民共和国出入境通行证，前往越南旅游。凭祥依托友谊关口岸作为广西第一个电子化通关的口岸，通关速度广西第一的优势，在跨国旅游及跨境自驾游通关上，采取"团体申报、提前录入、直通放行"的方式，其车辆申报、检疫查验、通关放行在友谊关口岸一站式办结完成，游客可以轻松自驾游到越南、老挝、柬埔寨、泰国等东盟国家。2017年7月

30 日，友谊关口岸签证处揭牌，外国人落地签证功能常态化，越来越多的境外人员经过凭祥友谊关入境到中国旅游。

（三）重视与越南开展旅游合作

自 2009 年广西提出"依托崇左大新跨国瀑布景区和凭祥友谊关景区设立中越国际旅游合作区"以来，广西一直多方位与越南开展合作交流，以加快推进跨国旅游区的建设。如崇左市邀请越南河内、广宁等省市 40 多家旅行商到崇左考察旅游路线，联合打造"中越跨国游"精品路线；中越国际旅游合作区纳入国务院《关于进一步加快广西经济社会发展的若干意见》，2010 年 10 月 30 日举办"中越德天·板约瀑布国际旅游合作区建设研讨会"，崇左市邀请越南高平省党政代表团及中国旅游研究院等国内旅游专家来"把脉""点睛"，出谋献策。2016 年 4 月，广西区党委书记彭清华访问越南期间，越南总理阮春福表示越方支持跨境旅游合作区建设，彼此还就推动边境地区跨境旅游合作等项目与越南达成一系列共识和成果；2016 年 7 月，广西区政府成立"中越合作区保护和开发德天（板约）瀑布旅游资源广西方协调委员会"，同年 8 月，越方相应成立了"越南高平省中越合作保护和开发德天（板约）瀑布旅游资源协调委员会"，中越旅游合作区省级协调平台正式建立。

第三节　广西边境口岸旅游高质量
发展的主要困境

当前，我国经济发展已经进入新的发展阶段，旅游经济的高质量发展必须以"创新、协调、绿色、开放、共享"五大发展理念为指导，通过技术创新、资源重新配置、产业结构优化等措施提高产业生产效率，以旅游业发展带动区域经济社会协调发展。从经济高质量发展的内涵审视广西边境口岸旅游业发展的现状，我们不难发现其高质量发展面临的现实困境。

一、广西边境口岸整体创新能力弱

从全国范围来看，广西具有独特的沿边优势，与越南陆路边境线长达1020千米，拥有12个边境口岸和26个边民互市点，发展口岸经济、跨境旅游的条件十分优越。近年来，"一带一路"建设、兴边富民行动的实施为广西边境口岸旅游发展提供了新的历史性机遇，整体旅游经济效益显著提高，东兴口岸、友谊关两大口岸的旅游产业体系日渐完善。新时代，新要求。高质量发展是我国新时代经济发展的总体要求，要求转变经济发展方式，加大知识、技术、信息等创新要素驱动经济发展的力度。因此，在新的时代背景下，创新驱动旅游经济高质量是边境口岸旅游发展的必然要求。但从整体上来看，广西边境口岸的创新投入明显不足，区域创新能力较弱。广西的国家一类边境口岸中，东兴口岸地处防城港市，友谊关口岸、爱店口岸、水口口岸地处崇左市，龙邦口岸地处百色市。防城港市经济发展水平比较高，而崇左市、百色市地处桂西南地区，经济发展水平比较落后，对经济发展的创新投入等方面存在不同程度的差异，且总体上落后于全区平均水平，进而影响到各个口岸的创新投入及其旅游业发展水平。人均GDP能够反映出区域创新环境水平，专利申请、专利授权是一个地方科技创新能力、科技水平的重要标志，反映区域创新的产出水平。从表4-2可知，防城港市、百色市、崇左市的发明专利受理量、专利授权量远低于广西的旅游强市桂林市。防城港市由于人口少，人均GDP虽高于桂林市，但总体上来看边境口岸所在城市的创新产出明显大幅度落后于桂林市，创新能力也明显不足，进而影响到边境口岸旅游业的创新发展。

表4-2　2019年边境口岸城市创新能力情况一览表

城　　市	人均GDP/元	发明专利受理量/个	专利授权量/个
防城港市	73163	113	236
百色市	34194	183	635
崇左市	36129	58	381
桂林市	41294	542	2541

数据来源：各城市2019年国民经济与社会发展统计公报。

二、口岸城市之间的发展存在明显差距

广西边境口岸分布在防城港市、崇左市、百色市三个城市，三个

城市之间的发展不均衡非常明显，主要体现在城市发展水平、旅游产业发展水平。城市发展水平的差异主要包括经济发展水平和城乡居民人均可支配收入的差异。人均GDP是发展经济学中衡量经济发展状况的重要指标，能更好地反映一个国家或地区的经济发展水平。由图4-1可知，2018年，防城港市、百色市、崇左市的经济发展水平具有较为显著的差异，防城港市人均GDP为73601元，百色市人均GDP为32170元，崇左市人均GDP为48564元；总体上防城港市遥遥领先，且均为崇左市、百色市的1～2倍。在城乡居民人均可支配收入方面，防城港市也是遥遥领先于其他两个城市，达25824元；百色市城乡居民人均可支配收入为18065元，崇左市城乡居民人均可支配收入为19140元。

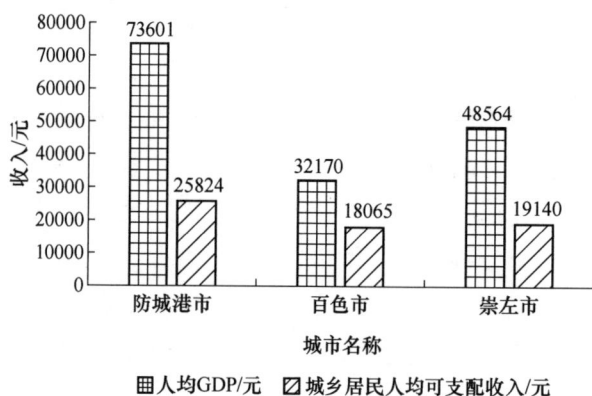

图 4-1　2018 年口岸城市部分经济发展指标

在旅游产业发展水平方面，防城港市、百色市、崇左市三个城市的总体情况也呈现出不均衡的状态。由表4-3可知，2018年旅游总消费、国内游客人数方面，百色市均排在第一位，分别为458.88亿元、4208.38万人次；崇左市分别为354.74亿元、3612.36万人次，防城港市分别为240.19亿元、2746.71亿元。而在入境旅游者人数方面，崇左市、防城港市接待人数明显高于百色市，分别为43.12万人次、18.66万人次，百色市只有9.09万人次，这也反映出崇左市、防城港市边境口岸旅游发展明显优于百色市。

图 4-3　2018 年边境口岸城市旅游发展主要指标情况一览表

城　市	旅游总消费/亿元	国内游客人数/万人次	入境旅游者人数/万人次
防城港市	240.19	2746.71	18.66
百色市	458.88	4208.38	9.09
崇左市	354.74	3612.36	43.12

三、旅游服务配套设施较为落后

近年来，虽然国家加大了对广西边境口岸建设的投入，不断完善通关配套设施，但是由于历史文化、经济社会发展等方面的原因，广西陆路边境口岸的发展仍不平衡。东兴口岸、凭祥口岸、友谊关口岸等较发达一类口岸的通关配套设施较为完善，但水口口岸、龙邦口岸、爱店口岸及大多数二类口岸的配套设施还有待于进一步完善。此外，在口岸配套设施扩建过程中，往往忽视工作人员办公设施及生活设施的建设，造成了办公设施、生活设施与其他通关配套设施的严重不匹配，从而影响到口岸办公人员的工作积极性和工作效率。此外，从图4-2 可知，与区内旅游强市桂林市相比，边境口岸及其所在城市的旅游服务配套设施较为滞后，餐饮住宿设施不足，旅游休闲度假、运动娱乐设施欠缺，旅游购物商店数量少、规模小，没有正规的旅游集散中心，停车场建设不完善、缺乏自驾车营地；货币兑换点少，金融服务能力也有待提高❶。

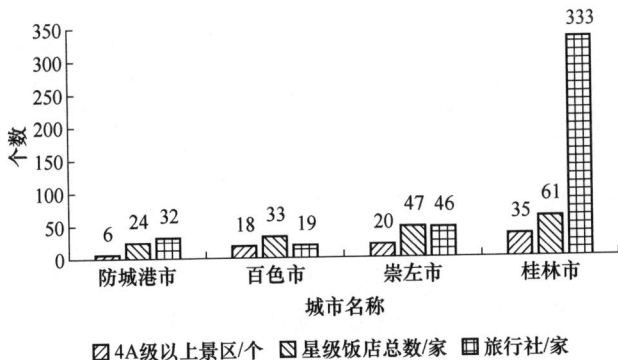

图 4-2　2018 年边境口岸城市与桂林市旅游企业情况

❶ 李凡. 云南边境口岸旅游发展模式及对策研究［D］. 昆明：云南师范大学，2015.

四、旅游新业态发展缓慢、产品体验性不高[①]

近年来，在全域旅游已上升为国家战略的新时代背景下，边境口岸及其所在城市开始重视全域旅游发展，推动"旅游＋"战略的实施，但总体上来看，旅游新业态发展缓慢，旅游产品类型还比较单一，产品体验性不强，难以为广大旅游者提供高品质的服务与体验。2016年，凭祥市成为国家全域旅游示范区创建单位，近年来依托于得天独厚的边境优势，不断推动"景点旅游"向"全域旅游"模式转变；充分发挥"旅游＋"的功能，促进产业融合，"旅游＋文化""旅游＋农业""旅游＋边贸"等催生了研学旅游、休闲度假、森林生态康养旅游等旅游新业态，建设与完善了浦寨文化旅游不夜城、板小生态旅游区、兰花谷等景区。但从整体上来看，上述旅游新业态在项目建设的过程中面临着融资难、融资贵、特色不明显以及人才匮乏等困境，发展比较缓慢，没有形成一定的发展规模，难以拉动旅游消费，因而产生的旅游综合效益不高。同时，优质旅游时代，旅游者更注重旅行过程中的品质感、新鲜感和体验感，传统观光型旅游产品已经无法满足现代旅游者的需求。从总体上来看，广西边境口岸的旅游资源虽然丰富且独具特色，但目前旅游产品的体验性还不是很高，跨境旅游的内涵尚未得到深入挖掘，无法满足游客的参与、体验需求，进而影响到游客的重游意愿。如作为中国九大名关之一的友谊关，在历史上具有重要的军事地位，同时也是中越边境重要的出入境口岸，但目前友谊关景区的旅游项目主要还是停留在观光游览、旅游商品店购物等层面，深度体验友谊关的军事历史文化、跨国风情等旅游项目尚未完全开发，无法延长游客的停留时间以及拉动更多的旅游消费。

五、口岸之间的合作力度有待加强

目前，广西部分边境口岸与越南的旅游合作虽然取得了一定的发展成绩，但总体上来看，双方在区域旅游资源的合作开发、客源市场的开拓、提升市场影响力等都有待于进一步提高。同时，广西边境各

[①] 潘冬南."一带一路"背景下边境口岸旅游业发展策略研究——以广西凭祥口岸为例[J].南宁职业技术学院学报，2020，25（02）：78－82.

口岸及各口岸所在城市之间的旅游合作意识还是比较薄弱，加上由于行政区划的限制，彼此之间缺少应有的合作与交流，因此边境一带的旅游资源没得到很好地整合与联动开发，各景点之间不能串点成线，各口岸旅游业的发展仍是单打独斗。此外，正是因为口岸之间缺乏旅游合作，因此没有构建旅游合作协调机制，缺乏统一领导的旅游协调组织机构，旅游业发展缺乏联动性，综合效益有限。

六、旅游人才供需失衡

旅游经济的高质量发展，关键在于人才。旅游行业人才的回报率现阶段远不如其他行业，同时旅游管理专业毕业生在行业内的低就业率、高流失率的事实与旅游业的快速发展形成鲜明对比，高校旅游人才培养面临"尴尬"，旅游企业难以招到优秀的专业人才。因此，经济高质量发展的新时代，旅游业高质量发展与旅游人才短缺的供求矛盾日益凸显，高素质、创新型、实用型旅游专业人才的需求日益强烈。目前，广西边境口岸的高素质旅游人才非常匮乏，境内的旅行社导游、景区讲解员、酒店及乡村旅游从业人员、旅游行政管理部门工作人员的职业素质高低不一，学历水平普遍不高，真正从高等院校旅游管理专业毕业的科班人员少。"跨境""边关""中越特色"等是广西边境口岸旅游业发展的独特因素，但目前既掌握越南语，又精通跨境电商、跨境旅游等相关专业知识的复合型旅游人才非常匮乏，难以满足未来旅游业发展的需要。同时，现在高新技术的发展已经全面融合我国社会的方方面面，"旅游＋科技"的趋势越来越明显，高质量、新思维的高端技术人才如新媒体营销、个性化定制、智慧景区建设与管理、跨界复合型等旅游人才应是广西边境口岸未来旅游人才培养的重点。

本　章　小　结

本章从地理位置、基础设施建设、贸易往来、旅游发展情况等介绍东兴、爱店、友谊关、水口、龙邦等5个国家一类公路边境口岸的基本情况，主要探讨广西边境口岸旅游发展的现状以及高质量发展的主要困境，以及广西边境口岸具备发展旅游业的区位条件、资源条件、政策条件。广西中越边境口岸是连接中国与众多邻国的门户和纽带，在"一带一路"建设中具有独特的地位和作用，自然旅游资源和人文旅游资源丰富。"一带一路"倡议、中国—东盟自贸区升级版、《左右江革命老区振兴规划》等战略实施背景下，广西边境口岸旅游发展取得了一定成效，具体体现在三个方面：

一是旅游产品类型逐渐丰富，形成了边境跨国游、边境民族文化游、边境休闲度假游三大主打产品，东兴口岸、友谊关口岸逐渐从单一的观光游览逐渐向观光游览、休闲度假、文化体验等综合型旅游升级。

二是边境口岸的跨国旅游日益便利化，其中友谊关口岸具有通关速度广西第一的优势。

三是中越双方旅游合作取得显著成效，崇左市与越南联合推进中越国际旅游合作区的建设；防城港市加强与越南的合作，开创了中越跨境旅游"六联合"模式，加快边境旅游试验区建设的步伐。

但从经济高质量发展的内涵审视广西边境口岸旅游业发展的现状，其高质量发展存在六个方面的主要困境，即口岸整体创新能力弱，口岸城市之间的发展存在明显的差距，旅游服务配套设施较为落后，旅游新业态发展缓慢、产品体验性不强，口岸之间的合作力度有待加强，旅游人才供需失衡，需要采取有效路径，才能实现旅游经济的高质量发展。

第五章　创新驱动广西边境口岸旅游高质量发展的内在机理

创新是经济发展的第一动力。创新驱动旅游经济高质量发展是我国现代经济发展的必然要求。创新驱动广西边境口岸旅游经济高质量发展关键在于通过创新要素，将旅游经济发展的动力由劳动力、资金、土地等传统要素转向知识、技术、信息等新要素，通过宏观层面、中观层面、微观层面三个层面提升旅游生产效率、推动旅游产业结构优化升级、创新旅游发展模式，进而全面推动旅游经济高质量发展。

第一节　创新驱动要素分析

一、创新驱动主体分析

（一）约瑟夫·熊彼特的创新主体观

美籍奥地利人、著名经济学家约瑟夫·熊彼特是现代创新理论的提出者，认为创新是经济发展的本质规定，企业家是创新的主体；把"新组合"的实现称之为"企业"，以实现这种"新组合"为职业的人们便是"企业家"，企业家的核心职能不是经营或管理，而是看其是否能够执行这种"新组合"。因此，在约瑟夫·熊彼特看来，创新活动的发生，主要是因为企业家的创新精神，这种精神包括建立私人王国、对胜利的热情、创造的喜悦、坚强的意志，是企业家成就优秀的动力源泉，也是实现经济发展中创造性突破的智力基础。当前，随着全球经济社会的发展，约瑟夫·熊彼特的创新主体观显得很狭隘了，创新的主体已经发生了深刻的变化，呈现出多元化的特征。

（二）广西边境口岸旅游高质量发展的创新驱动主体

创新主体是具有创新能力并实际从事创新活动的人或社会组织，是具有创新动力和能力的，创新投入、活动和收益的承担者❶。目前，关于跨行政区域的创新驱动主体，国内学者普遍认为包括政府、企业、高校、科研机构、中介机构等（龙开元，2004；叶一军等，2014）。姜江、胡振华（2013）认为创新主体系统是由核心创新层、基础创新层和外围支持创新层等三个层次网络相互耦合而成的，其中核心创新层是企业，基础创新层是政府机构、大学和科研院所、金融机构和中介服务机构等，外围支持创新层包括政府与市场。旅游产业是一项综合性产业，是拉动经济发展的重要动力，具有旅游需求多样化与旅游类型综合化、产业带动效应明显等特征，因此，旅游创新主体具有综合性、多元化的特征。郭峦（2013）指出旅游创新主体是由政府部门、企业、大学及研究机构、社会团体、旅游者等主体要素组成的系统。陈健平（2019）在借鉴姜江、胡振华（2013）研究成果的基础上，构建由核心创新层、基础创新层和外围创新层组成的乡村社区旅游创新主体系统；其中核心创新层包括农户、乡村社区自治组织、自由企业以及专业合作社，基础创新层包括政府机构、金融机构、投资者、外来企业等，外围创新层包括旅游者、研究机构、非政府组织、中介服务机构等。

广西边境口岸旅游高质量发展不仅涉及单个口岸旅游业的高质量发展，而且还涉及广西边境地区口岸之间的旅游业合作与高质量发展，即区域旅游业的高质量发展。因此，创新驱动广西边境口岸旅游高质量发展是区域创新活动，跨越行政区域，需要冲破行政壁垒。借鉴已有的研究成果（姜江、胡振华，2013；陈健平，2019），从利益相关者的视角来看，广西边境口岸旅游高质量发展的创新驱动主体由核心层、基础层和外围层三大主体构成（见图5-1）。

1. 核心层创新主体

核心层创新主体包括旅游企业，以及与旅游相关的其他企业。旅

---

❶ 朱凌. 十四五期间盐城市培育创新主体路径对策［J］. 现代营销（经营版），2020（10）：40－41.

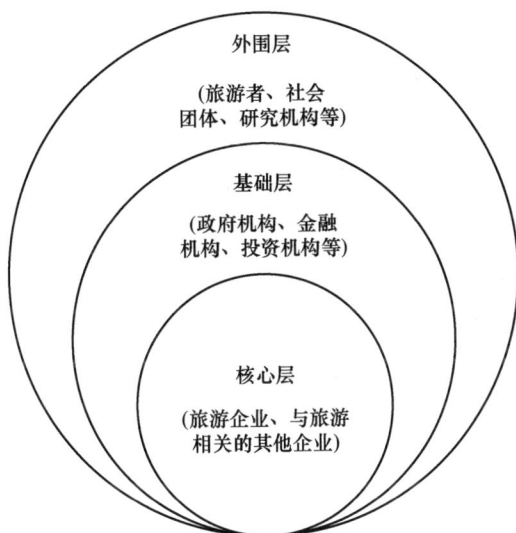

图 5-1 创新主体三层次

游企业主要是指直接为广大旅游者提供吃、住、行、游、购、娱等服务的各类旅游企业，具体包括广西边境口岸及其附近的景区景点、宾馆酒店、旅行社、旅游购物商店、娱乐场所等。与旅游相关的其他企业，主要是与广西边境口岸地区直接旅游企业存在投入产出关系、为直接旅游企业提供互补性产品、与直接旅游企业有经济关联关系的企业，如食品原材料供应企业、旅游商品与装备生产企业、旅游会展公司等（郭峦，2013）。旅游企业是创新驱动广西边境口岸旅游高质量发展最核心的主体，要以人们对美好生活需求为导向，积极融入国家发展战略；坚持以创新为首要，在新旧动能转换过程中不断激活市场主体活力，提升产品品质与内涵；在经营管理过程中要守法经营、诚信为本，不断提升服务品质。

2. 基础层创新主体

基础层创新主体包括政府机构、金融机构、投资公司等。政府机构既是旅游创新的主体，同时又为旅游企业的创新活动提供一系列的支持与保障。参与旅游创新的政府机构部门众多，包括广西边境口岸所在城市的人民政府部门、旅游政府部门、口岸管理部门、工商行政管理部门、建设部门、规划部门、国土资源部门等。金融机构主要是指能为创新驱动广西边境口岸旅游高质量发展提供大量资金的各大银行、证券公司、保险公司、资产管理公司等。充分发挥这些金融机构的服务优势，对支持边境口岸旅游经济发展转型与产业升级具有重要意义。投资公司主要是指能够为创新驱动广西边境口岸旅游高质量发展提供资金、信息、人才等各种要素，以投资、开发、运营和管理景区或酒店为主营业务的各类旅游投资公司。这些旅游投资公司能够弥补现有旅游企业的不足，激活旅游市场活力。

3. 外围层创新主体

外围层创新主体主要包括旅游者、社会团体、研究机构。旅游者是创新驱动广西边境口岸旅游高质量发展的重要参与者、评价者和受益者。旅游者通过以自身的实际行动参与边境口岸的各项旅游创新活动，并能对旅游创新活动直接做出各种评价；同时，广西边境口岸旅游高质量发展要以广大旅游者对美好生活的需求为导向，因此，旅游者又是旅游创新的直接受益者。社会团体，即非政府组织，是旅游创新活动的促进者与传播者，如广西旅游协会、中国旅游协会、旅游饭店协会、消费者保护协会、生态环境保护协会等。研究机构主要是高等院校、旅游研究机构，是旅游人才的培养者、旅游知识的生产者和传播者，主要为创新驱动边境口岸旅游高质量发展提供人才、智力、知识保障。

二、创新驱动要素分析

旅游产业具有综合性、脆弱性、带动性、外向性等特点，创新驱动广西边境口岸旅游高质量发展是个系统而又复杂的过程，涉及多种复杂的因素。就本质而言，创新驱动广西边境口岸旅游高质量发展所需的要素主要有两大类：

一是以劳动力、土地、资金为代表的初级要素。

二是以技术、知识、信息为代表的高级要素（蓝乐琴，黄让，2019）。

创新驱动主要是借助技术、知识、信息等高级要素对劳动力、土地、资本等初级要素进行新的组合（曾国屏等，2013；韩江波，2019）。

（一）创新驱动广西边境口岸旅游高质量发展的初级要素

1. 劳动力

劳动力即服务人员。旅游行业是服务行业，需要大量的劳动力为广大旅游者提供各种服务。同时，我国已经进入了优质旅游时代，旅游者对美好生活的需求越来越旺盛，对旅游产品的需求更加注重个性化、多样化与品质化，因此，需要通过个体学习、集中教育培训等促进服务人员的技能生产与再生，使其增强服务意识，真正理解什么是优质服务，从而不断提升其自身的综合素质。

2. 土地

土地是指旅游目的地为广大旅游者提供游览、观赏、知识、乐趣、度假、疗养、娱乐、休息、探险、猎奇、考察研究等活动的土地❶。创新驱动边境口岸旅游高质量发展，要充分做好土地的合理利用规划，做到"有规可依"；同时，要根据主导性、衔接性、排他性和实用性原则，对旅游用地进行合理分类，包括公共旅游用地、旅游商业用地两大类。公共旅游用地不以营利为目的，包括自然观光用地、人文历史用地、旅游文化用地、旅游基础设施用地；旅游商业用地是依附于旅游产业而产生的、以营利为目的的用地，如旅游商贸用地、休闲度假用地、娱乐用地等（孔卫鹏，2020）。

3. 资金

旅游产业的健康持续发展，要以资源的合理利用为前提，以精准高效的市场营销为支撑，以多样化的资本投入为杠杆。创新驱动广西边境口岸旅游高质量发展必须要以资本为杠杆，树立新的投融资观念，改变传统的以政府投入为主的模式，积极发挥民间资本的力量，加大民间资本的投入力度，形成多样化的融资模式，解决旅游发展过程中的资金短缺问题。关于融资模式，广西边境口岸可以根据实际情况，采用银行信贷、私募资本融资、BOT 融资、政策支持性融资、商业信用融资、海外融资、信托投资、上市融资等具体的融资模式。

（二）创新驱动广西边境口岸旅游高质量发展的高级要素

1. 知识

知识包括显性知识和隐性知识，两者之间的交换使知识创新得以产生。而知识创新是创新驱动的源头，知识创新是技术创新的基础，因此，必须要以知识创新的成果来驱动经济高质量发展❷。美国著名战

---

❶ 毕宝德. 土地经济学 ［M］. 6 版. 北京：中国人民大学出版社，2011.
❷ 李洁. 以知识创新引领创新驱动发展战略 ［J］. 中国党政干部论坛，2018（07）：66－69.

略专家艾米顿（1913）在其专著《面向知识经济的创新战略》中最早提出了知识创新的概念，认为知识创新是对新思想的创造、演化、交换和应用，并使新思想转变成市场化的商品和服务，其目的是为了组织和国家的活力与进步。由此可见，知识创新与人力资本息息相关，人力资本是知识创新的主体，同时也是知识创新的载体。知识创新驱动广西边境口岸旅游经济高质量发展，主要体现在两个方面：

（1）新思想在旅游业发展的运用，以及新思想转变为市场化的旅游产品和服务。边境口岸要积极运用我国经济发展以及全球旅游业发展的新理念、新思想指导旅游业发展过程中的每一个环节，以大旅游产业观、可持续发展观、全域旅游等新思想、新理念助推旅游产业结构的转型升级，为广大旅游者提供个性化、品质化的旅游产品和服务。

（2）人力资本是知识创新的重要载体，要通过教育和培训投资提升服务人员的专业技能。党的十九大报告指出要建设一支宏大的知识型、技能型、创新型的劳动者大军。这三类人才即需要知识和技能，同时又要具备创新意识和创造能力。旅游业的竞争，归根到底是人才的竞争。对广西边境口而言，旅游经济高质量发展关键在于人才，要通过教育、培训等途径培养大批优秀的技能型和创新型旅游人才。

2. 技 术

与技术相关的创新是熊彼特创新思想的主要内容。创新驱动，技术先行。科技创新是创新驱动的核心。习近平总书记强调，实施创新驱动发展战略，最根本的是要增强自主创新能力，最紧迫的是要破除体制机制障碍，最大限度解放和激发科技作为第一生产力所蕴藏的巨大潜能❶。技术创新促进经济增长一直是学者们关注的重点问题，熊彼特最先论述了技术创新促进经济增长的内在机理，Romer（1986）、Lucas（1988）从经济外部性的角度将技术创新与经济增长的相关研究带入了区域空间领域，Arrow（1962）首次从内生技术角度解释技术创新对经济增长的推动作用，Lou 等（2015）认为技术创新溢出效应对市场价值有显著的正向关系。综合学者们的研究可知，技术创新具体通过有效促进知识流动的技术竞争溢出、技术模仿溢出、技术传播溢出来促进经济增长❷。

---

❶ 中国工程院党组. 创新驱动发展科技引领未来 [N]. 经济日报，2016-03-31.
❷ 唐夕汐，夏青，陈非. 旅游发展、技术创新对经济增长的影响研究——基于省级空间面板数据分析 [J]. 华东经济管理，2020，34（10）：48−55.

　　旅游发展与技术创新不是独立存在的。旅游产业是我国的战略性支柱产业，是朝阳产业，旅游经济高质量发展同样离不开科技创新。科技创新驱动广西边境口岸旅游经济高质量发展是贯彻落实新发展理念、解决广西边境口岸旅游经济发展过程中存在的突出问题的重要抓手，是广西边境口岸旅游经济发展的新动能。以互联网、大数据、云计算、人工智能为主要特征的新一代信息技术能够从旅游服务便利化、旅游管理智慧化和旅游业态多元化等方面推动广西边境口岸旅游经济高质量发展，大大改变和提升旅游业的服务品质。

　　（1）高新技术能够促进旅游服务便利化。通过物联网、云计算、大数据，可以使广大旅游者在广西边境口岸地区的"吃、住、行、游、购、娱"等旅游活动实现"一键定单、一码通行、一键投诉"，为广大旅游者的出行与消费提供多种便利。

　　（2）高新技术能够促进旅游管理智慧化。大数据等高新技术渗透到口岸旅游业发展的各个环节，不仅为旅游者提供个性化的服务，同时还能够成为边境口旅游的核心竞争力，并渗透到目的地的市场定位、市场营销、舆情监测与动态监测，提高旅游业的整体管理水平。

　　（3）高新技术能够促进旅游业态多元化。"科技 + 旅游"的发展模式能够为口岸旅游业态的多元化发展提供新动力、新动能，能够催生出许多新业态、新产品。

3．信息

　　信息是事物状态的自我表达。信息源自事物，通过相应的信息技术采集并转换为数字进行传输、计算应用于信息交流、管理和评价❶。经济活动以及相关的各种活动的信息能够在技术驱动下延伸到数字形态并产生一定动能，能够推动经济转型，促进产业结构的优化。因此，信息资源已经逐渐成为现代经济高质量发展的关键生产要素。网络是信息的传输渠道、获取路径，同时网络又具备控制信息的能力。对现代旅游业的发展而言，网络推动的信息动能能够重塑旅游经济体系。

　　（1）信息基础设施能够为传统旅游服务增值，改变传统的投资经

---

❶ 周衍鲁. 动能转换：信息动能驱动商业数字经济发展的技术理论探究［J］. 商业经济研究，2020（18）：183－185.

营管理模式以及旅游产品的经营管理模式。

（2）信息通过数字化、网络化、智能化、平台化等技术形态激发旅游市场需求、改变旅游支付方式、推动旅游资源的优化配置以及旅游供给侧改革，进一步促进旅游消费向个性化、品质化升级，从而提升了旅游商业体系的水准。广西边境口岸旅游业的发展必须要以新一代信息技术发展为推动力，充分发挥信息动能的价值，使信息能量从智能层面推动行业管理理念和管理模式的变化，催生新型生产要素、新型业态，成为旅游市场发展新的增长点，从而不断提升广大旅游者的出游体验，推动旅游经济高质量发展。

第二节　创新驱动广西边境口岸旅游高质量发展的内在机理

按照初级要素和高级要素在要素配置结构中所占比重不同，创新驱动经济发展可以划分为创新驱动经济初级发展、创新驱动经济资本发展以及创新驱动经济高级发展；其中创新驱动经济高级发展是指以高级要素为主要要素配置结构的经济发展[1]。由此可见，旅游经济高质量发展的实践取向应该是在基于土地、资金、劳动力等初级要素的基础上，主要以知识、技术、信息等高级要素驱动产业发展，培育新动能、发展新业态和形成新模式。旅游经济高质量发展的根本诉求是全面发展，创新要素可以从宏观层面、中观层面、微观层面为广西边境口岸旅游发展培育新动能、催生新业态和形成新模式，即以"宏观—中观—微观"为分析框架，构建创新驱动广西边境口岸旅游高质量发展的内在机理[2]。

一、宏观层面：通过提升效率推动旅游高质量发展

（一）推动旅游产业生产效率的提高

当前，广西边境口岸旅游发展仍旧以"投入要素、填补短缺"为

❶ 韩江波. 创新驱动经济高质量发展：要素配置机理与战略选择［J］. 当代经济管理，2019, 41（08）：6－14.
❷ 李辉. 大数据推动我国经济高质量发展的理论机理、实践基础与政策选择［J］. 经济学家，2019（03）：52－59.

主，更多的是关注旅游供给的数量，旅游生产效率较为低下。2018 年
1 月全国旅游工作会议首次提出"迈向我国优质旅游发展新时代"，旅
游业发展已从"有没有"转向"好不好"。在优质旅游时代，从注重
数量到提高质量是广西边境口岸旅游产业发展的必然选择，必须要通
过技术进步、知识累积等持续增加旅游的有效供给和高质量供给，从
而以更平衡更充分的发展满足新时代人民旅游美好生活的需要。技术
进步、知识累积为广西边境口岸旅游产业生产效率的提高提供了新动
能，通过新的发展方式、产业新业态、新的管理模式从总体上改变传
统的、以要素驱动为主的粗放式的生产方式，全方位提高旅游生产效
率，推动旅游经济发展从规模速度型增长转向质量效率型增长、从粗
放型增长转向集约型增长。

（二）提高政府部门公共管理和宏观调控的效率

旅游市场存在的各种问题与不足，需要广西边境口岸相关政府部
门加强市场监管，提高公共管理和宏观调控的效率。随着现代高新技
术的快速发展，大数据、互联网、物联网、人工智能等的相互融合能
够为旅游政府部门的公共管理与宏观调控提供新思维、新手段、新方
法，从而更好地实现资源的有效配置，提高管理与决策的效率。旅游
政府部门通过投入资金，遵循"政府主导、市场参与、瞄准一流、快
速推进"的原则，与相关技术企业合作，全力打造智慧旅游管理平
台，全面覆盖旅游资源整合、旅游管理、旅游形象推广、旅游服务、
旅游统计五个方面，从而为整个旅游产业提供科学决策、快速服务、
全方位管理。此外，现代高新技术的发展能够促进广西边境口岸地区
旅游政府部门加强与气象、交通、海关、公安等部门的合作，建立旅
游大数据交换平台，实现信息资源共享和业务协调统筹，使广大旅游
者能够快速便捷地了解各种旅游资讯信息、享受多项贴心服务，从而
全面推进旅游政府部门的决策水平、服务效率、营销水平、管理水平
迈上新台阶。

二、中观层面：通过产业结构升级推动旅游高质量发展

习近平总书记强调，推动经济高质量发展，要把重点放在推动产
业结构转型升级上，把实体经济做实做强做优。因此，从中观层面来

看，边境口岸旅游经济高质量发展，关键在于产业结构的优化升级。劳动力、资金以及知识、技术、信息等创新要素的重新组合，能够改变旅游产业与其他产业的关联关系、促进旅游产业与其他产业的融合发展，从而推动旅游产业结构的优化升级。

（一）增强旅游产业与其他产业的关联关系

旅游产业具有综合性强、关联度高的特征，创新要素的流动、重组能够进一步增强旅游产业与其他产业的关联关系，使其外延不断拓展，促进产业结构的转型升级。产业结构的合理化和高级化是旅游产业结构优化最核心的两个指标。产业结构合理化是指各产业内部保持符合产业发展规律和内在联系的比率，保证各产业持续、协调发展，同时各产业之间协调发展❶。产业关联度主要体现在产品供需关联和技术供需关联两个方面。广西边境口岸旅游产业的发展能够带动区域经济的发展，对当地文化、物流、商务贸易、交通运输等行业的全面发展、区域形成系统的产业结构具有重要的积极效应。而文化、物流、商务贸易、交通运输等行业发展能够有效优化当地资源的合理配置，提升对当地区域的土地、劳动力、资金以及物资等各种社会资源的有效转化，从而对广西边境口岸旅游产业的发展起到重要的推动作用。同时，信息技术的快速发展，为广西边境口岸旅游产业结构的优化升级提供了技术支持，通过大数据等技术能够收集和分析同类旅游产品的供给、需求状况，从而能够避免旅游产品的同质化现象，从而才能为广大旅游者提供多样化、个性化、品质化的产品与服务。

（二）促进旅游产业与其他产业的融合发展

产业融合是现代产业发展的重要特征。技术创新扩散会极大地消除不同产业之间的技术性进入壁垒，加速产业融合（张银银和邓玲，2013）。旅游产业与其他产业的融合发展是形成真正的旅游大产业格局的必然要求；同时也体现了旅游产业的本质特征，旅游产业的关联度高，加快其与其他相关产业的融合发展，不断丰富产业内涵，延伸

---

❶ 潘冬南，唐奇展. 民族地区旅游产业结构分析与优化对策——以广西为例［J］. 广西民族研究，2015（04）：162－171.

产业链，推动旅游产业结构实现高级化。旅游产业结构的高度化强调旅游产业的效益性，是指在结构合理化的基础上，充分利用现代的高科技使旅游产业结构不断向资源深度开发、产出高附加值的方向发展，不断提高旅游产业的经济效益。以知识、技术、信息为代表的创新高级要素，对广西边境口岸旅游产业与其他产业的深度融合发展具有直接的推动作用，尤其是科技创新能够为旅游经济高质量发展提供新动能、新空间和新效率。具体体现在以下三个方面：

首先，以互联网、大数据、云计算、人工智能、区块链等为代表的高新技术与旅游产业融合发展，能够推动广西边境口岸在产品设计与开发、旅游传播方式、对客服务模式等方面进行大规模的改革与创新，促进旅游产业转型升级。

其次，高新技术与旅游产业的深度融合发展，加上政府相关政策、资金等配套支持，能够促使广西边境口岸产生一批智慧产业，如智慧酒店、在线旅游、智能出行等新生产业，改变传统的产业发展模式。

最后，创新要素重组能够促进"旅游＋"模式的大力实施。知识、技术、信息等高级创新要素以及劳动力、资金、土地等初级创新的重新组合，能够不断推动广西边境口岸旅游产业与第一、第二、第三产业的深度融合发展，不断丰富产品类型，提升旅游品质，改善旅游体验，从而不断提高广大旅游者的获得感与幸福感。旅游产业与第一产业（主要是农林水牧渔业）的融合发展，能够促进广西边境口岸民俗旅游、村落旅游、森林旅游、康养旅游产品的深度开发；旅游产业与第二产业（主要是工业）的融合发展，能够促进广西边境口岸旅游营地、游乐设施、旅游工艺品等的大力开发；旅游产业与第三产业（主要是服务业）的融合发展，能够不断推动广西边境口岸文化旅游、商务会展旅游等产品的内涵建设；进而通过上述三方面的融合发展全面推进旅游产品、配套服务的优化升级，延长旅游者停留时间，扩大旅游消费，提升产业综合效益。

三、微观层面：通过发展模式创新推动旅游高质量发展

边境口岸作为直接的旅游景区景点，从微观层面来看，创新驱动其旅游经济高质量发展，主要是从发展观念的革新、管理模式的转变以及经营模式的改造三个方面来实现的。

（一） 颠覆传统的发展观念

当前，我国旅游业发展处于深化改革、倡导创新转型期，迫切需要颠覆传统的思维模式，使旅游企业转变传统的发展理念，树立科学的发展理念。广西边境口岸在发展旅游业的过程中依旧受到急功近利等传统思维模式的影响，旅游业发展水平比较低。实施创新驱动发展战略，能够使广西边境口岸突破传统思维的束缚，以高质量发展统揽全局，坚持以新发展理念引领旅游业的创新发展，以大视野、大维度、大格局、大境界谋划新时代旅游发展战略；同时，立足于把比较优势转化为发展优势，充分利用知识、技术、信息等高级要素，积极探索助推旅游业高质量发展的新业态、新路径、新方法。

（二） 改变传统的管理模式

我国已经进入大众旅游时代，广大旅游者对文化和旅游的需求已经由"有没有"转向了"好不好"。为满足旅游市场的需求，边境口岸必须要提供与之相适应的高质量的旅游供给，要从数量的追求转到品质、内涵的提升。因此，在旅游新时代背景下，广西边境口岸旅游管理模式面临严峻的考验，要从粗放型的管理模式转向专业化的管理模式。以知识、技术、信息为代表的高级创新要素，能够为广西边境口岸旅游管理模式的创新提供知识和技术支撑。在互联网＋高速发展的当今时代，大数据等信息技术的迅速发展能够不断驱动广西边境口岸旅游管理模式的创新，呈现出旅游管理数据化、旅游服务个性化、旅游景点智能化、旅游安全可视化等新型管理模式。同时，大数据技术也能够为相关旅游政府部门对边境口岸旅游发展进行科学的公共管理和宏观调控提供新技术、新平台和新路径。

（三） 改造传统的运营模式

近年来，随着"一带一路"建设步伐的加快，广西边境口岸旅游业的发展迎来了历史性的发展机遇，"口岸＋旅游"模式使更多地旅游者愿意前来观光游览，体验中越边关风情。但与此相对应的运营管理问题也日益凸显，如旅游产品单一、旅游体验质量不高、基础设施不完善等，直接影响了广西边境口岸旅游形象及其健康持续发展。广西边境口岸作为旅游目的地，景区运营要从单一型向综合型转变、旅游产品从观光游览型向休闲度假型转变、旅游投资要从财政经费向市场化转变、旅游服务要从简单化向个性化精细化转变。创新是改革的第一动力。土地、资金、劳动力等初级要素的投入及其重新组合，能够为广西边境口岸旅游运营模式的创新提供资源和资金基础。知识、技术、信息等高级要素经过重新优化组合之后，能够改造广西边境口岸旅游业原有的盈利和运营模式，在旅游产品类型的丰富化、旅游营销模式的改进、旅游服务效率的提升等方面产生一系列的创新行为，创造巨大的经济价值，驱动旅游经济高质量发展。

综合上述内容，借鉴李辉（2019）等学者的研究成果，构建创新驱动广西边境口岸旅游经济高质量发展的内在机理模型，具体如图5-2所示。由图可知，创新主体主要包括作为旅游目的地的边境口岸，以及当地的旅游政府部门、口岸管理部门以及研究机构等，初级创新要素、高级创新要素通过一系列的创新活动，从宏观层面、中观层面、微观层面推动广西边境口岸旅游经济高质量发展。

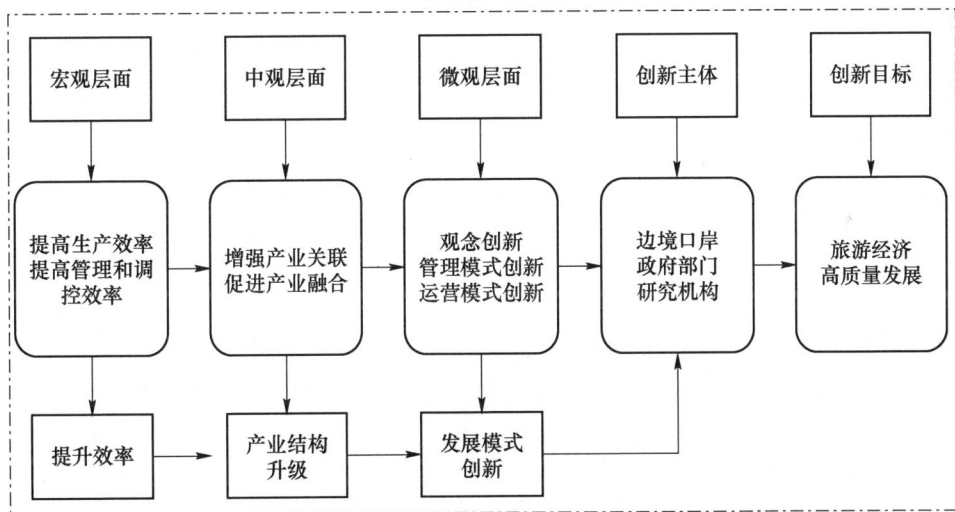

图5-2　创新驱动旅游经济高质量发展内在机理模型图

本 章 小 结

本章主要探讨广西边境口岸旅游经济高质量发展的内涵、创新主体、创新要素，以及创新驱动旅游经济高质量发展的内在机理。广西边境口岸旅游高质量发展应该是符合五大发展理念的高质量发展，是以旅游业发展带动口岸所在地经济、社会、生态的全面协调发展。从利益相关者的视角来看，广西边境口岸旅游高质量发展的创新驱动主体由核心层、基础层和外围层三大主体构成，其中核心层创新主体包括旅游企业，以及与旅游相关的其他企业；基础层创新主体包括政府机构、金融机构、投资公司等；外围层创新主体主要包括旅游者、社会团体、研究机构。

创新驱动广西边境口岸旅游高质量发展涉及多种复杂的因素，具体地，主要包括两大类要素：

一是以劳动力、土地、资金为代表的初级要素。

二是以技术、知识、信息为代表的高级要素。

旅游经济高质量发展的实践取向应该是在基于土地、资金、劳动力等初级要素的基础上，主要以知识、技术、信息等高级要素驱动产业发展，培育新动能、发展新业态和形成新模式。

创新驱动广西边境口岸旅游经济高质量发展是个系统而又复杂的过程。在借鉴相关学者研究成果的基础上，本章以"宏观—中观—微观"为框架，分析创新驱动广西边境口岸旅游经济高质量发展的内在机理。从宏观层面来看，创新要素通过提升效率推动旅游高质量发展；从中观层面来看，创新要素通过促进产业结构升级推动旅游高质量发展；从微观层面来看，创新要素通过促进发展模式创新推动旅游高质量发展。

第六章　创新驱动广西边境口岸旅游高质量发展的路径

广西边境口岸旅游高质量发展在面临一系列新发展机遇的同时，也面临不少的现实困境，这是一个长期的、艰巨的过程。因此，本章结合广西边境口岸旅游业发展的优势与现实困境，以新发展理念为指导、以供给侧结构性改革为主线、以科技创新引领、以体制机制完善为保障，推动广西边境口岸旅游高质量发展。

第一节　以新发展理念为指导推动广西边境口岸旅游高质量发展

党的十八大以来，以习近平总书记为核心的党中央在分析我国面临的形势、总结国内外发展经验教训的基础上，提出了创新、协调、绿色、开放、共享的新发展理念。根据口岸旅游经济的特点，边境口岸旅游高质量发展是以满足人们日益多样化、个性化的旅游需求为出发点，突出边境口岸区位优势与资源优势，深度融合五大发展理念，旅游投入与产出比率高、旅游资源配置高、旅游供需平衡、旅游产品和服务质量高的可持续发展；是一种综合的、均衡的发展，是以旅游业发展带动边境口岸所在地经济、社会、生态的综合协调发展。创新驱动边境口岸旅游经济高质量发展，必须要以新发展理念为指导。具体地，包括以下五个方面。

一、创新是旅游经济高质量发展的第一动力

创新是驱动广西边境口岸旅游高质量发展的第一动力和关键所在。目前，广西边境口岸旅游发展普遍存在创新不足，产业发展的内生动力不足、产品供给较为单一、旅游配套设施较为落后，难以满足现代旅游者的多样化、个性化需求。因此，在高新技术快速发展并全面融

入我国经济社会发展的时代背景下，广西边境口岸迫切需要加快实施创新驱动战略，以提高边境口岸旅游资源的利用率以及旅游产品与服务的生产效率，创新旅游经济增长方式，提升旅游产业、产品的市场竞争力。

二、协调是旅游经济高质量发展的内在要求

广西边境口岸旅游协调发展要实现整体性、综合性的多元化发展。广西边境口岸旅游高质量发展包括旅游产业结构、口岸所在地城乡、经济、社会、文化的协调发展。就产业内部自身发展来看，广西边境口岸旅游协调发展就是要建立现代产业发展体系，加快旅游经济发展方式的转变，优化产业结构。就产业外部发展来看，广西边境口岸旅游协调发展就是促进边境口岸旅游业发展与当地经济、文化、社会的协调发展，实现以旅游业发展带动当地经济、社会的全面发展。此外，协调发展还应体现在各口岸之间的协调、均衡发展。广西边境口岸要转变传统的发展观念，突破行政区划界限，加强彼此之间的交流与合作，旅游业发展水平较高的口岸应发挥带动与帮扶作用，不断缩小旅游经济发展差距，实施补齐区域旅游经济发展不平衡短板的各项有效举措。

三、绿色是旅游经济高质量发展的必要条件

绿水青山就是金山银山。改革开放40多年来，我国旅游业蓬勃发展，并取得了世界瞩目的成绩，但是在产业经济持续发展的同时，旅游开发造成的环境问题日益突出，环境受到污染的程度已经远远超过了生态环境的自我修复能力，为此付出的各项修复成本大大地降低了旅游经济发展的成效。保护生态环境就是保护生产力，改善生态环境就是发展生产力。对广西边境口岸而言，旅游业发展必须要深入贯彻落实习近平总书记提出的"两山"理论，坚持以保护环境为主，按照国家相关部门制定的生态环境保护标准，转变旅游经济发展方式，大力提倡低碳旅游、绿色营销，坚持生态优先绿色发展之路，从而促进人与自然的和谐共生。

四、开放是旅游经济高质量发展的必由之路

边境口岸作为连接中国与众多邻国的门户和纽带，在"一带一路"

建设中具有独特的地位和作用。旅游业是服务贸易的重要组成部分，在"一带一路"倡议的具体实施中具有重要的作用。因此，高质量的对外开放是广西边境口岸旅游高质量发展重要推动力。一方面，广西边境口岸要加强区域合作，整合区域资源，塑造统一的区域旅游形象，促进共同发展；另一方面，广西边境口岸要加强与越南的跨境旅游合作，在旅游产品开发、旅游人才培养、行业监管等方面与越南开展深层次、高效率的合作，以旅游经济的高质量合作，推动中国与越南的政策沟通、设施联通、贸易畅通、资金融通和民心相通。

五、共享是旅游经济高质量发展的根本目的

共享是新发展理念的核心与归宿，是全民参与建设、全民共享发展成果、从不均衡到逐渐均衡的实现过程❶。共享发展是广西边境口岸旅游高质量发展的根本目的。新时代，广西边境口岸旅游高质量发展要求既要充分调动一切社会力量参与旅游开发和口岸建设，又要强调所有人员共享旅游发展成果，通过旅游发展实现共同富裕。目前，广西边境口岸基础设施的不断完善，为当地人民的生产生活带来了极大的便利，同时也为许多当地的边民提供了从事边贸生意、自主创业的良好机遇。同时，旅游产业的就业门槛比较低，广西边境口岸及其附近的乡镇拥有丰富的旅游资源，发展口岸旅游不仅能够缩小城乡差距，同时也要能够为当地的乡镇居民提供更多的就业机会，改善其生活质量，为边境地区的贫困人口增加经济收入、脱贫致富做出重要贡献，实现旅游发展成果共享，满足人民对美好生活的需要。

第二节 以供给侧结构性改革为主线推动 广西边境口岸旅游高质量发展

《中共中央关于制定国民经济和社会发展第十四个五年规划和二〇三五年远景目标的建议》强调，"十四五"时期经济社会发展要以深化供给侧结构性改革为主线。以供给侧结构性改革为主线，是以

---

❶ 中共中央文献研究室．十八大以来重要文献选编（下）［M］．北京：中央文献出版社，2018.

习近平总书记为核心的党中央做出的具有全局性和长远性的重大战略部署，同时也是解决当前我国经济发展面临的主要矛盾与困难、培育经济增长新动力、实现创新引领发展的必然要求和选择❶。对广西边境口岸而言，要解决当前旅游经济发展面临的一系列突出问题，实现旅游经济的高质量发展，必须要贯彻落实国家经济发展重大战略部署，以供给侧结构性改革为主线，提高旅游供给体系质量与效率，培育旅游经济新增长点，实现创新引领旅游产业发展。

一、广西边境口岸旅游供给侧结构性改革的总体思路

旅游供给侧结构性改革是在经济新常态下，加快广西边境口岸旅游发展新旧动能转换，促进广西边境口岸旅游产业结构转型升级的重要举措。广西边境口岸要不断完善旅游供给体系，全面贯彻落实党的十九大精神以及《中共中央关于制定国民经济和社会发展第十四个五年规划和二〇三五年远景目标的建议》，以推进产业融合、拉长产业链条、提质增效为重点，把旅游产业真正发展成为"稳增长、转方式、调结构、惠民生"的现代服务业。

（一）广西边境口岸旅游供给体系

边境口岸作为一种旅游目的地，其旅游供给体系的完善程度直接影响到广大旅游者的满意度以及口岸旅游的健康持续发展。总体上来看，边境口岸旅游供给侧结构性改革，首先要构建完善的旅游供给体系。借鉴国内学者的相关研究成果，从供给内容和供给主体来看，广西边境口岸完善的旅游供给体系见表 6-1（李爽，2008；范容廷、张辉，2017）。旅游供给内容包括核心吸引物体系、旅游基本设施与服务体系、目的地综合环境体系三个方面。旅游核心吸引物体系，是作为旅游景区的边境口岸及其相关旅游项目、体验活动、旅游线路等，是吸引广大旅游者的核心因素。旅游基础设施与服务体系，是旅游者在边境口岸开展旅游活动的重要保障，主要涉及口岸附近的住宿、餐饮设施与服务、交通设施、旅游购物场所、旅游信息服务等。目的地综合环境体系反映的是本地居民的生活环境，以及本地居民的好客度。

---

❶ 黄守宏. 坚持以深化供给侧结构性改革为主线［N］. 人民日报，2020-12-11（007）.

旅游供给主体包括市场供给、公共供给两个方面。市场供给，主要是以营利为目的而为旅游者提供服务的行为，包括酒店、餐饮、旅游购物等；公共供给，是政府相关部门、非营利组织所提供的各类公共服务项目❶。

表6-1 边境口岸旅游供给体系

供给内容	供给主体	
	市场供给	公共供给
核心吸引物体系	与口岸相关的旅游项目、体验活动、旅游线路等	土地、作为旅游景区的边境口岸，以及其他相关的旅游资源
旅游基本设施与服务体系	口岸及其附近的宾馆酒店、餐馆、购物场所、租车服务	免费提供的旅游信息服务、旅游公共交通服务等
目的地综合环境体系	为当地社区居民提供的各类商业设施与服务项目	为当地社区居民提供各类公共服务设施，当地自然环境的保护与人文环境氛围的营造

（二）广西边境口岸旅游供给侧结构性改革的总体思路

结合广西边境口岸的实际情况，本书认为，广西边境口岸旅游供给侧结构性改革的总体思路应该是：以"扩规模、补短板、调结构、增效益"为总体目标，以推进产业融合、拉长产业链条、提质增效为重点；通过产业升级解决旅游产业结构、产品结构与旅游需求结构不匹配的问题，通过提质增效解决旅游业主要依靠要素投入增加实现增长的问题，通过补齐短板解决公共产品供给不足的问题（宋瑞，2016），从而有效发挥旅游业的辐射效应与带动效应，推动边境口岸经济的健康持续发展。同时，以供给侧结构性改革推动广西边境口岸旅游高质量发展要实现六个转变：

一是从单一景点景区建设管理到综合目的地统筹发展转变。

二是旅游产品由观光游览为主转向观光游览、休闲度假、娱乐教育等多元化供给转变。

---

❶ 范容廷，张辉. 中国旅游目的地供给态势分析与政策研究——基于供给侧结构性改革的视角［J］. 河海大学学报（哲学社会科学版），2017，19（06）：44－48，87.

三是从门票经济向产业经济转变。

四是从封闭的景点旅游向开放的"旅游＋融合"发展方式转变。

五是从粗放低效型旅游向精细高效型旅游转变。

六是从小旅游、低层次旅游向大旅游、高层次旅游转变。

二、广西边境口岸旅游供给侧结构性改革的具体策略

（一）实施"旅游＋"战略，推动旅游产业融合发展

要发挥旅游产业辐射效应与带动效应明显、关联产业多的优势，创新旅游发展观，将"旅游＋"作为新常态下广西边境口岸旅游业发展和结构性改革的主要路径，加快推进产业融合发展，以实现"扩规模、补短板、调结构、增效益"的改革目标。通过实施"旅游＋"战略，突破广西边境口岸旅游产业发展的边界，使其与其他相关产业形成关联发展关系，催生新要素、新业态、新产品，在相互补短板、调整产业结构的同时，能够完善旅游产业供给体系，形成内生增长的新动能，进而实现"1＋1＞2"的结构性改革创新发展效果。结合广西边境口岸的实际情况，实施"旅游＋"战略，要重点推进"旅游＋边境加工业""旅游＋电商""旅游＋文化""旅游＋教育""旅游＋农业""旅游＋体育"等模式，从而衍生出边境工业旅游、边境旅游电商、边境文化旅游、边境研学旅游、边境乡村旅游以及中国-东盟跨境体育旅游等新业态、新产品，为广大旅游者提供全新的体验。

（二）整合社会资源，推动旅游产业要素配置升级

当前，我国已经进入了优质旅游时代，广大旅游者的需求已经呈现出多样化、个性化、品质化特征，旅游市场竞争激烈。因此，在旅游市场需求升级以及市场竞争激烈的时代背景下，以要素推动旅游产业发展的要素驱动性发展方式已经无法适应现代旅游业的需求。广西边境口岸必须要整合社会各类优势资源，大力推动旅游产业要素配置升级，具体地要从以下两个方面着手：

一是要充分发挥市场配置资源的基础性作用，不断优化吃、住、行、游、购、娱等要素配置，从而不断完善旅游供给体系，为广大旅游者提高多样化、个性化的产品和服务。

二是找寻与旅游产业密切关联的产业优势，不断优化文化、教育、人才、科技等支撑要素配置，大力推动现代科技在旅游业的应用，增强口岸旅游市场竞争力，为广大旅游者提供优质的旅游产品与全新的旅游体验。

（三）丰富旅游商品供给，优化产业结构

目前，广西边境各口岸旅游商品以越南特产、红木小商品为主，虽然凸显了与越南接壤的区位优势，但是缺乏反映当地特色的其他旅游商品。因此，整体上来看，旅游商品的雷同性强、品种单一，应该要不断丰富旅游商品供给，优化旅游产业结构。广西边境口岸主要分布在防城港东兴市，崇左市凭祥市、龙州县、宁明县、大新县，以及百色靖西市。上述县市区均有独具地方特色的物产资源、动植物资源，实施"旅游商品提升工程"，重点推出东南亚特产＋红木小商品、口岸地区特色农副产品、口岸地区特色文化创意产品三大特色旅游商品系列。通过旅游商品评展、旅游商品展销等营销活动，提高旅游商品的知名度与美誉度；并在旅游商品专营店、景区、乡村旅游点统一销售，拉长"研、产、销"一体化产业链。通过创新"旅游＋电商"模式，实现旅游商品网上定制、线上销售，推动旅游商品打开线上市场和高端市场。此外，要实施旅游商品品牌提升工程，加大对旅游商品商标、专利的保护力度，以便于规范商家的经营行为，切实维护广大旅游者的合法权利，使广大旅游者游得放心、游得舒心、游得开心。

第三节 以科技创新引领广西边境口岸
旅游高质量发展

2019 年 12 月 15 日，时任文化和旅游部部长雒树刚在中国旅游集团论坛发表讲话时指出"以科技创新驱动经济高质量发展是全面贯彻落实新发展理念、解决我国经济发展存在的突出问题和矛盾的重要抓手，是经济发展的新动力、新动能"。同时，科技创新也是转变经济发展方式、优化产业机构的重要抓手。因此，在科学技术已经全面融入现代社会的背景下，旅游产业作为满足人们对美好生活需要的幸福产业，要实现高质量发展，离不开科技创新。2020 年 11 月 30 日，文

化和旅游部、国家发展改革委等十部门联合印发《关于深化"互联网 + 旅游"推动旅游业高质量发展的意见》(以下简称《意见》),提出未来两年以及五年发展目标,明确"互联网 + 旅游"、旅游业创新创业任务与目标。广西边境口岸要紧抓时代发展机遇,加大现代高新技术在旅游业发展中的应用,以科技创新引领旅游高质量发展。

一、大力推动智慧旅游景区建设

现代高新技术的发展不仅改变了人们的工作方式和生活方式,同时对旅游者的旅游消费行为如旅游信息收集、行为决策、出游形式、支付方式等产生重要影响。建设智慧景区是广西边境口岸实现以科技创新促进旅游高质量发展的重要抓手。边境口岸作为特殊的旅游目的地,要以现代旅游者的个性化、品质化需求为出发点,通过以移动互联网和大数据为代表的科技应用,打造智慧景区,实现"一部手机游口岸"。重点从以下四个方面着手:

一是建设以服务游客为核心的门户网站,涵盖景区信息浏览与查询、旅游线路推荐与行程规划、交通导航等,并提供多种语言服务。

二是基于 5G 技术的数字体验、AR/VR 全景虚拟技术等整合边境口岸所在地的各类资源建成数字虚拟景区,实现虚拟旅游,丰富旅游者在边境口岸的旅游活动,增强旅游者的体验性与互动性。

三是建成现代自助导游系统,旅游者通过智能手机能够实现景区地图查询搜索、景点自助讲解等功能;同时自助导游系统应涵盖中文、英文以及越南、泰语等东南亚部分国家语种。

四是加强边境口岸旅游智能化管理水平,能对旅游资源进行智能化管理,视频监控全面覆盖口岸的每一个景观点,实时监控人流量、车流量、地质灾害及各类安全隐患,实现有序、规范化管理,确保旅游者的人身安全。

二、不断完善旅游信息基础设施建设

提高边境口岸的旅游信息化水平不仅能为广大旅游者提供新的服务供给,同时还可以增强旅游者的旅游体验。整体上来看,目前广西边境口岸旅游信息基础设施较为落后,为适应现代旅游者需求,提高旅游品质,必须要加强信息网络基础设施的建设,重点要逐步加大 5G

网络、大数据中心等新型基础设施的建设。以旅游信息基础设施的建设破解当前广西边境口岸旅游基础设施建设不足的供给问题，提升旅游公共信息服务能力，实现以信息化带动产业化。具体地，广西边境口岸地区相关政府部门与移动、电信或联通开展战略合作，签署"旅游信息化建设合作协议"，为旅游信息化建设提供基础平台，将口岸及其周边的宾馆酒店、旅行社、餐馆、旅游购物点等进行综合专线业务接入，为广大旅游者提供信息查询、宽带上网、电子商务等服务。同时，还要不断加大边境口岸在线旅游政务服务基础设施建设力度，通过设施的建设与完善实现旅游信息发布、旅游文件公示、日常公务处理和在线旅游投诉等功能，进一步提升旅游业运行的信息化程度，以便加强广大旅游者与边境口岸以及相应政府管理机构的沟通与联系，增强旅游监督的社会力量。

三、充分利用新技术促进旅游营销创新

现代高新技术的迅猛发展为广西边境口岸旅游营销创新提供了很好的机遇。2020 年，受疫情防控的影响，许多旅游目的地、在线 OTA 更加注重"线上 + 线下 + 体验"，纷纷通过网络信息技术不断创新营销模式，并取得了很好的成效。如北京颐和园推出"园林线上课堂""掌上公园"；携程启动以"高星酒店预售"为核心的携程"BOSS 直播"，董事局主席梁建章亲自下场扮成唐僧、秦始皇、海王等人物直播带货；途牛旅游也开展多场旅游直播活动，让旅游者"云体验"旅游产品；各地博物馆如故宫等积极探索"文创 + 盲盒"营销模式，以跟上新趋势拥抱年轻群体的需要；四川甘孜理塘县牧民小伙丁真引爆全国旅游营销、新疆昭苏县女副县长雪地策马宣传旅游等网红短视频实现了流量变现，等等。上述营销模式创新的成功案例为广西边境口岸旅游营销未来的创新提供了参考与借鉴。广西边境口岸要充分利用新技术促进旅游营销创新，具体要从以下三个方面着手：

一是打造目的地联合营销模式，实现全产业链合作。崇左市、防城港市、百色市文化和旅游局共建边境口岸旅游联合营销共同体，并将各个边境口岸、以及当地的旅行社、宾馆酒店、跨境电商企业等纳入共同体，使其成为联合营销实施的主体。通过现代网络技术，将各个不同的实施主体联系在一起，打造联合营销网络平台，实现不同部

门之间、旅游供应链环节之间、线上媒体和线下现场活动之间的资源共享、共同营销、互助共赢。

二是通过视频和内容营销提升边境口岸的情感形象。当前，抖音、快手等短视频成为在线旅游平台上出现频率最高的词汇之一；同时，一边旅游，一边分享短视频已经成为广大旅游消费者的常态化的旅游方式。因此，在网络化、碎片化和视听化的网络时代，短视频为广西边境口岸旅游营销模式的创新，即开展内容营销提供了新机遇。内容营销的核心在于开发优秀的故事，通过"讲故事"的形式增强旅游者的情感共鸣，从而不断提高其满意度与忠诚度。广西边境各口岸的历史都比较悠久，同时也有许多独具特色的民风民俗，这些都可以作为短视频制作的重要素材。将上述素材与当地的人物、风景等紧密结合，制作成各种短小精悍的短视频，不断给广大旅游者制造惊喜。通过短视频的传播与扩散，推动边境口岸成为网红打卡地，吸引四面八方的旅游者。

三是应用新媒体打造精准营销模式。随着网线信息技术的快速发展，各种新媒体不仅能够迎合现代消费者的需求，同时也成为一种新型的盈利模式。近年来，微信、微博在旅游产品的推广传播以及旅游产品体验方面发挥了巨大的作用，成为很多旅游目的地营销的重要渠道，开创了旅游目的地新的营销模式。当前，"80后""90后"是旅游业的主要消费群体，因此，充分应用新媒体，创新旅游营销模式是广西边境口岸拥抱年轻群体的必然之路。如各边境口岸及相关管理部门可以考虑注册开通官方微博，借助官方微博对边境口岸的旅游信息、旅游线路、旅游特色以及相关的动态新闻进行网络推广，同时采用网络互动的形式向广大网民定期发放小礼品、代金券等，以刺激旅游消费。微信是一种新型的网络交流平台，为旅游目的地的营销创新提供了新的方式与手段。旅游目的地通过微信开展营销活动，具有传播范围广、无时间地点限制、内容生动、双向交流、反馈及时的突出优势。广西边境口岸要紧跟时代发展潮流，可以通过"查找附近的人""漂流瓶""扫一扫""开放平台＋朋友圈""微信公众平台"等模式，实现信息咨询、互动交流、旅游服务的目的，不断拓展营销空间，吸引更多的旅游者。

第四节　以体制机制完善为保障推动
广西边境口岸旅游高质量发展

当前，广西边境口岸旅游业发展已经进入了全新的时代。随着国民经济的快速发展，要实现旅游经济高质量发展，必须要破除体制机制的束缚。广西边境口岸要积极推动资金投入机制、人才培养集聚机制、旅游管理体制以及创新成果产业化机制的创新与完善，为旅游经济高质量发展提供政策机制保障❶。

一、创新资金投入机制

（一）创新旅游投融资模式

旅游业作为国民经济重要支柱产业，其发展与我国整个经济社会发展息息相关。近年来，国务院、文化和旅游部多次颁布相关的政策，鼓励民间资本参与旅游业的投资开发，鼓励民间资本参与旅游景区的经营管理、旅游基础设施建设。广西边境口岸旅游发展需要投入大量的资金，仅依靠政府的财政投入很难实现高质量发展的目标，因此，必须鼓励和吸纳民间资本参与其中。民间资本具有机制灵活、决策迅速的优势，全方位融入和参与边境口岸旅游业产业发展，能够为产业发展带来新活力、新动力，不断提高产业的发展能力与产业素质。PPP（Public-Private Partnership）又称 PPP 模式，即政府和社会资本合作，是公共基础设施建设的一种项目运作模式，能够协调政府与企业的合作关系，平衡企业盈利和政府公益。当前，PPP 模式在很多目的地的旅游项目投资、旅游基础设施建设等方面取得了很好的成效。广西边境口岸可以借鉴其他地方的成功经验，口岸管理相关部门、文旅部门要统筹规划、组织引导，搭建平台，提供优惠政策，提高民间资本对边境口岸旅游投资的积极性与主动性。

（二）扶持重大重点旅游项目建设

政府相关部门要详细制定边境口岸 3～5 年的旅游项目建设规划，

———————

❶ 程俊杰. 高质量发展背景下破解"创新困境"的双重机制［J］. 现代经济探讨，2019（03）：5－10.

出台旅游项目建设扶持奖励办法。按照其难易程度、重要程度对旅游项目进行分类，对一些重要重大旅游项目，应扶持其申报自治区、国家级重点建设旅游项目，积极争取自治区、国家发展专项资金的扶持。同时，政府相关部门要统筹全市重大招商活动，把旅游招商作为重要内容列入每年的招商计划；结合边境口岸的实际，主动探索跨境旅游投资，定期举办主要针对国际旅游投资商的旅游招商专场会，广泛吸引各类国际资本参与边境口岸旅游开发建设。搭建旅游投融资平台，鼓励国有金融机构加大对边境口岸重大旅游项目建设的信贷支持力度；引导与文旅游产业密切相关的投资公司与相关政府部门签订战略合作协议。

二、创新人才培养集聚机制

人才是创新驱动广西边境口岸旅游高质量发展的核心。广西边境口岸要结合旅游业发展需求与经济发展新趋势，大力实施"人才强旅"战略，努力探索一条富有边境口岸特色的旅游人才发展道路，形成"用好现有人才、引进急需人才、稳定关键人才、培养未来人才"的引才聚才、育才用才良性循环❶。通过积极引才、聚才、留才、用才，充分发挥人才的引领与支撑作用；对广西的边境口岸而言，要实现旅游经济高质量发展，必须拥有一批思想素质过硬、熟悉经济发展规律、旅游管理基本理论以及创新创业知识，熟练掌握旅游服务、跨境电子商务技能等创新型、应用型旅游人才。具体来讲，就是要通过优化人才培养开发机制，强化吸引高端人才机制，完善人才激励机制❷，培养旅游服务人才、旅游管理人才以及既懂科技又懂旅游市场的复合型人才。

（一）优化人才培养开发机制

对广西边境口岸以及地方文旅部门来说，必须要不断创新人才培养集聚机制，在人才投入、人才选拔、人才交流三个方面狠下功夫。

（1）人才投入。广西边境口岸与地方文旅部门要转变思想观念，

---

❶ 白春礼. 完善科技创新人才发现培养激励机制［N］. 学习时报，2020-08-14（001）.
❷ 程俊杰. 高质量发展背景下破解"创新困境"的双重机制［J］. 现代经济探讨，2019（03）：5－10.

不断加大人才培养的投入力度。安排专门人员负责并落实人才培养的各项工作，在每年的财政经费中预留一部分资金专门用于人才培养，并严格制定每年的人才培养资金预算，做到专款专用。

（2）人才选拔。根据德、能、勤、绩，选拔思想政治过硬、业务技能娴熟的年轻人员充实到旅游管理队伍中，发挥专业人才的优势，促进旅游业管理体制的创新改革。

（3）人才交流。崇左市、防城港市、百色市相关政府部门联合建立人才交流平台与机制，通过柔性引进、联合培训、岗位轮岗等形式推动广西边境口岸之间的旅游人才交流，实现共赢。

（4）校企联合培养人才。边境口岸要加强与当地高校联合培养人才，加大跨境旅游、旅游电子商务、智慧旅游等方面人才的培养。

（二）强化吸引高端人才机制

受传统观念的束缚以及所处的地理位置，广西边境口岸高端旅游人才极其匮乏，难以满足现代旅游业高质量发展的需要。对于高端旅游人才，广西边境口岸无法在短期内通过内部培养，需要转变观念、大胆改革，通过一系列措施吸引和引进。

一是项目合作的形式。与区内外知名高校、知名旅游企业开展高端旅游人才合作机制，聘请知名专家学者、旅游企业经营管理者为广西边境口岸旅游业发展高级顾问，为口岸旅游业发展出谋划策。

二是外部引进。从高校、科研事业单位等引进旅游管理、市场营销、跨境电子商务、文化产业、核心技术等优秀毕业生，集聚高素质人才，为创新驱动旅游经济高质量奠定人才基础。

（三）完善人才激励机制

创新驱动广西边境口岸旅游高质量发展，关键在于人才，而人才集聚，必须要有科学、有效的激励机制。习近平总书记在2020年6月2日专家学者座谈会上强调，要完善战略科学家和创新型科技人才发现、培养、激励机制，吸引更多优秀人才进入科研队伍，为他们脱颖而出创造条件。

一是要不断完善工作生活环境，解决后顾之忧，使现有的旅游人才安心工作。

二是对从外部引进的人才，在出入境、配偶就业安排、子女入学、医疗住房、项目平台等方面制定优惠政策，实现以待遇留人、以感情留人。

三是各边境口岸要积极组织旅游从业人员前往旅游发达地区以及周边的越南、泰国等东盟国家学习与交流，实现人才的理念、素质、竞争力与发达地区、国际接轨。

三、创新旅游管理体制

（一）加强制度供给，优化公共服务

政策制度在提升旅游目的地品质过程中发挥重要的引领作用。广西边境口岸必须要强化政府服务功能，推进制度供给革新。如前所述，广西边境口岸要大力实施"旅游＋"战略，加快产业融合发展，因此对旅游业的管理必须要强调跨界协同与部门联合，加强广西边境口岸所在地的旅游政府部门、口岸管理部门、工商管理部门、土地资源管理部门、科技部门、教育部门等机构与部门之间的沟通、协调与配合，推动旅游管理体制从单一部门的行政管理转向多部门跨界协同管理的方向发展。同时，强化目的地综合管理，政府相关部门在进行城市规划、市政建设时要将边境口岸旅游业发展的现实需求纳入其中，实现外地旅游者、本地居民共享公共资源；加强执行保障政策，建立群众监督机制，确保政策的落实到位，并提升本地居民的好客度，避免旅游公共设施闲置、无人管理或管理不到位问题。

（二）推进旅游执法队伍建设

广西边境口岸作为我国对外开放的门户，是向世界展示我国国家形象的重要窗口。广西边境口岸因其特殊的政治性质，在旅游发展过程中必须要不断地创新旅游执法模式，高度重视旅游执法队伍的建设，在保障旅游者合法权益的同时，稳定民心，防止以旅游的名义私自出境、走私等违法事件的发生，维护边境地区的安全与稳定。口岸管理部门、文旅部门要主动与当地的公安部门寻求合作，在公安部门内部专设或分设旅游警察专业队伍，不仅能够弥补旅游行政执法的缺陷，及时有效地处理旅游案件，还能够有效地维护旅游市场的秩序。旅游

警察专业队伍建成后，要发挥旅警执法能动性，深入口岸进行日常的旅游执法巡逻，在节假日安排专人受理旅游者的投诉；同时做好日常舆情监控，通过明察暗访等途径，主动开展涉旅案件，严厉打击破坏旅游市场秩序的违法行为。在口岸设立景区警务室，加强景区日常的治安管理，并向广大旅游者宣传相关的法律法规，开展各类便民服务，维护旅游市场秩序以及广大旅游者的合法权益。

本 章 小 结

本章主要探讨了广西边境口岸高质量发展的路径，具体为：以新发展理念为指导、以供给侧结构性改革为主线、以科技创新为引领、以体制机制完善为保障。

广西边境口岸高质量发展必须要以新发展理念为指导，创新是旅游经济高质量发展的第一动力、协调是旅游经济高质量发展的内在要求、绿色是旅游经济高质量发展的必要条件、开放是旅游经济高质量发展的必由之路、共享是旅游经济高质量发展的根本目的。以供给侧结构性改革为主线推动广西边境口岸旅游高质量发展，以推进产业融合、拉长产业链条、提质增效为重点，把旅游产业真正发展成为"稳增长、转方式、调结构、惠民生"的现代服务业。以科技创新引领广西边境口岸旅游高质量发展，要大力推动智慧旅游景区建设、不断完善旅游信息基础设施建设、充分利用新技术促进旅游营销创新。以体制机制完善为保障，要积极推动资金投入机制、人才培养集聚机制、旅游管理体制创新与完善。

第七章　创新驱动广西边境口岸旅游高质量发展专题研究

广西边境口岸旅游高质量发展是满足人民美好生活需要的发展。广大旅游者对边境口岸旅游的满意度、忠诚度与旅游高质量发展息息相关，而广大旅游者对边境口岸旅游形象的感知直接影响其满意度与忠诚度。同时，在优质旅游时代，旅游营销在旅游经济高质量发展中发挥重要作用，必须要不断创新，紧跟大数据时代的发展。因此，本章特进行广西边境口岸旅游形象感知、旅游营销创新两个专题的研究。

第一节　广西边境口岸旅游形象感知与塑造路径创新

一、问题的提出

旅游目的地形象（Tourism Destination Image，TDI）的概念最早出现于 20 世纪 70 年代，主要是指游客对旅游目的地的信念、看法和印象的总和（Hunt J D，1975）。旅游目的地形象可划分为感知形象和投射形象，感知形象是潜在游客和现实游客对旅游目的地产生的总体认识、印象和评价，投射形象则是旅游地旨在塑造的形象，是对外进行宣传的代表性形象（Grosspietsch M，2006；谢朝武、黄远水，2002）。

目前国内学者关于旅游目的地形象感知的研究主要集中在兵马俑、黄山、凤凰古城、平遥古城等著名、热门景区景点的研究，而对边境口岸旅游形象的研究很少。闫敏（2017）基于游客在线点评，通过对霍尔果斯边境旅游游客感知形象进行研究，发现游客的地理区位感知强烈，旅游设施及基础设施提及频率较少；且只涉及景区、购物、旅行社、交通四个方面，娱乐、住宿较少；同时，在情感方面，游客的负面情绪较多。刘娜（2014）采用定性与定量相结合的方法，对吉林边境窗口城市——珲春市在游客心中的本底感知形象、实地感知形象、不良感知形象、整体印象等，并运用因子分析法对16项影响珲春市旅游形象的因子进行分析，最终得出影响珲春市旅游形象的主要因素。旅游形象是旅游目的地的生命力，对游客的决策行为以及旅游满意度产生直接影响。边境口岸是我国对外开放的重要门户，同时也是联系世界的桥梁和纽带。发展边境口岸旅游是促进我国与沿边国家经济社会往来的重要途径，对传播我国优秀文化，提升我国国际形象具有重要意义。因此，必须要高度重视边境口岸旅游形象的塑造，要基于游客感知的视角，塑造良好的旅游形象，充分发挥口岸的桥梁与纽带作用，以口岸旅游高质量发展带动边境地区经济社会发展。

二、研究区域概况

广西的边境口岸数量众多，但从总体上来看，旅游业发展水平比较高的是友谊关口岸和东兴口岸，同时每年从这两个口岸前往越南旅游的游客数量也比较多，能够代表广西边境旅游发展的整体水平。因此，本书选取友谊关口岸和东兴口岸为研究对象，对这两个口岸的旅游形象感知进行研究，以期能为其未来旅游形象的重塑与传播的创新提供重要的现实依据。

三、数据来源与研究方法

（一）数据来源

在线旅游服务商、旅游社交平台（如携程、同程、马蜂窝、途牛等旅游网站）为广大游客提供分享出行游记以及对旅游过程进行点评的平台。携程旅行网是中国领先的在线旅行服务公司，通过利用信息技术，有效整合了国内众多酒店、航空公司和旅游目的地资源，建立了第一个全国性酒店预订平台和机票预订平台。目前，国内很多游客都在该网站进行旅游服务预订，并在上面留下了很多的游记和点评，资料非常丰富。因此，本书以"东兴口岸""友谊关口岸"为主要关键词，在携程网上收集游客对东兴口岸、友谊关口岸旅游的相关点评。由于网络信息庞杂，为确保数据的有效性，实现研究目的，对收集到的游记以及点评内容进行适当的修改，如错别字的订正、繁体字改为简体字、同义词或近义词的合并等。同时，采用人工筛选的方式，剔除一些无效的文本内容。剔除的原则如下：

（1）文本内容的相关性。剔除与研究主题无关的文本内容。

（2）文本内容的有效性。点评内容较为准确，剔除游览时间与点评时间间隔较远以及具有明显商业宣传性质的点评；剔除同一游客重复发表的游记或点评。

（3）文本内容的时效性。为更好地研究近年来广西边境口岸的旅游形象，本书选取 2014 年 1 月至 2020 年 8 月的相关旅游点评。经过筛选之后，最终获得内容较详细、能用于本研究的在线旅游点评共632 条，其中，东兴口岸 194 条，友谊关口岸 438 条。

（二）研究方法

内容分析法是近年来旅游形象研究常用的方法，是一种将不系统的、定性的符号性内容转化成系统的定量数据资料的研究方法❶，其最大优势在于能够获取游客对旅游目的地完整的心理感知❷。本文运用内容分析法，借助 ROST CM6.0 软件中的词频分析、语义网络分析和情感分析功能，对收集到的文本数据进行定量分析。词频分析能够提取高频词及其频数，提炼游客的形象感知；语义网络分析能够识别词与词之间的关系，能实现对形象感知的深入分析与解读；情感分析能够识别出游客的积极情感、中性情感和消极情感，从而从总体上把握游客对边境口岸旅游的情感水平❸。

四、结果分析

（一）高频特征词分析

词语在文本出现的次数越多，表明其重要性越强。借鉴朱中原、

────────

❶ 李玺，叶升，王东. 旅游目的地感知形象非结构化测量应用研究——以访澳商务游客形象感知特征为例 [J]. 旅游学刊，2011，26（12）：57 - 63.

❷ 王永明，王美霞，李瑞，等. 基于网络文本内容分析的凤凰古城旅游地意象感知研究 [J]. 地理与地理信息科学，2015，31（1）：64 - 67，79.

❸ 孙晓东，倪荣鑫. 中国邮轮游客的产品认知、情感表达与品牌形象感知——基于在线点评的内容分析 [J]. 地理研究，2018，37（6）：1159 - 1180.

胡静（2019）的做法，将收集到的文本内容进行词频分析，根据ROST 软件分析的结果，归纳与整理出友谊关口岸和东兴口岸排名在前50 的高频特征词。这些高频特征词主要涉及名词、动词、形容词，包含了形象感知、情感描述、旅游行为以及相关地名四个方面，并且以正面词语为主，具体情况见表 7-1。在友谊关口岸排名前 50 的高频特征词中，关于形象感知的词语共 33 个，占 66%；在东兴口岸排名前50 的高频特征词中，关于形象感知词语共 32 个，占 64%。

表 7-1　案例地高频特征词

高频词类型	友 谊 关 口 岸	东 兴 口 岸
形象认知	友谊（238）景区（147）历史（130）边境（88）口岸（59）关口（57）地方（49）南关（47）门票（47）炮台（46）意义（37）教育（31）风景（27）祖国（25）小时（25）对面（25）城楼（23）景色（23）公里（22）爱国主义（22）大名（22）时间（21）游客（21）建筑（20）城墙（19）护照（18）文化（18）两国（17）法式（17）国门（17）国家（16）边关（16）不大（15）	口岸（178）边境（36）大桥（25）地方（23）附近（20）国门（18）国家（17）特色（17）两国（16）特产（16）友谊（16）水果（15）界碑（14）咖啡（14）风情（13）对面（13）海鲜（13）导游（13）时间（13）位于（12）护照（12）关口（12）公里（12）榴梿（12）市场（11）小时（11）签证（11）身份证（11）红木（10）共和国（9）朋友（9）建筑（9）
情感描述	值得（90）方便（25）唯一（19）便宜（17）适合（15）	便宜（30）热闹（19）方便（13）值得（11）好吃（10）
旅游行为	旅游（24）参观（23）通关（22）感受（21）游玩（17）爬山（17）上去（15）	办理（19）过去（15）出国（14）过境（13）购物（12）一日游（12）出境（11）
地名	越南（196）中国（73）凭祥（57）广西（25）金鸡山（19）	越南（273）东兴（125）中国（44）广西（18）北仑河（17）东兴市（15）

（二）形象认知分析

1. 认知要素分析

从表 7-1 可知，游客对友谊关口岸、东兴口岸的形象感知具有相似之处，都具有"边境""口岸""关口""小时""对面""时间""护照"

"两国""国门""国家"等十个共同的特征词，这两个口岸是边境口岸、与越南相连，可以通过护照从关口去越南旅游的形象认知比较强烈。但由于友谊关口岸、东兴口岸资源基础、文化底蕴不同，因此，游客对这两个口岸的形象感知也呈现出不同的特征。友谊关口岸的旅游资源较为丰富，拥有中国九大名关之一、至今已有2000多年历史的友谊关关楼，以及左弼山古炮台、右辅山古炮台群、左右辅山古城墙及登山古道、大清国万人坟、广西全边对汛署（法式楼）等主要景点，对不通过关口出境到越南的游客实行门票制，因此游客对其门票的感知比较强烈。同时，由于友谊关历代是中国南疆边防要隘、战略要地，清末中法战争——"镇南关大捷"和孙中山先生亲自领导指挥的"镇南关起义"都发生在此，因此历史文化底蕴深厚，"炮台""意义""教育""爱国主义""文化"等特征词反映了游客对友谊关口岸具有历史教育、爱国主义教育具有较强的感知。而"风景""旅游""参观""通关""感受""游玩""爬山"等特征词反映游客在友谊关口岸的旅游活动以中越边关情体验、观光游览、爬山为主。而游客对东兴口岸的旅游形象感知主要反映在餐饮、购物、边境游三大主题。"特产""水果""咖啡""海鲜""榴梿""红木""一日游"等特征词体现了东兴口岸旅游活动主要包括购买越南特产、观赏与购买红木家具、品尝当地海鲜以及到越南一日游等。

2. 语义网络分析

为进一步反映词组在意义上的关联以及文本内容的深层次结构关系，本文利用 ROST CM6.0 软件中的 Netdraw 工具，绘制出友谊关口岸、东兴口岸的高频词语义网络图（见图7-1和图7-2）。词语距离中心节点的距离越近，则两者之间的关系就越密切。从图7-1可知，友谊关口岸语义关联度比较高的词语是"越南""中国""友谊""凭祥""边境""通道""口岸"等，反映了友谊关口岸是连接中国与越南友谊的重要通道，地处凭祥，处于中越边境线上，这是友谊关口岸旅游形象最核心的特质。同时，从上述核心词语向外延伸，游客对友谊关口岸旅游形象的感知包括对其历史文化底蕴的感知（"历史""文化""悠久""意义""古代""反击战""大捷"等）、对旅游活动的感知（"小吃""签证""景色""景区"等）以及对旅游服务的感知（"服务""态度""小时"等）。

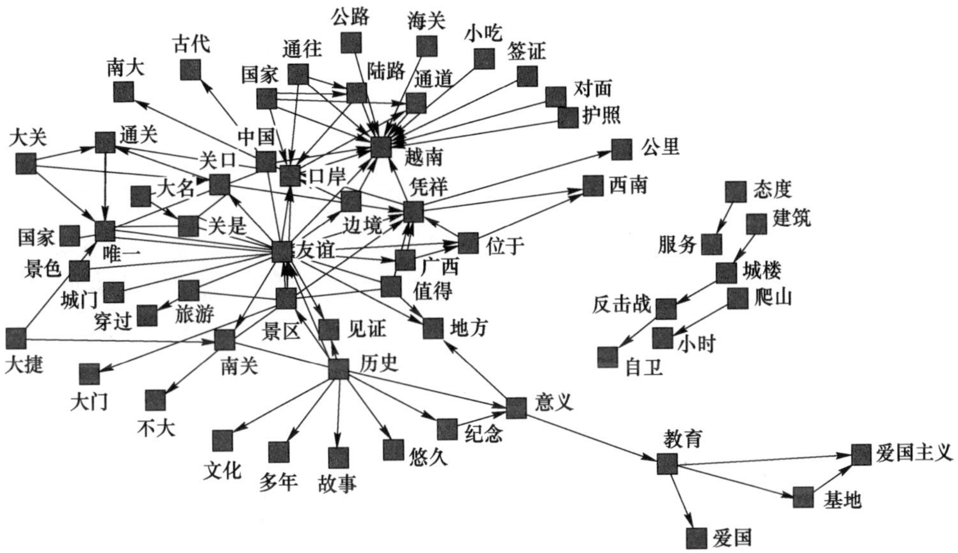

图 7-1　友谊关口岸语义网络图

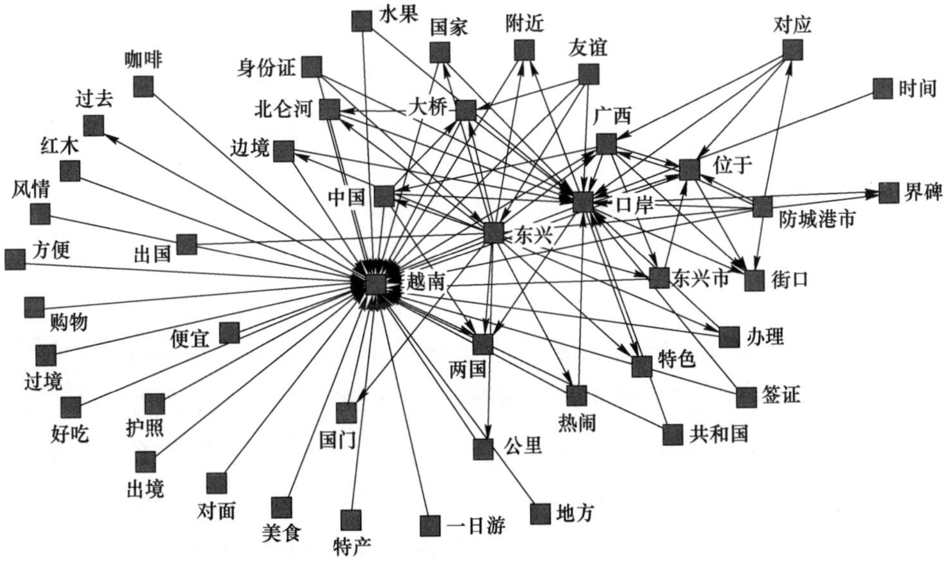

图 7-2　东兴口岸语义网络图

从图 7-2 可知，东兴口岸语义关联度比较高的词语有"越南""口岸""东兴"三个词语，这是东兴口岸旅游形象的核心特质。同时，以"越南"为核心，逐渐向外有规律地扩散，整个网络呈现出"核心-边缘"的层次结构，较为直观地反映出游客对东兴口岸旅游形象的整体认知。第一层是核心圈，以"越南"为核心词，直观地反映出东兴口岸的地理区位及其独特的旅游形象。第二层次是次核心圈，是对核心圈的拓展，由"出国""便宜""国门""热闹""特色""口岸""北仑河"等组成，涉及东兴口岸旅游的资源及其特色。第三层次是外围圈，是对第一、第二层次的拓展与丰富，即对东兴口岸旅游形象的进一步感知，由"一日游""美食""特产""好吃""方便""红木""咖啡""水果"等词语组成，主要涉及游客对东兴口岸旅游购物、旅游体验等方面的感知。

（三）情感形象分析

1. 总体情感因素分析

积极的情感有利于增强游客对旅游目的地的知名度与美誉度，消极的情感不仅影响游客的满意度与忠诚度，而且将对旅游目的地的可持续发展产生重要影响。借助 ROST CM6.0 软件中的情感分析功能，分析游客对友谊关口岸、东兴口岸的总体情感形象，分析结果见表7-2。由表 7-2 可知，游客对友谊关口岸的实际情感中，积极情感占38.44%，中性情感占52.02%，消极情感占9.54%；在情感的强度方面，积极情感以"一般"强度为主，消极情感以"一般"强度为主。由此可见，友谊关口岸并没有给游客留下深刻的印象，进而反映出友谊关口岸旅游还存在诸多问题亟待改善。游客对东兴口岸的实际情感中，积极情感占81.44%，中性情感占7.22%，消极情感占11.34%；在情感的强度方面，积极情感以中度、高度情感为主，消极情感以"一般"强度为主。由此可见，游客对东兴口岸旅游形象以积极情感为主，并且占比很高，与上述高频特征词分析的结果（高频特征词以正面词语为主）相一致，游客的整体满意度比较高。同时，通过对两个口岸游客情感分析结果的比较来看，友谊关口岸的积极情感占38.44%，东兴口岸的积极情感占81.44%；在消极情感方面，东兴口岸的比例也低于友谊关口岸的比例。因此，游客对东兴口岸旅游形象的整体满意度比友谊关口岸旅游形象的整体满意度高，东兴口岸旅游发展具有较高的知名度与名誉度。

表7-2　案例地游客情感分析结果

情 感 类 型	友谊关口岸		东 兴 口 岸	
	数量/条	比例/%	数量/条	比例/%
积极情感	133	38.44	158	81.44
中性情感	180	52.02	14	7.22
消极情感	33	9.54	22	11.34
积极情感分段统计：				
一般（0～10）	127	36.71	62	31.96
中度（10～20）	5	1.45	45	23.20
高度（20以上）	1	0.29	51	26.29
消极情感分段统计：				
一般（-10～0）	32	9.25	15	7.73
中度（-20～-10）	1	0.29	5	2.58
高度（-20以下）	0	—	1	0.52

2. 消极情感因素分析

从整体来看，虽然友谊关口岸、东兴口岸的游客消极情感所占比例比较少，但是游客出现消极情感，也就意味着口岸旅游发展还存在一定的不足之处需要改进与完善。因此，选取网络文中的消极情感因素，并对其进行归纳、总结（见表7-3和表7-4），以找出口岸旅游形象消极感知的具体内容，以便为各口岸优化旅游形象，促进旅游业健康持续发展提供现实依据。

表7-3　友谊关口岸消极情感因素

文 本 内 容	概念化	范畴化
"除非有较深情结，要不来这没啥看的。""没带护照真的超级坑，附近都是军事基地，没什么餐饮，国门不能走过去，只能远观，属于那种只去一次的景点。""名气大，但实际上可看点不多。路途遥远。几栋建筑而已。""景点一般，设施陈旧，但能了解一些历史。希望能多加改进就好。""没什么可看的，对面是越南，但看不到什么有意思的内容，全是大货车。""景区很小，价格太贵，对历史不感冒的可以不来。""可观赏的项目较少。一般吧！""就是一个关口，以出入境为主的地方。景区真的没啥可看的，很小很小！""就看个破洋楼，烂关口。其他的要么修缮中，要么要办理签证才能去。"	景观吸引	旅游吸引
"特意来友谊关，其实没什么意思，居然收费，票价不值得，如果是要体验中越边境，不如去东兴。""如果开车去还可以，如果是包车去不值得。""其实就是一个关口，比珠海拱北口岸要差，不推荐。"	旅游体验	

续表 7-3

文　本　内　容	概念化	范畴化
"但是有一点很重要的就是这边的交通实在不方便，即使有公交车也要等很久。""了解一下历史文化知识，感觉挺好的，性价比超高的，不过停车不太方便。""停车费比较贵，停车位置灰尘也比较大。通往景区的道路比较狭窄，且有部分私家车停在路边，很容易导致塞车。""中越边境上的历史遗迹，适合带孩子一起看看。就是没有公共交通到达。""蛮无聊的，停车场又远，停车场去景区的接驳车还要钱……""交通也不方便，付出的路程达不到想要的景。""不值得。友谊关虽为凭祥著名景区，但居然市区没有公车去景区。"	基础设施	旅游设施
"旅游体验一般，可能配套比较少吧。""南疆第一大门，值得一去。就是门口吃的太少。"	配套设施	
"景区不大，感觉门票略贵。网络订票 38 元也是贵了，又远，不值得去了。""在友谊关外面能买到越南货，价格略高于东兴。""地方很小，一下子就逛完了，门票有点小贵。""应该是一个爱国主义教育基地性质的景点，因此不应该收费的，为什么，出境越南的游客就是免费的，不到越南的游客就要门票费，不可思议。""应该作为爱国主义教育基地免费才对。""很一般的旅游景点，门票要价太高，按景点我看最多值 20 元。太差，学生半票都不肯。"	景区价格	旅游管理
"网络取票窗口的工作人员服务态度很不友好，拿身份证给她说取票，回了一句：拿身份证来干嘛？？？语气很不好，我说取票啊！她说，那拿手机给我看啊。在操作过程中，手机灭屏了，她就喷了一下，拉着脸拿过来让我解锁。""最差的景点服务，携程的优惠订票很受歧视，你得有足够的耐心等待，景点服务人员说话能气你个半死！""可悲！友谊关没有感受到友谊，听到的是冷嘲热讽，想便宜几块钱就得等上一小时，先付上押金也不行，这是规定，就算是你的订单到账了也得等上一小时。服务态度极差！""还可以吧，一般般！售票员态度非常差！知道我们是网上订票，脸立马变天！"	服务态度	

　　从表 7-3 可知，游客对友谊关口岸旅游形象的消极感知主要集中在旅游吸引、旅游设施、旅游管理三个方面，具体体现在游客对景观吸引、旅游体验、基础设施、配套设施、景区价格、服务态度的消极情感。游客认为友谊关口岸旅游缺乏吸引力，旅游项目少，设施陈旧，旅游体验感不强，不值得前来旅游与推荐；旅游交通不便、餐饮等配套设施也不齐全。同时，游客对景区价格、景区工作人员服务态度的消极情感比较强烈，认为友谊关口岸对游客收取门票不合理，门票贵，

与实际吸引物不成正比，也有游客认为友谊关口岸作为爱国主义教育基地不应该收门票。此外，工作人员的服务态度差，游客没能享受到良好的服务，满意度低。

表 7-4　东兴口岸消极情感因素

文　本　内　容	概念化	范畴化
"我们就在国门附近口岸的步行街转了转，附近全部是越南商品，就是来看边境和国门是什么样的，没啥特别。""可以看看越南风俗习惯，景色就别指望了。""绕了一圈，没有停车，就是个口岸，没有什么景色。""和其他中越边境城市的关口差不多，并没有什么很特别的。""其实这边真的什么也没有。就是一条河，对面就是越南。""没有什么风光可言，作点人文的体验而已。""可惜来得真不是时候，居然碰到边检口岸装修扩建停止通行！一家子人只能在口岸附近拍拍照，然后瞎晃悠一番了，很是扫兴呀！""中越边境，很多小商品，像个商贸市场，不过没什么东西想买。"	景观吸引	旅游吸引
"红旗街没有那么多红旗，跟网上说的满街插满红旗的说法不一致。""口岸有点小，虽然过境的人口不多，但是，面积小，几个旅游团过境还是拥挤！""脏乱差，满街垃圾。""很热闹，就是假货太多，需谨慎。""中越友谊大桥连接越南，下面是没啥水的北仑河，到处是所谓的免税店，很混乱。""没什么特别，就是卖越南货的小地方，杂乱无章。""东兴口岸不管是入境还是出境都要排队，少则一两个小时，多则三四个小时。"	旅游体验	
"东兴口岸的人真不少，开车还差一公里就开始堵车。""这边的交通令人很失望，如果不是自驾游就不要选这边吧。搭了一个班车，3 路的，车司机态度很差，友好的询问站点，他脸色很不好，对你很反感的样子。""交通混乱。"	基础设施	旅游设施
"没什么好看的，吃饭地方少，住的地方也不多。""吃饭没碰到太好的馆子，凑合玩玩吧。"	配套设施	
"越南咖啡，感觉一般般。作为一个咖啡爱好者，我觉得无语。""今天遇到人生中第一个欺骗，什么释迦菠萝、奇香果，原来是这样的，就发生在口岸旁边的摊位上，大家不要上当受骗哦！""除了越南食品比较便宜，那些烟、红木等都是假货，大家就不要去了。"	旅游商品	旅游管理
"绿帽子特多，忽悠人特厉害，而且像苍蝇一样缠着不放。""买了些东西特后悔，那里东西大都是次品，不懂的人千万别入手，导游的话千万别信，我就是让导游坑了，还没玩好就要购物去了；去见见不同的风土人情是挺不错的，卖东西，都偏贵。"	购物体验	

从表 7-4 可知，游客对东兴口岸旅游形象的消极情感因素主要体现在旅游吸引、旅游设施、旅游管理三个方面，具体体现在游客对景观吸引、旅游体验、基础设施、配套设施、旅游商品、购物体验的消极情感。游客认为东兴口岸景观缺乏吸引力，整体旅游环境体验也不佳，脏乱差，出入境排队时间都比较长。同时，游客认为东兴口岸的交通拥挤，公共交通服务质量差。此外，游客对东兴口岸旅游商品的消极情感比较强烈，认为都是假冒产品；同时越南商贩紧追游客不放，引起游客的反感，游客的购物体验很差。

（四）总体形象归纳与总结

根据上述的词频分析、语义网络分析、情感分析可知，游客对友谊关口岸、东兴口岸旅游形象感知既有共同之处，也有不同之处。"边境""口岸""关口"是游客对友谊关口岸、东兴口岸旅游形象认知的共同高频特征词，认为这两个口岸都具有一定的异国风情；同时，游客对友谊关口岸的历史文化底蕴具有一定的感知，对东兴口岸则是其旅游购物体验的感知较为强烈。在总体情感方面，游客对友谊关口岸的积极情感占比较低，友谊关口岸并没有给游客留下深刻的印象，进而反映出友谊关口岸旅游还存在诸多问题亟待改善；而游客对东兴口岸旅游形象以积极情感为主，并且占比很高，总体形象感知比较好。

五、广西边境口岸旅游形象塑造的路径创新

由上述消极情感因素分析可知，游客对友谊关口岸、东兴口岸旅游形象的消极情感主要体现在旅游吸引、旅游设施、旅游管理三个方面，反映出口岸旅游发展必须要采取有效路径，不断改进，才能重新塑造良好的旅游形象，进而才能提高游客的满意度与忠诚度。

（一）友谊关口岸旅游形象塑造[1]

1. 深度开发体验型产品

友谊关口岸既是通往越南的一个通关口岸，同时也是一个旅游景

---

[1] 潘冬南. "一带一路"背景下中越边境口岸旅游业发展的优化路径 [J]. 中国集体经济，2020 (18)：25－27, 51.

区，根据上述消极情感因素分析，游客反映该口岸旅游吸引力不强，除了参观城楼、炮台、爬山之外，其余可体验的旅游项目少。为此，友谊关口岸旅游发展要结合自身的区域特色，在现有旅游产品的基础上，围绕东盟特色、民族文化、红木文化等，深度开发一系列体验型旅游产品。

（1）民族文化体验型产品。目前凭祥市境内居住着壮、汉、苗、京、侗、瑶、布依等17个民族，以保存较为完好的民族文化为依托，在友谊关景区内打造民族传统农事、民族特色美食制作、民族传统歌舞表演等体验项目，通过友谊关口岸传播凭祥市的民族文化，弘扬民族精神。

（2）跨国文化体验型产品。友谊关口岸与越南凉山接壤，可打造一系列具有跨国、东盟特色的体验型产品，如越南传统美食与特色手工艺品制作体验等。构建"友谊关大景区"的理念，通过旅游线路的整合、开通旅游交通专线等将友谊关口岸与附近的浦寨边民互市点紧密联结在一起，完善餐饮、娱乐、休闲等配套设施，打造集异国风情、观光购物、休闲娱乐于一体的大旅游区。

（3）红木文化体验型产品。以"体验红木文化，传承匠心精神"为主题，在友谊关景区内增设红木文化体验馆，并通过旅游线路整合、开通旅游交通专线，将友谊关景区与红木文博城紧密联结在一起，并在文博城内增设红木知识展览区、红木手工艺品DIY体验区、红木家具VR展厅等，既能够丰富游客的旅游内容，又改善游客对友谊关景区的旅游印象；同时还能够进一步优化红木文博城的功能，使其集红木展销、红木制作体验、红木文化研习为一体，增强吸引力。

2. 助推旅游业态创新

友谊关口岸、东兴口岸都与越南接壤，旅游资源具有一定的相似性，但友谊关口岸拥有友谊关城楼、炮台、金鸡山等军事古迹；同时，附近的浦寨边民互市点是中越边境线上一个规模最大、成交额最多的边民互市点，每天都有上千辆货车进入水果交易市场进行交易，以进口的火龙果、龙眼、西瓜和出口的苹果、橙、柑橘为主要交易果品，这些特色资源是东兴口岸不可比拟的。因此，要以凭祥市创建全域旅游示范区为契机，通过全域空间整合、四季全时、"旅游+"新理念，大力推进旅游业态创新，丰富旅游项目，增强游客的体验感，提高游客的满意度与忠诚度，从而提高旅游业态的综合效益。依托现有的资源，通过"旅游＋科技""旅游＋文化""旅游＋教育"等，围绕商、养、学、闲、情、奇六大旅游发展要素和拓展要素，进一步发展文化旅游、商务旅游、研学旅游等新业态，延伸产业链；并注重环境营造、增强产品的个性化、体验化与情感化。具体地，可以围绕进口水果，通过办会、办节的形式，进一步扩大"跨境旅游＋进口水果"业态的发展规模，并形成核心竞争力。深入挖掘各类军事古迹在不同时期的地位与作用，并实施"红＋绿"（红色旅游＋绿水青山）、"红＋乡"（红色旅游＋美丽乡村）拓展模式，深度开发一系列红色旅游产品，为游客提供独特的红色旅游体验，增强游客的爱国主义情怀。

3. 完善旅游设施

旅游交通不够便利是游客对友谊关口岸旅游形象消极感知的主要因素。为改善旅游形象，提高游客的满意度与忠诚度，友谊关口岸旅游发展必须高度重视旅游设施的完善，并在设施的安全性、便利性、舒适性、体验性下功夫。

第一，开通旅游专线车。旅游专线车关乎民生、关乎旅游，关乎凭祥市城市形象，因此，必须要做到外观美、线路美、服务美、福利美。应尽快开通凭祥火车站到友谊关口岸的旅游专线车，减少游客的交通成本，为游客提供更多的旅行便利。考虑到旅游资源的整合以及旅游线路的优化，旅游专线车应将与友谊关口岸相邻、资源特色相似的旅游景点都串联起来，站点可设置为"凭祥火车站—红木文博城—友谊关口岸—浦寨"，旅游专线车的运用班次可以根据旅游淡旺季的实际情况做出相应的调整，但应做到双向对开，每20分钟各发一班，解决游客到友谊关口岸旅游乘车难的问题，使游客出行更加方便、快捷。同时，要将旅游专线车作为凭祥市边境旅游形象的宣传平台，对途经的友谊关口岸、浦寨、红木文博城进行时尚而又独特的创意手绘，凸显中越边关风情；并精心挑选技术精湛、服务态度好的驾驶员，并考虑配备适当数量的导游人员，为游客一路安全、舒适、愉快的旅途保驾护航，提高游客的满意度与忠诚度。

第二，完善餐饮等配套设施。根据游客的点评内容来看，不少游客反映友谊关口岸"门口吃的太少"，餐饮服务无法满足需求。因此要采取有效措施，满足游客的餐饮需求。2020年政府工作报告中提出要"通过稳就业促增收保民生"，李克强总理在出席记者会时提到了西部某城市"流动商贩的摊位"解决 10 万人就业的例子，说明了加强对城市规范管理，释放"地摊经济"的最大活力对稳就业的作用不可小视❶。因此，凭祥市相关政府部门可以考虑在遵循国家相关政策的原则下，借鉴国内外一些城市的成功经验，积极、稳妥、有序地探索在友谊关口岸发展"地摊经济"，允许流动小吃摊点限时摆摊售卖各类餐饮小吃，如每周一至周五上午十一点至下午五点，每周六、周日上午九点至下午六点开市，既可以满足游客的餐饮需求，同时又能体现当地人性化的旅游管理理念，进而提升旅游形象。

4. 改进价格管理

根据点评内容，游客对友谊关口岸作为景区收费的做法表现出了较为强烈的消极情感，认为该口岸具有重要的爱国主义教育价值，不应收费；也有部分游客认为收费过高，不值得。目前，景区过度依赖门票经济的现象，已经成为我国旅游业高质量发展的"绊脚石"，景区转型已迫在眉睫。同时，2019 年 3 月，国家发改委发出《关于持续深入推进降低重点国有景区门票价格工作的通知》，要求更大范围推进重点国有景区门票降价。2019 年 8 月，国务院办公厅发布《关于进一步激发文化和旅游消费潜力的意见》中指出：继续推动国有景区门票降价。各地可结合实际情况，制定实施景区门票减免、景区淡季免费开放、演出门票打折等政策。由此可见，从长远来看，友谊关口岸旅游发展必须要摆脱门票经济的依赖，通过转型升级，实现"从门票经济向产业经济转变"。近年来，故宫的文创旅游产品以鲜活生动的方式走出紫禁城，来到公众身边。故宫近三年也因此实现了每年 10 亿元的创收。友谊关口岸旅游发展必须要转变思路，可以借鉴故宫的成功经验，综合中越边关风情、凭祥市的历史文化，将旅游与文创产品的紧密结合，打造一批制作精良、创意十足、文化内涵深厚、具有重要 IP 价值的特色文创产品；同时与农业、体育、休闲等产业融合发展，通过搭建智慧旅游平台、谋求整合营销来实现"去门票化"。当游客的旅游体验不再仅仅是景区观光，而是综合目的地全方位体验时，友谊关口岸旅游发展对景区门票的依赖才能逐步降低，进而才能实现健康持续发展。

<hr />

❶　厉新建. "地摊经济"可激发旅游活力［N］. 中国旅游报，2020-05-29（003）.

（二）东兴口岸旅游形象塑造

1. 丰富旅游产品类型

当前，东兴口岸旅游产品以观光游览、旅游购物为主，总体上来看，产品类型比较单一，未来应不断丰富旅游产品类型，加快特色跨境旅游产品的开发，使旅游产品由层次低、单一型的观光游览转向层次较高、综合型的观光休闲度假，为游客提供全新的旅游体验。旅游产品的开发要坚持国际化、差异化、品牌化、个性化原则，与区内的友谊关口岸、云南红河河口口岸等中越边境口岸形成差异化，打造自身的特色品牌。具体地，要根据当前旅游市场的需求，整合东兴口岸以及附近的金滩、竹山村、北仑河风景区等，树立"大旅游"理念，以东兴口岸为核心，通过精品旅游线路开发，重点开发边关风情体验游、滨海休闲度假游、京族民俗深度游、商贸会展游、跨境自驾游五大特色旅游产品。

2. 重视旅游环境治理

东兴市相关政府部门采取有效措施，加强旅游环境治理，切实提高东兴口岸旅游形象。

第一，营造良好的社会环境。要加强对当地居民开展旅游知识宣传教育，强化当地居民的参与意识、形象意识和责任意识，使其自觉地参与到旅游环境治理中。

第二，要推进全域环境整治。东兴口岸主要旅游线路沿线的民居要进行集中整治，发动社区居民、个体经营户等定期对路边、水边、村边、山边等开展"三化"行动，即绿化、美化、净化，并对垃圾污水无害化、生态化处理，解决游客在点评中提到的"脏乱差"环境问题，提升旅游形象，吸引更多游客。

第三，推进文明旅游。旅游环境治理离不开游客的积极参与。要加强对游客进行文明旅游的宣传引导，建立不文明旅游行为记录，使游客在旅游过程中能够自觉约束自身行为，文明旅游，保持旅游环境干净、舒适。

第四，建立旅游环境治理志愿服务机制。完善旅游志愿服务，从东兴市各企事业单位、各级中学中挑选一批热爱旅游、责任心强、愿意奉献社会的人员组建东兴口岸旅游环境志愿服务团队，服务团队在为游客提供各项志愿服务的同时，对东兴口岸及其附近旅游点进行环境维护工作，及时清理各类垃圾，劝阻各种不文明行为，从而才能提升旅游环境形象。

3.加强旅游市场监管

东兴市相关政府部门要加强对东兴口岸旅游市场进行监管，以维护广大游客的合法权益。

首先，当地旅游政府部门与工商管理部门要实行数据共享和联动监管、联合惩戒，定期开展"规范市场秩序、强化行政执法、优化营商环境"专项行动和旅游市场监管，对在口岸经营的各商户进行商品质量、商品进口渠道、商品保质期等专项检查，严厉打击销售假冒伪劣商品、不正当竞争等违法行为，并依法查处经销不合格旅游商品违法行为，切实维护广大游客的合法权益。

其次，构建完善的旅游投诉受理、处理、反馈机制。要在东兴口岸设立专门的旅游投诉办公室，同时充分利用现代高新技术以及各项平台，通过手机 APP、微信公众号，或者"12301"国家智慧旅游公共服务平台、"12345"政府服务热线等，构建线上线下联动的旅游投诉机制，为广大游客进行旅游投诉提供便利的手段和平台，树立良好的旅游形象，提高游客的满意度与忠诚度。

最后，东兴市相关政府部门要联合越南芒街市相关政府部门对越方的旅游从业人员进行培训，增强从业人员的旅游服务意识，以诚待客，减少强买强卖、对游客死缠烂打行为的出现，从而才能进一步优化旅游市场环境，切实提升旅游形象。

第二节　广西边境口岸旅游营销创新

旅游业的竞争是旅游目的地之间的竞争，而一个成功的旅游目的地，离不开成功的营销。对广西边境口岸而言，要在现有旅游营销活动的基础上，树立新型营销理念，不断整合资源，加快营销创新，以提高旅游整体价值和形象，并通过营销创新实现旅游发展供求双方动态平衡。

一、广西边境口岸合作营销策略

（一）广西边境口岸合作营销的必要性

1966 年，艾德勒在《哈佛商业评价》发表了《共生营销》这篇文章，将"共生营销"界定为"由两个或两个以上的企业联合开发一个营销机会"，开创了合作营销的先河❶。国内学者也对合作营销的内涵进行了界定，如张文喜指出合作营销是指两个或两个以上的营销组织为了增强市场开拓和竞争能力，通过共同分担营销费用，协同进行营销传播、品牌建设、产品促销等方面的营销活动，以达到资源优势互补，营销效益最大化的目标，是介于独立的企业和市场交易关系之间的一种松散型组织形态❷。对于旅游目的地而言，合作营销就是为了进一步开拓旅游市场，增强市场竞争力，两个或两个以上的目的地联合共同开展产品促销、形象塑造、品牌建设与传播等方面的营销活动，以实现资源优势互补，营销效益最大化目标的社会和管理过程。旅游目的地合作营销有利于发挥双方的优势，适应外部环境的变化，共同抵御旅游市场风险，更好地将旅游产品传递给广大旅游者，满足广大旅游者的需求，进而提升旅游目的地形象和市场竞争力，实现旅游目的地的健康持续发展。

合作营销是当今企业发展的一个重要策略，同时也是未来营销的重要趋势。对广西边境口岸而言，合作开展旅游营销是大势所趋。目前，广西边境口岸都开展了一定的旅游营销活动，重视与越南相关旅游城市的营销合作。如东兴市每年都与越南芒街市联合开展跨境旅游形象推介，并建立了跨境旅游联合宣传推广机制，到中国与越南的主要旅游城市开展跨境旅游宣传推介活动，传播整体旅游形象，开创了中越跨境旅游推广的先河，并为双方企业在旅游业务合作、旅游线路拓展、旅游客源互送、优化旅游服务等方面提供了良好的平台❸。但从整体上来看，广西边境口岸之间尚未开展实质性的合作旅游营销，均是各自为战，不仅达不到预期的营销效果，而且还会引起激烈的市场竞争。因此，只有合作，才能成就广西边境口岸旅游营销的未来，才能实现边境口岸旅游可持续发展。具体地，广西边境口岸合作旅游营销具有以下三个方面的重要作用❹：

❶ 方忠. 合作营销：我国公共事业能力创新的现实选择［J］. 经济与社会发展，2007（01）：40－42.

❷ 张文喜. 旅游企业合作营销的风险及规避［J］. 华东经济管理，2006（03）：152－153.

❸ 来源于人民网。

❹ 鲁峰. 旅游市场营销学［M］. 北京：中国科学技术出版社，2008.

1．整合资源，扩大目标市场

旅游目的地开展营销活动需要具备多方面的资源条件，如人力、财力、物力、信息获取能力、社会关系、产品质量、产品价值、品牌形象、营销人员的营销经验、营销渠道、管理水平等。对广西边境口岸而言，由于地方经济社会发展水平不同，加上自身旅游业发展水平高低不一，整体上来看，东兴口岸、友谊关口岸旅游发展整体水平较高，而其他的口岸旅游发展整体水平较低。在开展旅游营销过程中，各口岸往往会受到各种营销资源的限制而难以实现预期的营销目标，不利于旅游业健康持续发展。因此，不同边境口岸之间开展合作旅游营销，既能够实现强强联合，也能够实现优势互补，整合双方资源，为顺利开展各项旅游营销活动提供坚实的人力、物力、财力等各项保障，进而才能不断扩大目标市场，实现合作共赢。

2．整合优势，降低成本

广西边境口岸合作旅游营销离不开旅游企业的参与。旅游企业的积极参与是合作营销成功的关键。边境口岸的合作营销可以把当地旅游企业的各种优势与长处有效地进行叠加，实现取长补短、提高效益、降低成本。旅游业发展水平比较高的口岸如东兴口岸，其附近的旅游企业的营销能力都比较强，同时也积累了较为丰富的营销经验，这些丰富的营销经验可以在不同口岸之间进行交流、推广，甚至是可以直接复制，或者直接对口支援，共享营销渠道等，这样就能够直接节省旅游发展水平较低的口岸在旅游营销过程中的人力培训成本、营销渠道开发成本等各种营销成本，从而最大限度地提高营销效率。

3．竞争与合作并存，增强市场开拓能力

随着旅游市场的不断放开，旅游市场竞争越来越激烈。旅游目的地之间的竞争已经发生了巨大的变化，由原来的竞争方式逐渐转变为形象的竞争、文化的竞争、品质的竞争和人才的竞争。因此，"在竞争中合作，在合作中竞争"的竞争理念已经成为行业的共识。广西边境口岸合作旅游营销实质上就是一种竞合关系，各口岸之间既有竞争关系，又有合作关系，通过合作营销，能够更好地整合双方的资源和力量，不断增强双方的营销能力，共同开拓旅游市场。同时，合作营销能够使区域内的旅游经济形成规模，增强区域内抵御营销风险的能

力，提高区域旅游竞争力，并能够在更大市场范围内获得更高的竞争优势。

（二）广西边境口岸合作营销的策略

1. 塑造整体形象，合理市场定位

广西边境口岸地处中越边境线上，具有明显的区位优势与资源优势，广西边境口岸所在地相关政府部门要联合起来，以"边关特色、异国情调"为主题，对本区域的整体旅游形象进行统一塑造，共同制定旅游形象标志、旅游宣传口号等。结合广西的资源特色以及各边境口岸的优势，可以考虑将广西边境口岸整体旅游形象定位为"壮美广西，魅力边关"。"壮美广西"既能够反映出广西的发展成就以及优美的自然人文环境，同时也能够反映出边境口岸在谱写新时代广西发展新篇章的重要作用。"魅力边关"既能够反映出广西边境口岸的资源特色，同时也能够反映出广西边境口岸的文化气息和独特魅力。同时，要对广西边境口岸旅游市场进行合理定位，一方面要尽量吸引广西现有的旅游者以及对边境旅游产品和文化旅游产品感兴趣的潜在旅游者；另一方面应当着力开拓广西周边省份有一定边境旅游、文化旅游需求的旅游者。

2. 合作营销，旅游企业的参与是关键

区域旅游合作营销，政府部门是组织主体，旅游企业是实施主体；在政府的组织安排下，旅游企业要积极参与。从目前来看，广西边境口岸所在地的政府相关部门实施合作旅游营销的积极性高低不一，旅游企业的反应远远不如政府部门积极，更不用谈具体的合作实施了。因此，合作旅游营销，旅游企业必须积极地发挥关键作用，本着合作共赢的目标，寻求合适的合作伙伴。吃、住、行、游、购、娱是旅游业的六大要素，政府相关部门要整合多方力量，促成旅游企业的合作营销，从而才能提升整片区域的旅游吸引力，不断扩大旅游市场规模。具体地，旅游企业参与合作营销可以采取以下三种模式：

（1）"政府＋旅行社"模式。广西边境口岸主要分布在靖西市、凭祥市、东兴市，这三个城市的相关政府部门要加强合作意识，发挥组织、协调职能，组织片区内的主要旅行社对边境口岸的旅游资源进行普查、踩点，共同探讨旅游产品类型设计及其开发、旅游线路整合、

旅游促销手段的使用等。鼓励旅行社将部分旅游开发水平较低的边境口岸如水口口岸、爱点口岸、龙邦口岸等作为重要景点纳入现有旅游线路的重要节点中，以带动这些边境口岸的旅游人气，进而提升其知名度和美誉度。

（2）"政府＋景区＋运输公司"模式。目前，广西边境口岸的旅游交通不够便利，由此导致了旅游者旅行成本的增加，同时也降低了旅游者的满意度，给旅游者带来了较差的旅游体验。因此，边境口岸旅游发展首先要解决交通不便的问题。政府相关部门要发挥协调作用，通过公私合营等形式与运输公司合作，开通当地汽车站或火车站直达边境口岸的旅游专线车；同时，应充分利用当地的公共交通工具，通过各种独特的艺术彩绘对当地的口岸旅游进行多样化的宣传。

（3）"政府＋景区＋旅行社"模式。政府相关部门要为当地其他旅游景区、旅行社与边境口岸的合作营销牵线搭桥，鼓励知名度较高的其他景区、旅行社联合起来，与边境口岸切实开展多样化的营销活动，如其他景区产品与口岸旅游产品的捆绑销售、营销人员定期经验交流会或营销人员互派等，从而实现以这些景区、旅行社的联合带动边境口岸旅游的发展与壮大。

3. 合作营销，打造精品线路是突破点

对旅游者而言，旅游线路的选择非常重要；而旅游者对旅游线路的基本要求是看的东西既要丰富，又要有差异性，既要爬好山游好水，又要体验真正的民俗风情与历史文化[1]。千篇一律的旅游线路，会成为旅游者集中抱怨的焦点，市场需要不断创新。近年来，广西已经成为备受瞩目的边境旅游热点省份，但各边境口岸旅游发展均是各自为政，缺少实质性合作营销，使得整个片区的边境旅游发展水平高低不一，旅游者的评价也是褒贬不一，难以形成较大的发展合力以及塑造良好的边境旅游形象。因此，广西边境口岸合作营销的突破点就是要结合旅游市场需求，整合好各种边境资源，优势互补，打造精品旅游线路，使旅游者能够真正地体验到"一步之遥，两国风情"的口岸边关特色。具体地，要以把广西打造成为中国少数民族边境旅游示范区为根本目标，围绕家庭自驾、文化体验、休闲度假、康体保健四大主

---

[1] 鲁峰. 旅游市场营销学［M］. 北京：中国科学技术出版社，2008.

题打造精品旅游线路，形成以沿边口岸为通道的边境旅游发展新格局。

（1）家庭自驾旅游精品线路。依托中越边境国防公路开发家庭自驾旅游精品线路。广西边境国防公路东起东兴市竹山镇大清帝国1号界碑，西到那坡县弄合村，贯穿防城区、东兴市、宁明县、凭祥市、龙州县、大新县、靖西市和那坡县，沿途旅游资源非常丰富，有秀丽的山水风光、浓郁的边关风情、多样的民族民俗、奇特的喀斯特地貌、独具魅力的滨海风光以及神秘的崖壁画等。因此，依托这条公路带，整合各项资源，可以开发防城区—东兴市—宁明县—凭祥市—龙州县—大新县—靖西市—那坡县的家庭自驾旅游精品线路，满足自驾旅游者欣赏山水美景、体验异国风情、感受民风民俗以及休闲度假的多样化需求。

（2）文化体验旅游精品线路。广西边境口岸除了拥有浓郁的异国文化风情之外，当地的民族风情也是丰富多彩，如东兴的京族是唯一的一个既沿边又濒临海洋、以海洋捕捞为主的民族，宁明、凭祥、龙州、大新和那坡的壮族文化各具特色，同时凭祥还有独具魅力的红木文化，友谊关口岸历史悠久，龙邦口岸所在地靖西市是全国壮族最为聚居的县级市，壮族文化氛围浓厚。因此，可在市场调研的基础上，结合广大旅游者的文化需求，重点围绕东兴口岸、宁明爱店口岸、凭祥友谊关口岸、龙邦口岸的异国情调以及当地的特色民族文化开发文化体验旅游精品线路。

（3）休闲度假旅游精品线路。整合东兴口岸附近的金滩滨海资源，宁明花山岩画景区，大新硕龙口岸附近的跨国大瀑布——德天瀑布、明仕田园以及当地的精品民宿开发休闲度假旅游精品线路。

（4）康体养生旅游精品线路。宁明的爱店口岸是东南亚最大的中药材边贸市场；龙州县、大新县是"中国长寿之乡"，生态旅游和健康养生资源丰富；靖西被誉为"中国壮药之都"，境内野生中草药品种达1000多种，占广西药用植物1/3，素有"天然中药库"美称，龙邦口岸到靖西市城区只有20分钟的车程。因此，可以考虑依托上述四个县（市）的资源优势，开发康体养生旅游精品路线，并致力建设成为集边关风情、山水生态休闲养生养老于一体的国际健康养生养老示范基地。

4. 构建合作营销网络，实现多方利益

本质上，联合营销网络是通过不同主体分工协作，完成旅游目的地的形象建设并构建地区旅游竞争优势；从属性上看，联合营销网络构成了一个包含不同主体的价值网络❶。目前，旅游业发展的大环境已经发生了巨大的变化，单打独斗、各自为政的营销方式不仅不能实现旅游资源的有效整合、无法建立和强化区域旅游品牌形象，而且还会造成区域旅游的恶性竞争，难以实现区域旅游业的可持续发展。对广西边境口岸的旅游发展而言，合作营销网络的构建是一个重要的保障。合作营销网络的构建，通过发挥各主体之间的协调与合作，不仅能够将边境口岸旅游发展的相关利益主体的力量凝聚起来，而且还能够避免旅游资源开发模式与产品的雷同，进而实现边境口岸旅游的健康持续发展。

边境口岸合作营销网络的构建如图7-3所示。

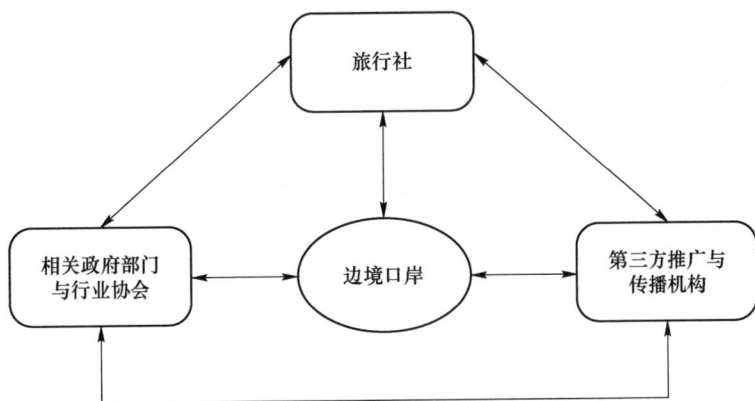

图7-3　边境口岸合作营销网络的构建

由图7-3可知，广西边境口岸合作营销网络的构成主体包括：

（1）边境口岸。边境口岸是旅游资源的拥有者与构建者。

（2）边境口岸所在地的相关政府部门和行业协会。相关政府部门和行业协会能够通过政策支持、资源分配等途径为合作营销的顺利开展提供保障。

❶ 梅楠，杨鹏鹏. 旅游目的地联合营销网络的构建［J］. 人文地理，2010，25（04）：147－151.

（3）边境口岸所在地的旅行社。旅行社是边境口岸旅游产品的销售商，既具有强大的客源基础，同时也具有突出的销售推广能力，边境口岸与旅行社只有加强合作，才能使自身的产品和服务更好地实现"落地"，吸引旅游者前来消费。

（4）第三方推广与传播机构。整合资源，塑造统一的区域旅游形象，并对旅游形象进行统一的推广与传播，是合作营销的重要目标之一。对边境口岸而言，必须要加强与第三方推广与传播机构的合作，通过发挥第三方推广与传播机构的专业优势，整合区域内的资源与特色，有效塑造和推广区域的自然和人文形象，从而才能有效地促进旅游业的健康持续发展。

5. 跨界合作营销，提高整体效益

当前，我国旅游业已经进入了文旅融合的新时代，多元化、跨界将成为了旅游业发展的主旋律，因此，跨界营销也将会成为未来旅游营销的重要方式。跨界营销是以消费者的自我意识与生活形态为切入点，打破行业界限，通过品牌价值嫁接，打造品牌立体感和纵深感的新型营销方式❶。跨界营销能够将不同领域内的产品和品牌进行有效的市场传播和渗透，将原先的品牌形象进行拓宽、加深，从而增加双方的市场竞争力❷。跨界营销获得成功的案例很多，在旅游业也得到了一定的实践，尤其是国外旅游的发展，跨界营销取得了较为成功的实践，如法国巴黎和澳大利亚昆士兰❸：2016 年在法国发生的多次恐袭、罢工等事件后，旅游业一直处于低迷的状态，香奈儿与巴黎市政府携手，资助规模为 570 万欧元的时尚博物馆建设，帮助振兴巴黎旅游产业的博物馆文化；举办多场时装大秀，并在邀请函上面附上了巴黎旅游指南。澳大利亚昆士兰州旅游局联合国内茶饮品牌"喜茶 HEYTEA"组成喜茶灵感旅行团，前往当地的凯恩斯与大堡礁进行了为期 5 天的"灵感之旅"；喜茶给消费者提供了探索世界、体验生活的可能，增强了用户黏性和好感度，同时通过喜茶的品牌影响力和吸附力，昆士兰旅游产业和经济的发展又有了新机遇。因此，广西边境口岸应该要积

---

❶ 刘爽，胡玉婷. 跨界营销——合作营销在品牌运营中的新发展 [J]. 中国商贸，2011 (30)：22 - 23.

❷ 余葵. 如何进行跨界营销，实现跨界共赢 [J]. 人民论坛，2016 (31)：138 - 139.

❸ 来源于搜狐网.

极探索跨界营销，借助大品牌的知名度与美誉度来提升当地的旅游知名度，吸引广大旅游者。如，目前全国各地均有共享自行车，可以考虑与共享自行车品牌联合开展营销，设计吉祥物印制到共享自行车上，并合作制作共享自行车环游口岸及其附近景区景点的视频，以提高口岸旅游知名度，并能在一定程度上积极宣传环保低碳旅游。此外，广西边境口岸还可以考虑与知名的饮料品牌、汽车品牌，或者是"电视 +电商"的形式，将旅游形象通过这些知名品牌传播给广大消费者，塑造良好的品牌形象，从而进一步扩大旅游的品牌知名度，提升品牌价值。

二、广西边境口岸事件营销策略

（一）事件营销对广西边境口岸旅游发展的重要作用

从整体上来看，对旅游目的地的营销而言，营销就是要让旅游者对当地旅游产品的态度从注意、理解、购买到最后建立忠诚度，如果没能够吸引旅游者的注意力，则一切的旅游营销活动都是无用之功。事件营销是针对社会上已经发生或者潜在发生的事件，迅速调整目的地现有的营销策略，运用新闻公关，进行正面宣传，吸引现实和潜在旅游者的注意和兴趣，以达到丰富现有旅游产品、刺激旅游者消费和提高旅游目的地知名度和美誉度的目的❶。世界园艺博览会、上海世界博览会、北京奥林匹克运动会等大型事件在中国的举办，极大地促进了举办城市以及周边地区旅游业的发展。事件旅游已经成为振兴旅游经济、促进地方旅游业发展的重要方式，是旅游目的地营销的重要手段。广西边境口岸是"一带一路"建设的重要节点，是广西扩大对外开放的重要门户，近年来有不少的重大事件在这些口岸及其所在地举办。因此，合理地开展事件营销势必会对广西边境口岸旅游发展产生的重要促进作用，具体地有以下三个方面❷：

1. 吸引游客，增强边境口岸旅游的吸引力

事件尤其是国内外重大事件的举办，一般举办的时间为 2 ~ 7 天，

---

❶　鲁峰. 旅游市场营销学 ［M］. 北京：中国科学技术出版社，2008.
❷　张丽，郭英之. 重大事件的旅游效应分析及营销策略 ［J］. 商业研究，2005（18）：170 – 172.

在这个时期经过媒体的大力宣传往往能够吸引广大旅游者的眼球，形成巨大的旅游流，并可以增长旅游者在目的地的停留时间和旅游消费支出，进而提高口岸旅游发展的综合效益。

2. 宣传边境口岸旅游形象，增强边境口岸旅游的知名度与美誉度

重大事件是旅游目的地塑造和宣传旅游形象的重要契机。重大事件就是形象的塑造者，能够产生曝光效应；在举办期间，往往能够引起国内外媒体的广泛关注，而媒体的多种宣传报道无形是对边境口岸旅游形象的免费宣传，在一定程度上能够增强边境口岸旅游的知名度与美誉度。

3. 丰富旅游产品的类型，满足旅游者的多样化需求

文化和旅游部《夜间旅游市场数据报告 2019》显示：夜间旅游作为满足人们对美好生活的向往、拉动旅游消费、推动供给侧改革和丰富深度文化体验的重要途径，将为旅游经济的持续健康发展提供新的动能。夜间文化节事活动成为需求最旺的夜间旅游项目。从整体上来看，目前边境口岸的旅游产品类型较为单一，同时基本缺乏丰富的夜间旅游活动。以各种节日、盛事的庆祝和举办为核心吸引力的事件旅游是一种特殊的旅游形式，事件不仅可以选择在白天举办，也可以选择在夜间举办；同时，围绕事件的举办能够在餐饮、游览、购物、娱乐等方面设计多样化的旅游活动，因此能够进一步丰富边境口岸的旅游产品类型，进而满足广大旅游者的多样化需求。

（二）广西边境口岸旅游事件营销策略

1. 加快口岸旅游设施的建设与完善

完善的旅游基础设施和旅游服务设施是旅游业发展的必备条件与基础保障。事件旅游是发生在短时间内大量旅游者参与的一种特殊旅游活动，旅游基础设施和旅游服务设施的完善、优质与否直接影响到旅游者旅游质量的高低。1999 年，昆明世界园艺博览会结合会议主题"人与自然——迈向 21 世纪"，遵循自然、顺应自然的理念，以中国古典园林艺术设计布局，在 184 天的会议期间，国内外参观人数高达950 万人次。为保证大规模旅游者的参观质量，昆明市对整个城市的基础设施和服务设施的建设与完善也投入了大量的人力、财力、物力。昆明市城市基础设施建设投入 40 亿元，占地 204.8 公顷（3072 亩）

的世博园建设总投资 12.4 亿元。同时，除了各个景区的整治、宾馆的翻修之外，还投资 10 多亿元进行道路拓宽、绿化、立交桥建造、道路大修、水体治污等 18 项重点项目，并购置了 1000 辆出租车和 292 辆公交车，并完成了世博园以及市区通信设施和旅游信息网络的建设❶。当前，广西边境口岸旅游基础设施与旅游服务设施较为落后，尤其是交通、餐饮、住宿等设施，旅游交通不便成为许多旅游者抱怨的主要因素，同时餐饮、住宿设施类型不够丰富、服务质量参差不一，对旅游者的旅游体验产生严重影响。因此，对边境口岸而言，借助事件开展旅游营销的前提条件是要加快基础设施和服务设施的完善，以及努力提升设施的档次与水平。边境口岸相关管理部门和旅游政府部门应该借鉴其他城市的做法，在投融资模式、运营模式等方面加大创新力度，不断完善设施建设，为广大旅游者提供全新的体验，从而提高旅游者的满意度。

2. 事件营销的策划要与旅游主题形象一致

广西各边境口岸由于资源基础与文化底蕴不同，因而旅游形象也呈现出不同的特征，如凭祥友谊关口岸的旅游形象集边关风情与爱国主义教育于一体，东兴口岸的旅游形象集边关风情与休闲购物于一体，宁明爱店口岸集边关风情、进出口贸易与加工于一体，等等。因此，广西边境口岸在开展事件营销时要坚持实事求是、公益性的原则，避免"就事炒作"之嫌，在进行事件策划时要紧紧围绕口岸旅游形象，不能单纯为了制造事件而制造事件，否则不仅浪费人力、物力、财力，同时也会使边境口岸的旅游形象受到损害，不利于旅游业的长远发展。在策划中，要找到事件的卖点、公众的焦点和口岸的诉求点三者的共同点，才能有效地进行市场营销，从而才能提高口岸旅游的知名度与名誉度。具体地，可以围绕事件的卖点、公众的焦点和口岸的诉求点三者的共同点，根据边境口岸的旅游形象举办各类主题大赛、产品展示会、赞助仪式与庆典节庆活动等（见表 7-5）。这些主题大赛、产品展示会、赞助仪式、庆典活动等事件的策划、活动安排以及新闻媒体的传播都要服从于边境口岸旅游主题形象，并要避免一些不利于边境口岸旅游主题形象的宣传报道，强化正面信息的报道。

---

❶ 鲁峰. 旅游市场营销学［M］. 北京：中国科学技术出版社，2008.

表 7-5 部分边境口岸主要营销事件一览表

口岸名称	口岸形象	营销事件
东兴口岸	集边关风情与休闲购物于一体	主题大赛：沿边公路自行车赛、边关风情摄影大赛、中越民歌演唱大赛
		产品展示会：中越特色商品展示会
		庆典节庆活动：中越边关国际文化旅游节、京族哈节文化旅游节、中越特色购物狂欢节
友谊关口岸	集边关风情与爱国主义教育于一体	主题大赛：沿边公路自行车赛、边关风情摄影大赛、中越民歌演唱大赛
		产品展示会：进口水果贸易展示会、红木展销会
		庆典节庆活动：中越边关国际文化旅游节、中国—东盟水果旅游电商节
爱店口岸	集边关风情、进出口贸易与加工于一体	主题大赛：沿边公路自行车赛、边关风情摄影大赛、中越民歌演唱大赛
		产品展示会：中药材贸易展示会
		庆典节庆活动：中越边关国际文化旅游节、"二月二"关帝庙会
水口口岸	集边关风情、进出口贸易于一体	主题大赛：沿边公路自行车赛、边关风情摄影大赛、中越民歌演唱大赛
		产品展示会：进口水果贸易展示会、进出口贸易展示会
		庆典节庆活动：中越边关国际文化旅游节、龙州摩托车观光旅游节
龙邦口岸	集边关风情、铁矿进出口贸易于一体	主题大赛：沿边公路自行车赛、边关风情摄影大赛、中越民歌演唱大赛
		产品展示会：中国—东盟铁矿石贸易促进会
		庆典节庆活动：中越边关国际文化旅游节、壮族"二月二"文化旅游节

3. 利用旅游节庆，将旅游与节庆有机结合

目前，以节庆为主的事件营销已经比较成熟，而且在旅游业也很常见，并取得了很多的成功案例，如青岛啤酒节、洛阳牡丹花节、安徽安庆黄梅戏艺术节、山东潍坊风筝节等，每年都吸引大量旅游者融

入举办地，极大提高了当地的旅游知名度和美誉度，同时又大大地拉动了当地的旅游市场❶。利用旅游节庆，将旅游与节庆有机结合起来开展营销活动，必须要符合以下四个方面的原则：

（1）合法性与规范性。旅游节庆活动的举办必须符合相关的法律法规，同时必须经过相关部门的许可才能进行。

（2）轰动性与接受性。旅游节庆的举办还应该具有一定的轰动性，即要充分利用多种宣传媒介的功能与优势，围绕当地的特色与活动举办的重大意义，对目标客源市场进行有针对性、广泛性的宣传，从而使其产生一定的轰动效应，并能为广大旅游者接受，从而才能吸引广大旅游者。

（3）贴切性与形象性。旅游节庆活动的主题、活动类型等要与边境口岸的经济、文化特征以及当地居民的生活特征相融合，宣传当地的旅游形象，只有这样才能避免旅游节庆活动的雷同性，从而才能使旅游节庆活动具有持久的生命力。

（4）观赏性与参与性❷。旅游节庆的举办必须要充分考虑旅游活动的观赏性与参与性，观赏性是广大旅游者的需求，参与性则是旅游者深度体验当地文化的需求，两者缺一不可。在策划旅游节庆时，要整合音乐、文化、艺术、娱乐、旅游等领域的多种理念与手段，设计一系列具有地方特色、个性鲜明、观赏性强，同时又适合广大旅游者参与深度体验的旅游项目，才能获得旅游者的认同感，并为其留下深刻的印象。此外，旅游节庆营销还应该要充分考虑旅游淡旺季。在旅游旺季举办旅游节庆活动，需要充分考虑如何完善旅游配套设施，以解决可能产生的旅游交通、住宿与餐饮拥堵问题。而在旅游淡季举办旅游节庆活动，需要充分考虑如何挖掘口岸及其附近的自然、历史、民俗等旅游资源，开发符合市场需求的各项旅游活动，并选择配以适当的促销手段，吸引广大旅游者参与到其中，从而引爆市场消费，做到淡季不淡，进一步宣传边境口岸的旅游形象，提高知名度与美誉度。

4.提炼事件营销活动的核心 IP 符号

IP 最初被广泛应用在文学作品及其衍生物中，2015 年被引入旅游

---

❶　鲁峰. 旅游市场营销学［M］. 北京：中国科学技术出版社，2008.

❷　粟路军，黄福才，李荣贵. 事件营销：旅游目的地营销的利器［J］. 旅游学刊，2009，24（05）：9-10.

业并成为热点。旅游 IP 是指在旅游产业链上，以特定社区基因为基础，以特定消费价值观为引领的一种商业权利❶。得 IP 者得天下。IP 不仅仅是"知识产权"四个字，旅游 IP 可能是具体的一个景点，也可能是一个标志性的建筑，也可能只是一个故事、一个虚拟形象、一种感觉，它的界定标准，是能否赋予一个旅游目的地独特的生命力，为其带来衍生价值。对边境口岸的事件营销而言，要获得持续的生命力，必须要树立 IP 理念，从概念、到产品、到卖点、到盈利模式要形成一个完整的体系。具体地，边境口岸要紧紧围绕自身的地域优势与资源特色，提炼事件营销活动的核心 IP 符号，这个符号不仅仅是旅游消费的一个文化符号，同时还能够唤醒广大旅游者对旅游事件活动的亲近感与认同感，从而提高旅游者的满意度与忠诚度。旅游事件核心 IP 符号的打造，首先要明确和设计事件营销的标志物。一个具有地方特色，同时又具有强大吸引力的节庆或活动的标志物，往往能够快速提升旅游目的地的知名度，大幅度提高旅游者接待量。边境口岸可以结合当地的文化特色、动植物资源、土特产品等，设计独具魅力的 IP 符号标志物。同时，要加强氛围营造，要提前为事件营销造势，要引起社会公众的广泛关注，为广大旅游者提供体验感强、娱乐性浓厚的氛围。

本 章 小 结

发展边境口岸旅游是促进我国与沿边国家经济社会往来的重要途径，对传播我国优秀文化，提升我国国际形象具有重要意义。因此，必须要高度重视边境口岸旅游形象的塑造，要基于游客感知的视角，塑造良好的旅游形象，充分发挥口岸的桥梁与纽带作用，以口岸旅游高质量发展带动边境地区经济社会发展。根据携程网的相关游客点评内容，本章运用 ROST 软件的词频分析、语义网络分析、情感分析对友谊关口岸、东兴口岸旅游形象感知进行分析。

根据分析结果可知，游客对友谊关口岸、东兴口岸旅游形象感知既有共同之处，也有不同之处。"边境""口岸""关口"是游客对友谊关口岸、东兴口岸旅游形象认知的共同高频特征词，认为这两个口

---

❶ 洪清华. 得 IP 者得天下［M］. 北京：中国旅游出版社，2018.

岸都具有一定的异国风情；同时，游客对友谊关口岸的历史文化底蕴具有一定的感知，对东兴口岸则是其旅游购物体验的感知较为强烈。在总体情感方面，游客对友谊关口岸的积极情感占比较低，友谊关口岸并没有给游客留下深刻的印象，进而反映出友谊关口岸旅游还存在诸多问题亟待改善；而游客对东兴口岸旅游形象以积极情感为主，并且占比很高，总体形象感知比较好。但是，游客的消极情感也是不容忽视的。根据情感分析结果，游客对友谊关口岸、东兴口岸旅游形象的消极情感主要体现在旅游吸引、旅游设施、旅游管理三个方面，反映出口岸旅游发展必须要采取有效路径，不断改进，才能重新塑造良好的旅游形象，进而才能提高游客的满意度与忠诚度。友谊关口岸要重点深度开发体验型产品、助推旅游业态创新、完善旅游设施、改进价格管理，东兴口岸要重点丰富旅游产品类型、重视旅游环境治理、加强旅游市场监管。

旅游业的竞争是旅游目的地之间的竞争。而一个成功的旅游目的地，离不开成功的营销，对广西边境口岸而言，要在现有旅游营销活动的基础上，树立新型营销理念，不断整合资源，加快营销创新，以提高旅游整体价值和形象，并通过营销创新实现旅游发展供求双方动态平衡。广西边境口岸要重视合作营销的重要性，并且要采取有效的合作营销策略，通过塑造整体形象、合理市场定位，充分调动旅游企业参与的积极性与主动性，打造精品旅游线路，构建合作营销网络、实现多方利益，跨界合作营销、提高整体效益等，塑造良好的旅游形象，提高旅游的品牌知名度，并提升品牌价值。事件营销已经成为振兴旅游经济、促进地方旅游业发展的重要方式，是旅游目的地营销的重要手段。广西边境口岸是"一带一路"建设的重要节点，是广西扩大对外开放的重要门户，合理地开展事件营销势必会对广西边境口岸旅游发展产生的重要促进作用。广西边境口岸要加快旅游设施的建设与完善，为事件营销提供基础；同时事件营销的策划要与旅游主题形象一致，利用旅游节庆，将旅游与节庆有机结合；此外还应提炼事件营销活动的核心 IP 符号，使旅游事件具有持久生命力。

第八章 结论与展望

本章主要对全书内容进行概括与总结，阐明本书的主要研究结论；同时说明本书存在的不足之处，并展望未来的研究应如何完善，指明进一步研究的方向。

第一节 主要研究结论

实施创新驱动发展战略是党中央面对经济发展新常态下的趋势变化和特点做出的重大战略决策，是实现经济发展方式和动力转换的重大举措。本书基于创新驱动发展战略思想的重要内容，对创新驱动广西边境口岸旅游高质量发展进行了深入、系统的分析，得出以下主要结论。

第一，创新驱动旅游经济高质量发展理论框架的构建，既要考虑宏观、中观和微观视角，同时又要考虑从点到面的演变。从纵向维度来看，我国旅游业发展的主导驱动力经历了要素驱动—效率驱动—创新驱动的演变过程。而从横向维度来看，知识创新体系、技术创新体系、模式创新体系和空间创新体系四大创新体系为旅游经济高质量发展提供创新动力。

第二，国内外关于创新驱动旅游经济高质量发展的成功经验，为创新驱动广西边境口岸旅游高质量发展提供经验借鉴与创新方向。创新驱动发展要充分发挥政府的引导作用，同时，旅游营销创新至关重要，必须高度重视。此外，要重视科技创新引领旅游经济高质量发展，在旅游服务便利化、旅游管理智慧化、旅游业态多元化实现质的飞跃。

第三，广西边境口岸具备发展旅游业的区位条件、资源条件、政策条件，但从经济高质量发展的内涵来审视，其高质量发展依旧存在诸多困境，主要体现在：口岸整体创新能力弱，口岸城市之间的发展存在明显的差距，旅游服务配套设施较为落后，旅游新业态发展缓慢、产品体验性不强，口岸之间的合作力度有待加强，旅游人才供需失衡等。

第四，创新驱动广西边境口岸旅游高质量发展涉及多种复杂的因素，具体地，主要包括两大类要素：一是以劳动力、土地、资金为代表的初级要素，二是以技术、知识、信息为代表的高级要素。可从"宏观—中观—微观"三个层面构建创新驱动广西边境口岸旅游经济高质量发展的内在机理框架。从宏观层面来看，创新要素通过提升效率推动旅游高质量发展；从中观层面来看，创新要素通过促进产业结构升级推动旅游高质量发展；从微观层面来看，创新要素通过促进发展模式创新推动旅游高质量发展。

第五，创新驱动广西边境口岸旅游高质量发展的路径，要以新发展理念为指导、以供给侧结构性改革为主线、以科技创新为引领，以体制机制完善为保障。创新是旅游经济高质量发展的第一动力、协调是旅游经济高质量发展的内在要求、绿色是旅游经济高质量发展的必要条件、开放是旅游经济高质量发展的必由之路、共享是旅游经济高质量发展的根本目的。要以推进产业融合、拉长产业链条、提质增效为重点，大力推动智慧旅游景区建设、不断完善旅游信息基础设施建设、促进旅游营销创新，积极推动资金投入机制、人才培养集聚机制、旅游管理体制创新与完善。

第六，发展边境口岸旅游是促进我国与沿边国家经济社会往来的重要途径，对传播我国优秀文化，提升我国国际形象具有重要意义。因此，广西边境口岸必须要高度重视边境口岸旅游形象的塑造，基于游客感知的视角，塑造良好的旅游形象。同时，要树立新型营销理念，不断整合资源，加快营销创新，以提高旅游整体价值和形象，并通过营销创新实现旅游发展供求双方动态平衡。

第二节 研究展望

创新驱动广西边境口岸旅游高质量发展是一个系统性的、复杂的现实问题，涉及面广，本书虽然对其进行了较为深入地研究，也取得了一些有意义的结论，但由于研究问题本身的复杂性以及作者研究水平和精力所限，本研究仍然存在一些不足之处需要在未来的研究中进

一步深入与完善。主要包括:

第一,理论研究有待进一步深入。本书在借鉴前人的研究文献、国家相关政策文件的基础上,进一步明确创新驱动、经济高质量发展、边境口岸、口岸旅游等相关的核心概念,较为系统地梳理了经济增长理论、比较优势理论、习近平创新驱动发展战略思想、旅游共生理论、可持续发展理论的具体内容。同时,从"宏观—中观—微观"三个层面构建创新驱动广西边境口岸旅游经济高质量发展的内在机理框架,但并未具体涉及创新要素配置机理问题,即高级要素向低级要素转移与扩散,在理论研究上仍有待深入挖掘。

第二,定量研究的局限性。本书在专题研究中,基于网络文本,应用 ROST 软件对凭祥口岸、东兴口岸游客形象感知进行分析,得出了一些有意义的研究结论。但是如果能够结合社会网络分析法等定量分析,游客形象感知研究将会更加科学与合理。同时,在边境口岸旅游经济发展现状的分析,尚未应用定量分析对其高质量发展水平进行测度。未来,可在借鉴相关研究成果的基础上,结合广西边境口岸的实际,构建评价指标体系,对其旅游经济高质量发展进行定量评价与分析,为高质量发展的路径优化以及相关政策协同提供科学依据。

第三,比较研究的局限性。我国幅员辽阔,边境口岸的数量众多,许多边境口岸在旅游业发展创新方面都积累了丰富的经验。未来研究可以尝试将广西边境口岸与其他地区边境口岸进行比较研究,通过比较,找出差距,对症下药,更好地推动旅游经济高质量发展,同时也能够进一步提高研究的指导意义与价值。

附录 边境口岸旅游发展
相关政策文件

国务院关于支持沿边重点地区开发开放
若干政策措施的意见

国发〔2015〕72号

各省、自治区、直辖市人民政府，国务院各部委、各直属机构：

重点开发开放试验区、沿边国家级口岸、边境城市、边境经济合作区和跨境经济合作区等沿边重点地区是我国深化与周边国家和地区合作的重要平台，是沿边地区经济社会发展的重要支撑，是确保边境和国土安全的重要屏障，正在成为实施"一带一路"倡议的先手棋和排头兵，在全国改革发展大局中具有十分重要的地位。为落实党中央、国务院决策部署，牢固树立并切实贯彻创新、协调、绿色、开放、共享的发展理念，支持沿边重点地区开发开放，构筑经济繁荣、社会稳定的祖国边疆，现提出以下意见。

一、深入推进兴边富民行动，实现稳边安边兴边

（一）支持边民稳边安边兴边。加大对边境地区民生改善的支持力度，通过扩大就业、发展产业、创新科技、对口支援稳边安边兴边。积极推进大众创业、万众创新，降低创业创新门槛，对于边民自主创业实行"零成本"注册，符合条件的边民可按规定申请10万元以下的创业担保贷款。鼓励边境地区群众搬迁安置到距边境0～3公里范围，省级人民政府可根据实际情况建立动态的边民补助机制，中央财政通过一般性转移支付给予支持。加大对边境回迁村（屯）的扶持力度，提高补助标准，鼓励边民自力更生发展生产。以整村推进为平台，加快改善边境地区贫困村生产生活条件，因人因地施策，对建档立卡

贫困人口实施精准扶贫、精准脱贫，对"一方水土养不起一方人"的实施易地扶贫搬迁，对生态特别重要和脆弱的实行生态保护扶贫，使边境地区各族群众与全国人民一道同步进入全面小康社会。对于在沿边重点地区政府部门、国有企事业单位工作满20年以上且无不良记录的工作人员，所在地省级人民政府可探索在其退休时按照国家规定给予表彰。大力引进高层次人才，为流动人才提供短期住房、教育培训、政策咨询、技术服务和法律援助等工作生活保障。加强沿边重点地区基层组织建设，抓好以村级党组织为核心的村级组织建设，充分发挥基层党组织推动发展、服务群众、凝聚人心、促进和谐的战斗堡垒作用，带领沿边各族人民群众紧密团结在党的周围。（人力资源社会保障部、财政部、教育部、国家民委、中央组织部、民政部、扶贫办负责）

（二）提升基本公共服务水平。加大对边境地区居民基本社保体系的支持力度，对于符合条件的边民参加新型农村合作医疗的，由政府代缴参保费用。提高新型农村合作医疗报销比例，按规定将边境地区城镇贫困人口纳入城镇基本医疗保险。以边境中心城市、边境口岸、交通沿线城镇为重点，加大对边境基层医疗卫生服务机构对口支援力度。在具备条件的地方实施12年免费教育政策。实行中等职业教育免学费制度。选派教师驻边支教，支持当地教师队伍建设。加大教育对外开放力度，支持边境城市与国际知名院校开展合作办学。加快完善电信普遍服务，加强通信基础设施建设，提高信息网络覆盖水平，积极培育适合沿边重点地区的信息消费新产品、新业态、新模式。提升政府公共信息服务水平，加快推进电子政务、电子商务、远程教育、远程医疗等信息化建设，为当地居民提供医疗、交通、治安、就业、维权、法律咨询等方面的公共服务信息。深入推进农村社区建设试点工作，提高农村公共服务能力。加强沿边重点地区基层公共文化设施建设，着力增加弘扬社会主义核心价值观的优秀文化产品供给。（卫生计生委、人力资源社会保障部、民政部、教育部、工业和信息化部、财政部、文化部、新闻出版广电总局负责）

（三）提升边境地区国际执法合作水平。推动边境地区公安机关在省（区）、市（州、盟）、县（旗）三级设立国际执法安全合作部门，选强配齐专职人员。建立边境地区国际执法合作联席会议机制，定期研判周边国家和地区安全形势，及时警示和应对边境地区安全风险。加大对边境地区开展执法合作的授权，支持边境地区公安机关与周边国家地方警务、边检（移民）、禁毒、边防等执法部门建立对口合作机制，进一步加强在禁毒禁赌以及防范和打击恐怖主义、非法出入境、拐卖人口、走私等方面的边境执法合作，共同维护边境地区安全稳定。加大边境地区国际执法合作投入。加强文化执法合作，强化文化市场监管，打击非法文化产品流入和非法传教，构筑边疆地区文化安全屏障。（公安部、外交部、文化部、宗教局负责）

二、改革体制机制，促进要素流动便利化

（四）加大简政放权力度。进一步取消和下放涉及沿边国家级口岸通关及进出口环节的行政审批事项，明确审查标准，承诺办理时限，优化内部核批程序，减少审核环节。加快推进联合审批、并联审批。加大沿边口岸开放力度，简化口岸开放和升格的申报、审批、验收程序以及口岸临时开放的审批手续，简化沿边道路、桥梁建设等审批程序，推进边境口岸的对等设立和扩大开放。创新事中事后监管，做到放管结合、优化服务、高效便民。（海关总署、质检总局、公安部、交通运输部、外交部、发展改革委负责）

（五）提高贸易便利化水平。创新口岸监管模式，通过属地管理、前置服务、后续核查等方式将口岸通关现场非必要的执法作业前推后移。优化查验机制，进一步提高非侵入、非干扰式检查检验的比例，提高查验效率。实施分类管理，拓宽企业集中申报、提前申报的范围。按照既有利于人员、货物、交通运输工具进出方便，又有利于加强查验监管的原则，在沿边重点地区有条件的海关特殊监管区域深化"一线放开""二线安全高效管住"的监管服务改革，推动货物在各海关特殊监管区域之间自由便捷流转。推动二线监管模式与一线监管模式相衔接。加强沿边、内陆、沿海通关协作，依托电子口岸平台，推进沿边口岸国际贸易"单一窗口"建设，实现监管信息同步传输，推进企业运营信息与监管系统对接。加强与"一带一路"沿线国家口岸执法机构的机制化合作，推进跨境共同监管设施的建设与共享，加强跨境监管合作和协调。（海关总署、商务部、公安部、交通运输部、财政部、税务总局、质检总局、外汇局、工业和信息化部负责）

（六）提高投资便利化水平。扩大投资领域开放，借鉴国际通行规则，支持具备条件的沿边重点地区借鉴上海等自由贸易试验区可复制可推广试点经验，试行准入前国民待遇加负面清单的外商投资管理模式。落实商事制度改革，推进沿边重点地区工商注册制度便利化。鼓励沿边重点地区与东部沿海城市建立对口联系机制，交流借鉴开放经验，探索符合沿边实际的开发开放模式。加强与毗邻国家磋商，建立健全投资合作机制。（发展改革委、商务部、外交部、工商总局负责）

（七）推进人员往来便利化。加强与周边国家出入境管理和边防检查领域合作，积极推动与周边国家就便利人员往来等事宜进行磋商。下放赴周边国家因公出国（境）审批权限，允许重点开发开放试验区自行审批副厅级及以下人员因公赴毗邻国家（地区）执行任务。在符合条件的沿边国家级口岸实施外国人口岸签证政策，委托符合条件的省（区）、市（州、盟）外事办公室开展领事认证代办业务。加强与毗邻国家协商合作，推动允许两国边境居民持双方认可的有效证件依法在两国边境许可范围内自由通行，对常驻沿边市（州、盟）从事商贸活动的非边境地区居民实行与边境居民相同的出入境政策。为涉外重大项目投资合作提供出入境便利，建立周边国家合作项目项下人员出入境绿色通道。结合外方意愿，综合研究推进周边国家在沿边重点地区开放设领城市设立领事机构。探索联合监管，推广旅客在同一地点办理出入境手续的"一地两检"查验模式，推进旅客自助通关。提高对外宣介相关政策的能力和水平。（外交部、公安部、旅游局、海关总署、质检总局、总参作战部、中央宣传部负责）

（八）促进运输便利化。加强与周边国家协商合作，加快签署中缅双边汽车运输协定以及中朝双边汽车运输协定议定书，修订已有双边汽车运输协定。推进跨境运输车辆牌证互认，为从事跨境运输的车辆办理出入境手续和通行提供便利和保障。授予沿边省（区）及边境城市自驾车出入境旅游审批权限，积极推动签署双边出入境自驾车（八座以下）管理的有关协定，方便自驾车出入境。（交通运输部、旅游局、外交部、商务部、公安部、海关总署、质检总局负责）

三、调整贸易结构，大力推进贸易方式转变

（九）支持对外贸易转型升级。优化边境地区转移支付资金安排的

内部结构。有序发展边境贸易，完善边贸政策，支持边境小额贸易向综合性多元化贸易转变，探索发展离岸贸易。支持沿边重点地区开展加工贸易，扩大具有较高技术含量和较强市场竞争力的产品出口，创建出口商品质量安全示范区。对开展加工贸易涉及配额及进口许可证管理的资源类商品，在配额分配和有关许可证办理方面给予适当倾斜。支持具有比较优势的粮食、棉花、果蔬、橡胶等加工贸易发展，对以边贸方式进口、符合国家《鼓励进口技术和产品目录》的资源类商品给予进口贴息支持。支持沿边重点地区发挥地缘优势，推广电子商务应用，发展跨境电子商务。（商务部、发展改革委、财政部、工业和信息化部、海关总署、质检总局负责）

（十）引导服务贸易加快发展。发挥财政资金的杠杆作用，引导社会资金加大投入，支持沿边重点地区结合区位优势和特色产业，做大做强旅游、运输、建筑等传统服务贸易。逐步扩大中医药、服务外包、文化创意、电子商务等新兴服务领域出口，培育特色服务贸易企业加快发展。推进沿边重点地区金融、教育、文化、医疗等服务业领域有序开放，逐步实现高水平对内对外开放；有序放开育幼养老、建筑设计、会计审计、商贸物流、电子商务等服务业领域外资准入限制。外经贸发展专项资金安排向沿边重点地区服务业企业倾斜，支持各类服务业企业通过新设、并购、合作等方式，在境外开展投资合作，加快建设境外营销网络，增加在境外的商业存在。支持沿边重点地区服务业企业参与投资、建设和管理境外经贸合作区。（商务部、财政部、海关总署、发展改革委、工业和信息化部、卫生计生委、人民银行、银监会、质检总局负责）

（十一）完善边民互市贸易。加强边民互市点建设，修订完善《边民互市贸易管理办法》和《边民互市进口商品不予免税清单》，严格落实国家规定范围内的免征进口关税和进口环节增值税政策。清理地方各级政府自行颁布或实施的与中央政策相冲突的有关边民互市贸易的政策和行政规章。（商务部、财政部、海关总署、税务总局负责）

四、实施差异化扶持政策，促进特色优势产业发展

（十二）实行有差别的产业政策。支持沿边重点地区大力发展特色优势产业，对符合产业政策、对当地经济发展带动作用强的项目，在

项目审批、核准、备案等方面加大支持力度。支持在沿边重点地区优先布局进口能源资源加工转化利用项目和进口资源落地加工项目,发展外向型产业集群,形成各有侧重的对外开放基地,鼓励优势产能、装备、技术走出去。支持沿边重点地区发展风电、光电等新能源产业,在风光电建设规模指标分配上给予倾斜。推动移动互联网、云计算、大数据、物联网等与制造业紧密结合。适时修订《西部地区鼓励类产业目录》,对沿边重点地区产业发展特点予以充分考虑。(发展改革委、财政部、能源局、工业和信息化部、商务部、税务总局负责)

(十三)研究设立沿边重点地区产业发展(创业投资)基金。研究整合现有支持产业发展方面的资金,设立沿边重点地区产业发展(创业投资)基金,吸引投资机构和民间资本参与基金设立,专门投资于沿边重点地区具备资源和市场优势的特色农业、加工制造业、高技术产业、服务业和旅游业,支持沿边重点地区承接国内外产业转移。(发展改革委、财政部、工业和信息化部、商务部、证监会负责)

(十四)加强产业项目用地和劳动力保障。对符合国家产业政策的重大基础设施和产业项目,在建设用地计划指标安排上予以倾斜。对入驻沿边重点地区的加工物流、文化旅游等项目的建设用地加快审批。允许按规定招用外籍人员。(国土资源部、财政部、人力资源社会保障部负责)

五、提升旅游开放水平,促进边境旅游繁荣发展

(十五)改革边境旅游管理制度。修订《边境旅游暂行管理办法》,放宽边境旅游管制。将边境旅游管理权限下放到省(区),放宽非边境地区居民参加边境旅游的条件,允许边境旅游团队灵活选择出入境口岸。鼓励沿边重点地区积极创新管理方式,在游客出入境比较集中的口岸实施"一站式"通关模式,设置团队游客绿色通道。(旅游局、公安部、外交部、交通运输部、海关总署、质检总局负责)

(十六)研究发展跨境旅游合作区。按照提高层级、打造平台、完善机制的原则,深化与周边国家的旅游合作,支持满洲里、绥芬河、二连浩特、黑河、延边、丹东、西双版纳、瑞丽、东兴、崇左、阿勒泰等有条件的地区研究设立跨境旅游合作区。通过与对方国家签订合

作协议的形式，允许游客或车辆凭双方认可的证件灵活进入合作区游览。支持跨境旅游合作区利用国家旅游宣传推广平台开展旅游宣传工作，支持省（区）人民政府与对方国家联合举办旅游推广和节庆活动。鼓励省（区）人民政府采取更加灵活的管理方式和施行更加特殊的政策，与对方国家就跨境旅游合作区内旅游资源整体开发、旅游产品建设、旅游服务标准推广、旅游市场监管、旅游安全保障等方面深化合作，共同打造游客往来便利、服务优良、管理协调、吸引力强的重要国际旅游目的地。（旅游局、交通运输部、公安部、外交部、海关总署、质检总局负责）

（十七）探索建设边境旅游试验区。依托边境城市，强化政策集成和制度创新，研究设立边境旅游试验区（以下简称试验区）。鼓励试验区积极探索"全域旅游"发展模式。允许符合条件的试验区实施口岸签证政策，为到试验区的境外游客签发一年多次往返出入境证件。推行在有条件的边境口岸设立交通管理服务站点，便捷办理临时入境机动车牌证。鼓励发展特色旅游主题酒店和特色旅游餐饮，打造一批民族风情浓郁的少数民族特色村镇。新增建设用地指标适当向旅游项目倾斜，对重大旅游项目可向国家主管部门申请办理先行用地手续。积极发展体育旅游、旅游演艺，允许外资参股由中方控股的演出经纪机构。（旅游局、财政部、公安部、外交部、国家民委、交通运输部、国土资源部、体育总局、海关总署、质检总局负责）

（十八）加强旅游支撑能力建设。加强沿边重点地区旅游景区道路、标识标牌、应急救援等旅游基础设施和服务设施建设。支持旅游职业教育发展，支持内地相关院校在沿边重点地区开设分校或与当地院校合作开设旅游相关专业，培养旅游人才。（旅游局、交通运输部、教育部负责）

六、加强基础设施建设，提高支撑保障水平

（十九）加快推动互联互通境外段项目建设。加强政府间磋商，充分利用国际国内援助资金、优惠性质贷款、区域性投资基金和国内企业力量，加快推进我国与周边国家基础设施互联互通建设。积极发挥丝路基金在投融资方面的支持作用，推动亚洲基础设施投资银行为互联互通建设提供支持。重点推动中南半岛通道、中缅陆水联运通道、

孟中印缅国际大通道、东北亚多式联运通道以及新亚欧大陆桥、中蒙俄跨境运输通道、中巴国际运输通道建设。（发展改革委、商务部、外交部、财政部、人民银行、工业和信息化部、交通运输部、公安部、中国铁路总公司、铁路局、总后军交运输部负责）

（二十）加快推进互联互通境内段项目建设。将我国与周边国家基础设施互联互通境内段项目优先纳入国家相关规划，进一步加大国家对项目建设的投资补助力度，加快推进项目建设进度。铁路方面，实施长春—白城铁路扩能改造，重点推进四平—松江河、敦化—白河、松江河—漫江等铁路建设，推动川藏铁路建设，统筹研究雅安—林芝铁路剩余段建设，适时启动滇藏、新藏铁路以及日喀则—亚东、日喀则—樟木等铁路建设。公路水运方面，加快推进百色—龙邦高速公路、喀什—红其拉甫公路等重点口岸公路，以及中越、中朝、中俄跨境桥梁、界河码头等项目建设。加快完善沿边重点地区公路网络。（发展改革委、交通运输部、中国铁路总公司、铁路局、商务部、公安部、外交部、财政部、工业和信息化部、总后军交运输部负责）

（二十一）加强边境城市航空口岸能力建设。支持边境城市合理发展支线机场和通用机场，提升军民双向保障能力和客货机兼容能力；推进边境城市机场改扩建工程，提升既有机场容量；加强边境城市机场空管设施建设，完善和提高机场保障能力。支持开通"一带一路"沿线国际旅游城市间航线；支持开通和增加国内主要城市与沿边旅游目的地城市间的直飞航线航班或旅游包机。（发展改革委、民航局、交通运输部、财政部、公安部、外交部、旅游局、总参作战部、总后军交运输部负责）

（二十二）加强口岸基础设施建设。支持沿边重点地区完善口岸功能，有序推动口岸对等设立与扩大开放，加快建设"一带一路"重要开放门户和跨境通道。支持在沿边国家级口岸建设多式联运物流监管中心，进一步加大资金投入力度，加强口岸查验设施建设，改善口岸通行条件。统筹使用援外资金，优先安排基础设施互联互通涉及的口岸基础设施、查验场地和设施建设。以共享共用为目标，整合现有监管设施资源，推动口岸监管设施、查验场地和转运设施集中建设。尽快制定口岸查验场地和设施建设标准，建立口岸通关便利化设施设备运行维护保障机制，支持国家级口岸检验检疫、边防检查、海关监管等查验设施升级改造，建立公安边防检查站口岸快速查验通关系统，开设进出边境管理区绿色通道。按照适度超前、保障重点、分步实施的建设理念，建立和完善、更新边境监控系统，实现边检执勤现场、口岸限定区域和重点边境地段全覆盖，打造"智慧边境线"。（发展改革委、海关总署、公安部、商务部、质检总局、交通运输部、外交部、财政部、中国铁路总公司负责）

七、加大财税等支持力度，促进经济社会跨越式发展

（二十三）增加中央财政转移支付规模。加大中央财政转移支付支持力度，逐步缩小沿边重点地区地方标准财政收支缺口，推进地区间基本公共服务均等化。建立边境地区转移支付的稳定增长机制，完善转移支付资金管理办法，支持边境小额贸易企业能力建设，促进边境地区贸易发展。（财政部、海关总署、商务部负责）

（二十四）强化中央专项资金支持。中央财政加大对沿边重点地区基础设施、城镇建设、产业发展等方面的支持力度。提高国家有关部门专项建设资金投入沿边重点地区的比重，提高对公路、铁路、民航、通信等建设项目投资补助标准和资本金注入比例。国家专项扶持资金向沿边重点地区倾斜。（财政部、发展改革委、工业和信息化部、交通运输部、外交部、旅游局、民航局、中国铁路总公司负责）

（二十五）实行差别化补助政策。中央安排的公益性建设项目，取消县以下（含县）以及集中连片特殊困难地区市级配套资金。中央财政对重点开发开放试验区在一定期限内给予适当补助。继续对边境经济合作区以及重点开发开放试验区符合条件的公共基础设施项目贷款给予贴息支持。（财政部、发展改革委、商务部负责）

（二十六）加大税收优惠力度。国家在沿边重点地区鼓励发展的内外资投资项目，进口国内不能生产的自用设备及配套件、备件，继续在规定范围内免征关税。根据跨境经济合作区运行模式和未来发展状况，适时研究适用的税收政策。加强与相关国家磋商，积极稳妥推进避免双重征税协定的谈签和修订工作。（财政部、税务总局、海关总署负责）

（二十七）比照执行西部大开发相关政策。非西部省份的边境地区以县为单位，在投资、金融、产业、土地、价格、生态补偿、人才

开发和帮扶等方面，享受党中央、国务院确定的深入实施西部大开发战略相关政策，实施期限暂定到 2020 年。（财政部、发展改革委负责）

八、鼓励金融创新与开放，提升金融服务水平

（二十八）拓宽融资方式和渠道。鼓励金融机构加大对沿边重点地区的信贷支持力度，在遵循商业原则及风险可控前提下，对沿边重点地区分支机构适度调整授信审批权限。引导沿边重点地区金融机构将吸收的存款主要用于服务当地经济社会发展，对将新增存款一定比例用于当地并达到有关要求的农村金融机构，继续实行优惠的支农再贷款和存款准备金政策。培育发展多层次资本市场，支持符合条件的企业在全国中小企业股份转让系统挂牌；规范发展服务中小微企业的区域性股权市场，引导产业发展（创业投资）基金投资于区域性股权市场挂牌企业；支持期货交易所研究在沿边重点地区设立商品期货交割仓库；支持沿边重点地区利用本地区和周边国家丰富的矿产、农业、生物和生态资源，规范发展符合法律法规和国家政策的矿产权、林权、碳汇权和文化产品等交易市场。（人民银行、银监会、证监会负责）

（二十九）完善金融组织体系。支持符合条件的外资金融机构到沿边重点地区设立分支机构。支持大型银行根据自身发展战略，在风险可控、商业可持续前提下，以法人名义到周边国家设立机构。支持沿边重点地区具备条件的民间资本依法发起设立民营银行，探索由符合条件的民间资本发起设立金融租赁公司等金融机构。支持银行业金融机构在风险可控、商业可持续前提下，为跨境并购提供金融服务。（银监会、人民银行、外汇局负责）

（三十）鼓励金融产品和服务创新。研究将人民币与周边国家货币的特许兑换业务范围扩大到边境贸易，并提高相应兑换额度，提升兑换服务水平。探索发展沿边重点地区与周边国家人民币双向贷款业务。支持资质良好的信托公司和金融租赁公司在沿边重点地区开展业务，鼓励开展知识产权、收益权、收费权、应收账款质押融资和林权抵押贷款业务，扶持符合当地产业发展规划的行业和企业发展。依法探索扩大沿边重点地区可用于担保的财产范围，创新农村互助担保机制和

信贷风险分担机制，逐步扩大农业保险覆盖范围，积极开展双边及多边跨境保险业务合作。加快推进沿边重点地区中小企业信用体系建设和农村信用体系建设。完善沿边重点地区信用服务市场，推动征信产品的应用。（人民银行、银监会、保监会、财政部、发展改革委负责）

（三十一）防范金融风险。在沿边重点地区建立贴近市场、促进创新、信息共享、风险可控的金融监管平台和协调机制。进一步加强沿边重点地区金融管理部门、反洗钱行政主管部门、海关和司法机关在反洗钱和反恐怖融资领域的政策协调与信息沟通。加强跨境外汇和人民币资金流动监测工作，完善反洗钱的资金监测和分析，督促金融机构严格履行反洗钱和反恐怖融资义务，密切关注跨境资金异常流动，防范洗钱和恐怖融资犯罪活动的发生，确保跨境资金流动风险可控、监管有序。（人民银行、银监会、外汇局负责）

沿边重点地区开发开放事关全国改革发展大局，对于推进"一带一路"建设和构筑繁荣稳定的祖国边疆意义重大。各地区、各部门要坚持扩大对外开放和加强对内监管同步推进，在禁毒、禁赌、防范打击恐怖主义等方面常抓不懈，坚决打击非法出入境、拐卖人口、走私贩私，避免盲目圈地占地、炒作房地产和破坏生态环境，抓好发展和安全两件大事，不断提高沿边开发开放水平。国务院有关部门要高度重视、各司其职、各负其责，按照本意见要求，制定具体实施方案；密切配合、通力协作，抓紧修订完善有关规章制度；建立动态反馈机制，深入实地开展督查调研，及时发现问题，研究提出整改建议，不断加大对沿边重点地区开发开放的支持力度。对重点建设项目，发展改革、国土资源、环境保护、财政、金融等有关部门要给予重点支持。沿边省（区）和沿边重点地区要充分发挥主体作用，强化组织领导，周密安排部署，确保促进开发开放的各项工作落到实处。

附件：沿边重点地区名录

国务院

2015 年 12 月 24 日

（此件公开发布）

附件

沿边重点地区名录

一、重点开发开放试验区（5 个）

广西东兴重点开发开放试验区，云南勐腊（磨憨）重点开发开放试验区、瑞丽重点开发开放试验区，内蒙古二连浩特重点开发开放试验区、满洲里重点开发开放试验区。

二、沿边国家级口岸（72 个）

铁路口岸（11 个）：广西凭祥，云南河口，新疆霍尔果斯、阿拉山口，内蒙古二连浩特、满洲里，黑龙江绥芬河，吉林珲春、图们、集安，辽宁丹东。

公路口岸（61 个）：广西东兴、爱店、友谊关、水口、龙邦、平孟，云南天保、都龙、河口、金水河、勐康、磨憨、打洛、孟定、畹町、瑞丽、腾冲，西藏樟木、吉隆、普兰，新疆红其拉甫、卡拉苏、伊尔克什坦、吐尔尕特、木扎尔特、都拉塔、霍尔果斯、巴克图、吉木乃、阿黑土别克、红山嘴、塔克什肯、乌拉斯台、老爷庙，甘肃马鬃山，内蒙古策克、甘其毛都、满都拉、二连浩特、珠恩嘎达布其、阿尔山、额布都格、阿日哈沙特、满洲里、黑山头、室韦，黑龙江虎林、密山、绥芬河、东宁，吉林珲春、圈河、沙坨子、开山屯、三合、南坪、古城里、长白、临江、集安，辽宁丹东。

三、边境城市（28 个）

广西东兴市、凭祥市，云南景洪市、芒市、瑞丽市，新疆阿图什市、伊宁市、博乐市、塔城市、阿勒泰市、哈密市，内蒙古二连浩特市、阿尔山市、满洲里市、额尔古纳市，黑龙江黑河市、同江市、虎林市、密山市、穆棱市、绥芬河市，吉林珲春市、图们市、龙井市、和龙市、临江市、集安市，辽宁丹东市。

四、边境经济合作区（17 个）

广西东兴边境经济合作区、凭祥边境经济合作区，云南河口边境经济合作区、临沧边境经济合作区、畹町边境经济合作区、瑞丽边境经济合作区，新疆伊宁边境经济合作区、博乐边境经济合作区、塔城边境经济合作区、吉木乃边境经济合作区，内蒙古二连浩特边境经济合作区、满洲里边境经济合作区，黑龙江黑河边境经济合作区、绥芬河边境经济合作区，吉林珲春边境经济合作区、和龙边境经济合作区，辽宁丹东边境经济合作区。

五、跨境经济合作区（1个）

中哈霍尔果斯国际边境合作中心。

注：国家今后批准设立的重点开发开放试验区、沿边国家级口岸、边境城市、边境经济合作区和跨境经济合作区自动进入本名录。

国务院关于同意设立广西凭祥重点开发开放
试验区的批复

国函〔2016〕141号

广西壮族自治区人民政府、国家发展改革委：

《国家发展改革委关于批准设立广西凭祥重点开发开放试验区的请示》（发改西部〔2016〕1154号）收悉。现批复如下：

一、同意设立广西凭祥重点开发开放试验区（以下简称试验区），试验区建设实施方案由国家发展改革委印发。试验区位于广西壮族自治区西南部，与越南接壤，是我国对越及东盟开放合作的重要前沿。建设试验区是推进"一带一路"建设、加快沿边开发开放步伐、完善我国全方位对外开放格局的重要举措，有利于深化与越南政治、经济、文化、科技等方面合作，把广西建设成为我国面向东盟的国际大通道，打造西南中南开放发展新的战略支点，形成与"一带一路"沿线国家有机衔接的重要门户，促进广西北部湾经济区、珠江—西江经济带建设和左右江革命老区振兴，实现边疆繁荣稳定发展。

二、试验区建设要全面贯彻党的十八大和十八届三中、四中、五中全会精神，深入贯彻落实习近平总书记系列重要讲话精神，牢固树立和贯彻落实创新、协调、绿色、开放、共享的新发展理念，按照党中央、国务院决策部署，紧紧抓住国家推进"一带一路"建设的重大历史机遇，充分发挥与越南相邻及与东盟紧邻的地理优势，解放思想、先行先试、深化改革、扩大开放，着力创新体制机制，加强基础设施互联互通，促进投资贸易转型升级，发展特色优势产业，加快新型城镇化建设，推进生态文明建设，保障和改善民生，努力将试验区建设成为中越全面战略合作的重要平台、中国—东盟自贸区升级版的先行区、西南沿边经济发展的增长极、桂西南新的区域经济中心、睦邻安邻富邻的示范区和沿边开发开放的排头兵。

三、广西壮族自治区人民政府要切实加强对试验区建设的组织领导，健全机制、明确分工、落实责任，有序有效推进试验区建设发展。

要认真做好试验区建设总体规划和有关专项规划的编制工作，积极探索和推进多规合一。规划建设必须符合土地利用总体规划、城市总体规划、镇总体规划、环境保护规划、水资源综合规划等相关规划要求，着力优化空间布局，严格保护生态环境，切实节约集约利用资源。试验区建设涉及的重要政策和重大建设项目，要按规定程序报批。

四、国务院有关部门要按照职能分工，加大对试验区建设的支持力度，在有关规划编制、政策制定、资金投入、项目安排等方面给予积极指导和倾斜。部门之间要加强沟通协调，深入调查研究，及时总结经验，指导和帮助地方切实解决试验区建设过程中遇到的问题，为试验区发展营造良好的政策环境。国家发展改革委要加强综合协调，对试验区建设情况进行跟踪分析和监督检查，适时开展阶段性总结评估，重大问题和情况及时报告国务院。

国务院

2016 年 8 月 2 日

（此件公开发布）

文化和旅游部等 10 部门关于印发内蒙古满洲里、广西防城港边境旅游试验区建设实施方案的通知

（文旅旅发〔2018〕1 号）

内蒙古自治区、广西壮族自治区人民政府：

《内蒙古自治区人民政府关于报送满洲里、阿尔山边境旅游试验区建设实施方案的函》（内政字〔2017〕72 号）、《广西壮族自治区人民政府关于恳请支持防城港市和崇左市设立国家边境旅游试验区的函》（桂政函〔2017〕39 号）收悉。

经研究并报国务院审定，现将《内蒙古满洲里边境旅游试验区建设实施方案》《广西防城港边境旅游试验区建设实施方案》（以下简称《方案》）印发给你们，并就有关事项通知如下：

一、国务院同意设立内蒙古满洲里、广西防城港边境旅游试验区，是新时代全面深化改革在旅游领域的重大顶层设计，是充分发挥旅游业作用、推进"一带一路"建设、推动形成全面开放新格局的重要举措。内蒙古自治区、广西壮族自治区人民政府要高度重视，紧抓机遇，加强组织领导，完善推进机制。《方案》实施要全面贯彻落实党的十九大和十九届二中、三中全会精神，以习近平新时代中国特色社会主义思想为指导，紧紧围绕统筹推进"五位一体"总体布局和协调推进"四个全面"战略布局，牢固树立和贯彻落实新发展理念，落实高质量发展的要求，为边境旅游业发展发挥改革引领作用。

二、试验区所在地人民政府要建立工作机制，制定配套政策，落实工作责任，强化政策集成和制度创新，积极探索全域旅游发展模式，改革创新边境旅游发展制度体系，积极推动将旅游业打造成边境支柱产业，确保《方案》确定的目标任务如期实现。

三、国务院有关部门将按照职能分工，加强对《方案》实施的协调和指导，加强对《方案》实施情况的跟踪分析和督促检查，适时组

织开展实施进展情况评估，重大问题及时向国务院报告。

文化和旅游部　　外交部　　国家发展改革委

国家民委　　　　公安部　　　　　　财政部

自然资源部　　　　　　　　　交通运输部

海关总署　　　　　　　　　　体育总局

2018 年 3 月 30 日

内蒙古满洲里边境旅游试验区建设实施方案

建设内蒙古满洲里边境旅游试验区，是党中央、国务院推进"一带一路"建设、实施兴边富民行动及促进沿边地区开发开放的重大举措，是贯彻落实习近平总书记考察内蒙古重要讲话精神的重要行动。根据《国务院关于支持沿边重点地区开发开放若干政策措施的意见》，为加快满洲里边境旅游试验区（以下简称试验区）建设，制定本方案。

一、基础条件

（一）区位优势突出。满洲里位于内蒙古呼伦贝尔大草原的西北部，北接俄罗斯，西邻蒙古国，是一座"荟萃三国文化、尽显口岸风情"的边境旅游城市，素有"东亚之窗"美誉。全市总面积 732 平方公里，居住着汉、蒙、回、俄等 23 个民族，人口约 30 万。满洲里是欧亚大陆桥重要战略节点，对内背靠东北三省，与环渤海地区相通，经济腹地辽阔；对外西联俄罗斯西伯利亚大铁路直通荷兰鹿特丹，所经路线是俄罗斯人口最多、资源最富集的地区，经济地理条件优越。

（二）旅游资源富集。满洲里拥有融草原文明、红色传统、异域风情为一体的口岸文化，是一座城景一体、中西合璧、特色鲜明的魅力城市。满洲里是全国文明城市，呼伦贝尔大草原、红色国际秘密交通线遗址、国门景区、套娃景区、冰雪节等享誉盛名。满洲里口岸落地签证、口岸团体旅游签证、边境旅游异地办证、边民互市贸易等政策落地实施，口岸年出入境人数超过 180 万人次，年接待俄罗斯入境旅游者占全国 30% 左右，居中俄沿边口岸之首。

（三）旅游交通便捷。满洲里航空、铁路、公路立体旅游交通格局已经形成，国际航空港可达国内 20 多个城市和俄、蒙 6 个城市，年进出港旅客超过 50 万人次，是欧亚大陆桥上我国境内重要快捷的交通枢纽。铁路开通了满洲里至北京、呼和浩特、哈尔滨、大连等 20 多个城市的旅客列车和 42 条中欧班列线路，辐射国内外 180 多个城市。公路口岸年通过能力达 1000 万人次、100 万辆次，并开行了至 18 个国内外城市的客运班车。

二、总体思路

（一）指导思想。全面贯彻党的十九大精神，以习近平新时代中国特色社会主义思想为指导，紧紧围绕统筹推进"五位一体"总体布局和协调推进"四个全面"战略布局，牢固树立和贯彻落实新发展理念，落实高质量发展的要求，深度融入"一带一路"建设，围绕"建设亮丽内蒙古，共圆伟大中国梦"，率先探索、先行先试，推动经济发展质量变革、效率变革、动力变革，以改革开放促进体制机制创新和结构调整，全力构建全区域、全要素、全产业链的边境旅游发展新模式，把满洲里建设成为开放、活力、美丽、美好、幸福、满意的边境旅游目的地。

（二）基本原则。坚持开放引领，统筹国际国内两个大局，用好两个市场、两种资源，形成内外联动、双向互济的发展格局；坚持创新驱动，发挥市场在资源配置中的决定性作用，加快转变发展方式、优化经济结构、转换增长动力、提升发展质量，不断激发旅游发展活力；坚持特色打造，以精品建设为主线，推动旅游业特色化、国际化、全域化发展，提升旅游业整体竞争力，加快完善现代化经济体系；坚持绿色发展，牢固树立"绿水青山就是金山银山"理念，坚守生态底线和用地红线，传承草原文明，合理适度开发建设；坚持底线思维，加强边境管控，完善禁毒、禁赌长效机制，坚决打击非法入境、走私贩私，筑牢边疆安全稳定屏障。

（三）空间布局。试验区的范围为满洲里市全境，布局三个功能区：中俄异域风情旅游区、口岸历史文化旅游区、草原生态旅游区。中俄异域风情旅游区以中俄边境旅游区、中俄边民互市贸易区和综合保税区为核心，推动口岸通关、跨境贸易便利化改革创新，形成集商务会展、跨境旅游、特色购物等为一体的旅游竞争新优势。口岸历史文化旅游区深入挖掘国门周边红色旅游资源，探索口岸历史文化遗迹遗存保护性开发模式，深化旅游与各产业融合，重点发展红色旅游、民族演艺、康体运动、特色餐饮等，形成特色口岸文化底蕴和城市景观风貌。草原生态旅游区以扎赉诺尔区、新开河镇为主体，完善游览、交通等基础设施，提升草原生态体验、民俗文化展示、农牧观光等功能，培育滨水度假、冰雪旅游等新业态，形成地域特色，促进旅游发展。

（四）发展目标。经过 3 年左右时间，到 2020 年，试验区建设全面推进，独具特色的边境旅游产品体系基本形成，旅游管理体制机制改革创新取得重要突破。旅游管理、服务和营销市场化、国际化水平显著提升，旅游产业竞争力和知名度明显提高。试验区由旅游通道向旅游目的地转变，基本建成中俄蒙文旅交融合作的窗口、国际化的旅游城市、边疆民族地区和谐进步的示范区。

三、主要任务

（一）探索旅游扩大开放政策

优化出入境管理制度。实施出入境游客"一站式作业"通关模式。推动俄蒙边境居民持双方认可的有效证件依法在试验区内便利通行。积极推动常住（超过三个月）试验区从事商贸活动的非边境地区居民实行与边境居民相同的出入境政策。根据满洲里市涉外文书领事认证工作发展情况和实际需要，适时按规定向外交部申请满洲里市外事侨务办公室开展领事认证代办业务。为试验区人员因公临时出国提供更便利优质的服务。

促进自驾车旅游往来便利化。进一步完善中俄双边出入境自驾车（八座以下）管理措施。允许自驾车游客凭双方认可的国际旅行证件便捷通关。在国家一类口岸便捷办理跨境运输车辆行车许可证、车辆国籍识别标志和其他入境车辆临时入境机动车（八座以下）号牌和行驶证、临时机动车驾驶许可，允许在牌证有效期内在试验区通行，入境机动车应按规定购买机动车交通事故责任强制保险。推动经毗邻的中蒙口岸入境的蒙古国牌照自驾车（八座以下）、旅游巴士进入试验区。

推动团体旅游便利化。科学合理规划边境旅游线路，使边境旅游组团社可灵活选择出入境口岸。推动满洲里口岸设置旅游团队及旅游车辆专用通关绿色通道。推动进一步放宽中俄互免团体旅游签证。

（二）构建产业发展政策体系

支持旅游投资和创业。提高边境旅游投资便利化水平，有序放开与边境旅游相关的服务业领域准入限制。支持大学生、农牧民等创办旅游经济实体，鼓励民营企业、社会资本在试验区投资兴业。鼓励政府和社会资本合作（PPP）参与旅游项目投资、建设和运营。引导和鼓励金融机构放宽对旅游企业的信贷限制条件，积极拓展金融支持旅游业的方式。支持试验区旅游骨干企业通过强强联合、兼并重组、投资合作和发行上市等途径，组建大型旅游集团企业。加快中小微旅游企业服务体系建设，打造中小微旅游企业创新创业孵化平台。按规定开展境外旅客购物离境退税政策备案申报工作，促进境外游客旅游消费。利用现有资金渠道，支持试验区建设完善景区基础设施、旅游公共服务等项目。

探索实施旅游发展用地政策。优化试验区内旅游项目建设用地审批流程，土地利用计划指标安排适当向旅游项目倾斜，优先落实旅游重大项目用地指标。保障旅游公共服务设施用地和旅游扶贫用地。保障旅游新业态发展用地，促进汽车营地、养老基地、旅游度假区等新业态发展。

创新旅游人才培养引进机制。支持试验区建立旅游专家智库，采取灵活方式引进高端人才和优秀经营管理者。探索建立与俄蒙毗邻地区间旅游人才培养合作交流机制。重点支持旅游企业聘请俄罗斯籍、蒙古籍人员在试验区从事演艺、销售、创作（油画）等旅游服务工作，根据需要签发Z字签证。

（三）探索旅游产业促进新模式

探索全域旅游发展模式。支持试验区按照全域旅游标准建设，统筹推动国门景区、查干湖国际旅游度假区、世界木屋博览园、猛犸旅游区、呼伦湖、二卡国家湿地公园等建设。深度开发中俄边民互市贸易区，打造俄蒙餐饮等特色街区，规划建设购物、休闲、娱乐设施，提升旅游核心区品质。深入挖掘工业文化内涵，大力发展矿山开采、装配式木结构房屋体验等工业观光旅游。推动建设冰雪大世界、冰雪运动场馆、温泉疗养基地等参与性、体验性强的特色旅游项目，丰富冬季旅游内涵，推动四季旅游均衡发展。

构建产业融合发展格局。加快形成试验区全域规划、全业融合发展模式，促进边境旅游高质量发展。推进"旅游+城镇化"，支持试验区探索以旅游规划引领"多规合一"，营造特色城市风格，完善商贸旅游中心功能，打造新开河和灵泉特色镇区。推进实施旅游扶贫、旅游富民工程，鼓励发展特色种养、民宿、农家乐、牧户游等新业态新产品。推进"旅游+文化"，完善红色交通线遗址等旅游产品，推进爱国主义和革命传统教育大众化、常态化；利用多元文化特色，丰富文化演艺旅游产品，建设中东铁路第一站历史文化街区、敖尔金文化旅游区等。推进"旅游+会展"，办好中国北方国际科技博览会，提升中国满洲里中俄蒙国际旅游节、冰雪节影响力。推进"旅游+健康"，挖掘中俄蒙医药资源，发展医疗旅游、养生康体保健等旅游产品，建设健康医疗旅游示范基地。积极培育冰雪、水上、航空、极限、马术等运动休闲项目，支持试验区创建全国青少年足球示范市。因地制宜建设体育旅游综合体。

建立跨境旅游合作机制。探索建立与"一带一路"沿线国家城市旅游合作新机制。支持试验区开发连接俄蒙、辐射内地的自驾游、专列游、研学游、万里茶道等跨境旅游产品，探索建立跨境旅游合作区。深化与俄蒙毗邻地区旅游市场、产品、信息、服务融合发展，推动缔结国际旅游伙伴城市。依托草原风光和民族风情，针对欧美市场开发探险、休闲为主题的国际旅游线路，有针对性地开发港澳台、日韩、东南亚等旅游客源地市场。支持试验区旅游企业"走出去"，建立面向中国公民的境外旅游接待体系。

（四）探索完善旅游服务管理体系

优化旅游交通网络布局。推进满洲里至新右旗铁路、新右旗至伊尔施铁路、海拉尔至乌兰浩特至通辽高铁前期工作，加快满洲里至海拉尔、至新右旗、至中俄蒙零号界碑公路建设。支持开通满洲里至俄蒙毗邻地区跨境旅游列车，增开国内及俄蒙城市航线，培育低空旅游。完善城市重要交通干线、城市与景区、景区与景区之间的路网和交通设施，实现机场、车站、陆路口岸与主要景区交通无缝衔接。

完善旅游公共服务体系。大力实施"厕所革命"，探索旅游厕所建设管理新模式。加快城市旅游咨询服务和集散体系建设。推动"满洲里旅游大数据"建设，打造智慧景区和智慧旅游城市。强化与俄蒙出入境管理和边防检查等领域合作，推动出入境人员车辆往来查验结果互认，提高口岸通关效率。深化通关改革，创新监管模式，建设沿边示范口岸。加强口岸基础设施建设，提升口岸公共卫生核心能力。加强城市绿道、休憩空间和观光慢行道建设，拓展城市运动休闲空间，形成人性化、便利化、生态化的旅游综合服务体系。

建立旅游监管新机制。全面推进依法治旅，探索实施旅游综合监管执法模式，完善与周边国家的联合执法机制。建立以信用为核心的新型市场监管体制，对旅游领域有关企业及人员建立信用记录，实施信用分级监管，建立旅游领域违法失信"黑名单"及其管理制度，对严重违法失信主体实施联合惩戒。健全旅游投诉统一受理机制，严厉查处违法违规行为，维护旅游市场秩序和游客合法权益，完善旅游市场退出机制。

营造良好旅游发展环境。推进旅游标准化建设，探索建立以游客满意度为核心，以环境、设施、服务质量等为主要指标的质量评价体系。加强旅游安全能力建设，优化旅游应急处置机制和安全预警制度，完善出境旅游服务保障体系，探索建立国际旅游风险防范及快速处置机制。加强旅游行业精神文明建设和职业道德教育，充分发挥行业自律作用，倡导企业依法诚信经营，提升旅游从业人员整体素质。大力开展文明旅游活动，引导文明出行、理性消费。

四、保障措施

（一）加强组织领导。内蒙古自治区人民政府要加强组织领导，制定专门政策，按照方案确定的思路和任务推动实施，根据试验区建设推进情况，依法下放相关行政职权和管理权限，建立定期协调机制，明确分工，落实责任，完善配套政策措施，全力推进试验区建设。支持试验区大胆探索、开拓创新，把改革措施落准落细落实，建立健全改革激励机制和容错纠错机制。

（二）加强规划引导。试验区要按照全国主体功能区规划及内蒙古自治区主体功能区规划合理安排旅游开发活动，要与满洲里重点开发开放试验区建设总体规划及实施方案做好衔接。试验区要围绕方案总体要求，编制建设总体规划。

（三）加强监督检查。内蒙古自治区人民政府要加强督促检查，强化问责问效。文化和旅游部会同有关部门协调、督促有关政策的落实，对试验区定期组织实施情况评估，重大问题及时向国务院报告。

（四）总结推广可复制的试点经验。试验区要及时总结经验、发现问题，定期向文化和旅游部、内蒙古自治区人民政府报送工作进展情况。文化和旅游部会同内蒙古自治区人民政府及有关部门，及时总结评估试点任务实施效果，对试点效果好、风险可控且可复制可推广的成果，及时复制推广，为沿边地区开发开放提供借鉴和支撑。

广西防城港边境旅游试验区建设实施方案

建设防城港边境旅游试验区，是党中央、国务院推进"一带一路"建设、实施兴边富民行动及促进沿边地区开发开放的重大举措，是贯彻落实习近平总书记考察广西重要讲话精神的重要行动。根据《国务院关于支持沿边重点地区开发开放若干政策措施的意见》，为加快防城港边境旅游试验区（以下简称试验区）建设，制定本方案。

一、基础条件

（一）区位优势突出。防城港位于广西北部湾之滨，是一座极具特色的港口城市、边关城市、海湾城市。全市总面积6227平方公里，居住着汉、壮、瑶、京等21个民族，人口约100万。防城港是我国西部第一大港，唯一与东盟海、陆、河相连的门户城市，也是内陆腹地进入东盟最便捷的主门户、大通道，有5个国家级陆海口岸。东兴口岸是我国陆路边境主要出入境口岸之一，年出入境人数近1000万人次，边境旅游人数居广西边境口岸之首。

（二）旅游资源富集。防城港属南亚热带季风气候区，是北部湾畔生态海湾城市，是我国唯一的京族聚居地，有中国氧都、长寿之乡之称，空气质量全年优良率90%以上。防城港有十万大山、北仑河口、防城金花茶 3 个国家级自然保护区和江山半岛省级旅游度假区、京岛省级风景名胜区，已形成以上山、下海、出国为主体的旅游产品体系，打造了中越（东兴—芒街）国际商贸旅游博览会、海上国际龙舟节、京族哈节、中国—东盟国际马拉松赛等旅游节庆。

（三）旅游交通便捷。防城港高速公路、高速铁路已与全国路网联接，与南宁吴圩国际机场形成 1 小时经济圈。防城港各口岸四季往来通行便利，客货运输顺畅便捷，越南公民可在互市区从事商贸、服务等活动。拥有中国—东盟最便捷、距离最短的海上旅游航线，已开通防城港至越南的"海上胡志明小道"高速客轮旅游航线。

二、总体思路

（一）指导思想。全面贯彻党的十九大精神，以习近平新时代中国特色社会主义思想为指导，紧紧围绕统筹推进"五位一体"总体布局和协调推进"四个全面"战略布局，牢固树立和贯彻落实新发展理念，落实高质量发展的要求，深度融入"一带一路"建设，以建设现代化边海经济体系为主线，构建全区域、全要素、全产业链的边境旅游发展新模式，提高边海联动的旅游发展水平，把防城港建设成为全国一流的边境旅游目的地。

（二）基本原则。坚持开放引领，统筹国际国内两个大局，用好两个市场、两种资源，形成内外联动、双向互济的发展格局；坚持创新驱动，发挥市场在资源配置中的决定性作用，加快转变发展方式、优化经济结构、转换增长动力、提升发展质量，不断激发旅游发展活力；坚持特色打造，以精品建设为主线，推动旅游业特色化、国际化、全域化发展，提升旅游业整体竞争力，加快完善现代化经济体系；坚持绿色发展，牢固树立"绿水青山就是金山银山"理念，坚持最严格的耕地保护制度和节约用地制度，尽量少占或不占耕地；坚持防范风险，加强边境管控，完善禁毒、禁赌长效机制，坚决打击非法入境、走私贩私，筑牢边疆安全稳定屏障。

（三）空间布局。试验区的范围为防城港市全境，布局三个功能区：中越边关风情旅游区、北部湾滨海休闲度假旅游区和十万大山森林生态旅游区。中越边关风情旅游区整合东兴边城、中越国门口岸集市、北仑河等边境旅游资源，打造边关风情旅游品牌。北部湾滨海休闲度假旅游区整合海岛海湾、京族风情、北仑河口国家级自然保护区、北部湾休闲渔业等滨海旅游资源，打造滨海休闲旅游品牌。十万大山森林生态旅游区整合十万大山、防城金花茶国家级保护区等生态资源，打造生态康养旅游品牌。

（四）发展目标。经过 3 年左右时间，到 2020 年，试验区旅游基础设施和公共服务设施进一步完善；高度开放、富有活力的旅游管理体制机制基本健全；旅游综合品质全面提升，全域旅游框架基本搭建；试验区旅游产业融合发展、边境旅游开放合作取得实质性突破，试验区打造成为中越跨境旅游目的地、中越旅游产业融合发展实践区和中国—东盟旅游合作先行区。

三、主要任务

（一）探索旅游便利通关新举措

促进人员通关便利化。允许两国边境居民持双方认可的国际旅行证件依法可通过边境的通关绿色通道快速通行。开通口岸自助查验通道，配套生物特征识别设施，实现符合条件的旅客通过口岸自助查验通道验放后快速通关。为试验区人员因公临时出国提供更便利优质的服务。

推动团体旅游便利化。科学合理规划边境旅游线路，使持《中华人民共和国出入境通行证（边境旅游专用）》的旅游团队可灵活选择出入境口岸，提高旅游品质和游客体验。在游客出入境集中的口岸实施"一站式作业"通关模式，推动设置团队游客通关绿色通道，实现快速查验放行。

促进自驾车旅游往来便利化。在国家一类口岸便捷办理跨境运输车辆行车许可证、车辆国籍识别标志和其他入境车辆临时入境机动车（八座以下）号牌和行驶证、临时机动车驾驶许可，允许在牌证有效期内在试验区通行，入境机动车应按规定购买机动车交通事故责任强制保险。允许自驾车游客凭双方认可的国际旅行证件便捷通关。推动设置跨境自驾车通关绿色通道，实现游客及其行李物品、车辆的快速查验放行。逐步推动跨境运输车辆牌证互认。

（二）探索全域旅游发展新路径

推动完善全域旅游综合协调机制。建立健全旅游市场综合监管和综合执法机制，构建旅游纠纷立案、审理、裁决和执行的快速处理机制。创新旅游发展配套机制，建立相应的旅游联席会议、旅游投融资、旅游人才培养、旅游工作考核激励等机制。

推动完善边境旅游综合服务设施。推进防城港/钦州支线机场前期工作，推进中越铁路防城港至东兴铁路建设。加强与越南铁路、高等级公路、桥梁、口岸的对接，建设中越陆海旅游新通道。加强防城港、东兴、峒中口岸基础设施建设，提升口岸公共卫生核心能力及通关能力。推进东兴国际旅游集散中心、旅游咨询服务中心、中越文旅游标识系统、乡村旅游服务站（点）等旅游公共服务设施建设。坚持不懈推进"厕所革命"。加强智慧旅游建设，建立具有边境特色的旅游信息平台，实现重点景区 WIFI 免费全覆盖。

探索创新产业融合发展。推进"旅游＋村镇"，鼓励打造一批民族风情浓郁的少数民族特色村镇。推进簕山古渔村、界河竹山村、京族万尾村、贝丘遗址交东村、万欧渔村等特色旅游乡村建设；逐步推进峒中边境温泉小镇、那良边境风情古镇、江平文化小镇、扶隆生态小镇等边境特色城镇建设。推进"旅游＋文化"，加强与越南等东盟国家旅游交流合作。引进东盟文化民俗演艺活动，打造秘境东南亚、京族原生态等特色民俗表演。推进"旅游＋商贸"，充分发挥地方特色，发展旅游购物。利用互市贸易和电子商务，开发海产品、红木、金花茶等旅游商品，打造特色东盟风情购物街。推进"旅游＋节庆"，办好一批民族特色文体节庆活动，推出一批内涵丰富、参与性强、融入感佳的节庆产品。推进"旅游＋体育"，提升中国—东盟马拉松赛、海上国际龙舟赛等的内涵与形式。因地制宜建设体育旅游综合体。

构建旅游共建共享模式。大力扶持农旅结合项目，对贫困户开展免费技能培训。探索制定旅游扶贫奖补政策，支持当地居民和贫困户开发餐馆、酒店、民宿等旅游接待设施。支持和引导各类社会资本参与乡村旅游开发。

（三）探索产业发展引导新机制

创新旅游投融资模式。试验区内符合条件的旅游项目开发企业，可按政策规定享受西部大开发税收政策。探索将边境旅游项目审批权限下放到试验区。鼓励试验区探索设立旅游产业促进基金，吸引投资机构和民间资本参与子基金的设立，用于投资旅游产业，扶持旅游企业发展。建立试验区企业投融资平台，提高市场化运作水平，实现对旅游资源的优势整合。拓宽企业投融资渠道，通过发行债券、上市挂牌、股权交易等形式融资，推动旅游资产形成可持续的盈利模式。

推动完善土地支持政策。试验区出台支持旅游业发展用地政策的实施意见或细则，土地利用年度计划指标安排向旅游项目倾斜。优先落实旅游重点项目用地指标，优先在城乡规划中落实旅游用地空间。根据旅游项目实施进度，合理安排用地指标支持重点旅游项目。完善乡村旅游用地机制，鼓励农村集体经济组织依法以集体土地使用权入股及联营等形式与其他单位个人共同开办旅游企业。推动乡村旅游基础设施建设用地作为公共设施和公益事业用地。

（四）探索边境旅游转型升级新动能

开拓海上跨境旅游新市场。按规划推进试验区的邮轮码头及相关配套设施建设，支持企业依法开辟防城港至越南等东南亚国家的国际邮轮航线。推动实现陆地旅游产品与海上旅游产品互动、陆上丝绸之路和海上丝绸之路相结合，建成一流的集国际客运、金融服务、商业贸易、文化休闲、旅游度假、高端医疗为一体的沿边邮轮经济先行区。

塑造国际陆海旅游新通道。深度融入中国—东盟旅游线路建设，积极参与"一带一路"南向通道建设，建设功能完善、跨区域的旅游环线，拓展陆海互联枢纽服务功能，提升与东南亚国家旅游互联互通水平，塑造中国西部便捷顺畅的国际陆海旅游南向通道新优势。

打造边境新型旅游产品。立足中越边关风情、滨海休闲度假、森林生态康养等核心旅游资源，推动构建新型特色旅游产品体系。推动江山半岛旅游度假区、京岛风景名胜区、十万大山国家森林公园等提档升级。做大做强以红木、东盟商品和东盟美食等为主的旅游街区。加快国门景区、中越边关风景道、旅游集散中心、中国东盟自驾游基地、生态湿地公园、南山长寿文化旅游区等新项目建设。加强红树林、河流、湿地等生态环境和遗址遗迹、传统村落、非物质文化遗产等人文资源保护。

（五）探索扩大边境旅游合作新模式

建立跨境旅游联合执法机制。建立中越旅游联合执法等边境旅游市场监管机制，共同维护边境旅游市场秩序。建设"诚信旅游信用公示与服务平台"。建立以信用为核心的新型市场监管体制，对旅游领域有关企业及人员建立信用记录，实施信用分级监管，建立旅游领域违法失信"黑名单"及其管理制度，对严重违法失信主体实施联合惩戒。

推动跨境旅游联合营销机制。探索拓展中越跨境自驾游范围，打造中国桂林—中国防城港（东兴）—越南芒街—越南下龙"两国四地"旅游线路。探索中国东兴—越南芒街跨境旅游合作区建设。完善与越南旅游部门和旅游企业间合作机制。探索建立中越跨境旅游市场联盟，开展中越旅游联合宣传营销，共同开发边境旅游市场。鼓励企业建立智能旅游商务平台、智能旅游购物平台等智慧旅游商务系统，提高精准营销能力。

健全旅游人才联合培养机制。推动中越互派旅游从业人员异地培训，建立旅游人才引进及双边共享机制。建设中越边境旅游人才智库和成果宣传推介平台，培养一批高素质人才队伍。建立信息共享机制，定期发布智库决策咨询成果。

四、保障措施

（一）加强组织领导。广西壮族自治区人民政府要加强组织领导，制定专门政策，按照方案确定的思路和任务推动实施，根据试验区建设推进情况，依法下放相关行政职权和管理权限，建立定期协调机制，明确分工，落实责任，完善配套政策措施，全力推进试验区建设。支持试验区大胆探索、开拓创新，把改革措施落准落细落实，建立健全改革激励机制和容错纠错机制。

（二）加强规划引导。试验区要按照全国主体功能区规划及广西壮族自治区主体功能区规划合理安排旅游开发活动，要与东兴重点开发开放试验区建设总体规划及实施方案做好衔接。试验区要围绕方案总体要求，编制建设总体规划。

（三）加强监督检查。广西壮族自治区人民政府要加强督促检查，强化问责问效。文化和旅游部会同有关部门协调、督促有关政策的落实，对试验区定期组织实施情况评估，重大问题及时向国务院报告。

（四）总结推广可复制的试点经验。试验区要及时总结经验、发现问题，定期向文化和旅游部、广西壮族自治区人民政府报送工作进展情况。文化和旅游部会同广西壮族自治区人民政府及有关部门，及时总结评估试点任务实施效果，对试点效果好、风险可控且可复制可推广的成果，及时复制推广，为沿边地区开发开放提供借鉴和支撑。

防城港市人民政府关于印发《防城港边境旅游试验区建设三年行动计划》和《2018 年防城港边境旅游试验区旅游重大项目表》的通知

各县（市、区）人民政府，市人民政府各工作部门，市人民政府各直属企事业单位，驻港各单位：

《防城港边境旅游试验区建设三年行动计划》和《2018 年防城港边境旅游试验区旅游重大项目表》已经 2018 年 7 月 18 日市六届人民政府第 33 次常务会议审议通过，现印发给你们，请结合实际，认真贯彻执行。

2018 年 7 月 31 日

防城港边境旅游试验区建设三年行动计划

2018 年 3 月，经国务院同意，防城港市获批国家边境旅游试验区。为深入贯彻落实《国务院关于支持沿边重点地区开发开放若干政策措施的意见》（国发〔2015〕72 号）和《文化和旅游部等 10 部门关于印发内蒙古满洲里、广西防城港边境旅游试验区建设实施方案的通知》（文旅旅发〔2018〕1 号）（以下简称《实施方案》）的精神，结合防城港市委《关于加快防城港边境旅游试验区建设的决定》（防发〔2018〕10 号）（以下简称《决定》）要求，发挥防城港市沿边沿海优势，充分发挥旅游业作用、推进"一带一路"建设、推动形成全面开放新格局，加快防城港边境旅游试验区（以下简称试验区）建设，制订本计划。

一、指导思想

全面贯彻党的十九大精神，以习近平新时代中国特色社会主义思想为指导，紧紧围绕统筹推进"五位一体"总体布局和协调推进"四个全面"战略布局，牢固树立和贯彻落实新发展理念，落实高质量发展要求，深度融入"一带一路""南向通道"建设。以市委《决定》为统领，创新体制机制为主线，开放合作为引领，特色化、品牌化、国际化为发展方向，产品为本，项目为王，以新思路、新模式、新产品推动重点旅游项目建设，发挥"先行先试，敢试敢闯，率先突破"的精神，构建全区域、全要素、全产业链的边境旅游发展新模式，为全国旅游业的改革创新发挥先行示范作用。

二、工作目标

突出做好"边"的文章。高质量完成实施方案确定的旅游便利通关、全域旅游、产业发展引导、旅游转型升级、旅游合作 5 大方面探索任务；勇于创新，积极开创以旅兴城、旅游购物 2 方面探索目标；敢试敢闯，完成 6 大创新探索改革事项，形成在全国可复制可推广的边境旅游发展经验和模式。

产品为本，项目为王。全面开展试验区三大旅游功能区建设。中越边关风情旅游区抓特色。突出中越传统友谊及边境民俗文化，推进跨境旅游合作区、防城峒中边境经济合作区服务设施建设，打造边境旅游改革创新示范区；北部湾滨海休闲度假旅游区抓产品。江山半岛、京岛按照统征统迁、统一平台收储、统一规划蓝图，统一招商，统一配套基础设施等开发建设，引进世界知名品牌酒店，推进城市西湾片区和珍珠湾片区民宿、酒店、自驾车营地建设，打造滨海休闲度假核心集中展示区；十万大山森林生态旅游区打基础。推进十万大山和南山森林公园、山地运动、温泉疗养、生态农庄民宿建设，打造森林康养集聚区。

到 2020 年，建设完成试验区一批旅游基础设施及重大项目建设，策划出一批旅游精品线路，开发推出一批特色旅游商品，努力创建全域旅游示范区，实现试验区"一年布局打基础，两年创新上台阶，三年巩固出成效"，全市旅游人数突破 3000 万人次，把试验区打造成为中越跨境旅游目的地、中越旅游产业融合发展实践区、中国—东盟旅游合作先行区和北部湾滨海生态旅游新城。

2018 年工作目标：编制边境旅游试验区总体规划和防城港国家旅游度假区（珍珠湾）概念性规划，制定工作任务分工表、重点项目表、创新探索改革事项和扶持奖励政策。重点突破开通广西桂林—防城港（东兴）—越南下龙跨境自驾游，推动设立防城港市边境旅游管理委员会，设立防城港市旅游产业促进基金，建立旅游投融资平台。推进建设国门大道、企沙渔港经济区、西湾东岸沿海景观带提升工程、东兴国门景区、广西三月三旅游度假区、十万山七星顶生态综合旅游度假区、上思县布透温泉、皇袍山景区、长榄岛、华美达酒店等一批重大旅游项目。试验区初步形成边境旅游和国际旅游合作竞争新优势。

2019 年工作目标：重点突破跨境自驾车辆牌证互认，试行东兴口岸 24 小时通关制度，边境旅游团队自由选择出入境口岸，允许试验区自行审批副厅级及以下人员因公赴越（含一年多次及以下）执行任务，在东兴、防城港设立离境退税购物商店，争取国家对我市重点旅游项目在用海用地方面的支持和政策倾斜，优先保障旅游发展用地。推进中国东兴—越南芒街跨境旅游合作区申报和建设工作，启动防城区峒中口岸（含里火通道）综合服务区建设，持续推进十万大山森林康养综合体、中国·防城港体育小镇、三块石海洋乐园酒店二期、广西南山文化旅游度假区、江山半岛康养文旅综合体、客天下·防城港东盟特色小镇、天堂滩海洋度假公园、江山半岛水上飞机、防城港至越南下龙高速客轮航线等一批文旅重大旅游项目和基础设施项目。试验区在旅游产业融合发展和边境旅游合作开放方面取得实质性突破。

2020 年工作目标：重点突破实现更优惠入境免签政策，延长入境游客免签停留时间，恢复《中华人民共和国出入境通行证（边境旅游专用）》赴越南下龙旅游业务，争取游客与边境居民享受同等的边境贸易政策，允许试验区自主审批和调配用地、用林指标，将边贸互市点提升打造成为特色跨境旅游商贸区，初步构建试验区"陆、海、空"立体旅游模式。推进十万大山和珍珠湾区旅游公路、金花茶特色小镇、京族海洋小镇、东兴高铁旅游集散中心、中国东盟自驾游总部（东兴）基地、防城港四和机场、邮轮游艇、百鸟乐园景区房车自驾游露营地、汪门瑶寨民宿等一批景区、酒店、汽车营地、旅游道路等重大旅游和基础设施项目建设。以旅兴城，以旅促城，防城港市成为边境旅游示范区。

三、行动措施

（一）多种措施并举，全力推进旅游通关便利化

重点突破边境旅游线路海陆循环、恢复边境旅游通行证使用范围到达越南芒街、下龙和河内。完善口岸旅游出入境通关设施设备。探索口岸"单一窗口""两国一检""一站式"作业通关新模式。争取更优惠的入境免签政策，扩大免签国家范围、延长免签停留时间。

1. 人员往来通关便利化措施

（1）探索建立 24 小时通关机制。开通口岸自助查验通道，配套生物特征识别设施，实现符合条件的旅客通过口岸自助查验通道验放后快速通关。

（2）允许旅游试验区自行审批副厅级及以下人员因公赴越南（含一年多次及以下）执行任务。

（3）推动持有居住证，并在试验区从事商贸活动的非边境地区居民与边境居民相同的出入境政策。

（4）开放防城港作为一类口岸所有功能，允许中国、越南和第三国的商务、旅游人员持有效证件从该口岸自由出入境。

2. 旅游团队通关便利化措施

（1）2018 年完成东兴二桥口岸建设并投入使用，实行人车分流、客货分流、个人与旅游团队分流，缓解一桥口岸国门的通关压力。

（2）改善优化口岸周边地区交通状况，加强口岸旅客高峰期的周边车辆交通管理、停车管理及行人指引系统。

（3）加强与口岸联检等部门的联动，采取延长通关时间、采用高峰期聘用人员、统筹安排旅游团队和车辆出入境时间等方式，建立人员调配应急预案，充实口岸旅检一线人员，保障高峰期工作人员的需求。

3. 自驾车通关便利化措施

（1）加强与越方有关部门对接协调，在东兴口岸推行"单一窗口""一地两检""一站式"通关模式，配置"一站式"审批和查验通道。

（2）出台跨境自驾车游管理办法，规划跨境自驾车管理，研究通过在口岸设立国际道路运输管理服务站点，便捷办理跨境运输车辆行车许可证、车辆国籍识别标志和其他入境车辆临时入境机动车（八座以下）号牌和行驶证、临时机动车驾驶许可，允许在牌证有效期内在试验区通行，逐步实现中越跨境自驾游车辆牌证互认。允许自驾游旅游团通过旅行社担保办理口岸落地签证，凭双方认可的国际旅行证件便捷通关，设置跨境自驾车绿色通道，实现游客及其行李物品、车辆的快速查验放行。

（二）优化旅游发展布局，探索全域旅游新模式

1. 推动完善边境旅游综合服务设施

加快防城港旅游码头规划建设、防城港口岸提升开放功能、建设一批"旅游＋"的标杆景点景区、节庆、项目和少数民族特色村镇，主动探索充分利用中越陆路口岸的优势，建立边境旅游友好城市，边民互市贸易示范区，跨境经济合作区，设立中国东兴—越南芒街跨境旅游合作区等旅游合作平台。完善东兴到峒中中越边境沿线旅游厕所、旅游集散中心、游客咨询服务中心、汽车旅游营地、旅游驿站、旅游标识牌等配套设施。创新旅游发展配套机制，建立相应的旅游联席会议、旅游投融资、旅游人才培养、旅游工作考核激励等机制。

2. 推动完善全域旅游综合协调机制

在全域旅游发展模式上，加大政策、体制机制方面先行先试和开放创新，探索跨国双边（多边）共同规划、联合建设、统筹经营、共同得利的国际合作模式和常态合作机制。全面推进东兴创建国家全域旅游示范区，继续开展并推广"六个联合"的"东兴模式"，加快防城区、港口区创建广西全域旅游示范区工作，加快上思创建特色旅游名县工作。

3. 抓项目投资建设，推进试验区的旅游全面升级

重点推进防城港机场前期工作；推进中越铁路防城港至东兴铁路建设，争取开通防城港-北海-湛江高铁，并开展防城港-崇左、防城港-越南铁路和高速公路的对接前期规划工作，尽快申报东兴铁路口岸；推进吴圩机场穿越十万大山直达东兴的高速公路、二桥口岸等内联外

连项目规划，构建"海陆空铁桥"边境交通基础设施项目规划建设。

重点策划推出一批 50 亿元以上旅游重大项目，加快推进东兴—芒街跨境旅游合作区，加快城市基础设施、交通路网、重大民生和城建项目建设。推进智慧旅游城市、智慧旅游县、智慧旅游景区、智慧旅游乡村和智慧旅游企业建设，实现重点景区 WIFI 免费全覆盖。通过重、特大项目的带动作用，实现全区旅游优质化发展。

4．抓景区景点创建，全面提升产业规模

全力推动江山半岛旅游度假区、京岛风景名胜区、国门景区、三月三文化旅游度假区、南山长寿谷文化旅游度假区、南珠文化园等景区创建，推动一批 4A 级以上景区和旅游度假区创建，启动一批 4 星级以上高等级酒店、汽车自驾游营地、免税购物城、高星级乡村旅游区的创建工作。同时，建设一批高端健康度假基地和养生养老基地；大力发展"海、陆、空"旅游产品，"陆"上要突出发展自驾车营地，"海"上要发展高、中档海上旅游产品，开展远、中、近的海上邮轮游艇旅游，"空"方面要开辟航空旅游市场，发展低空旅游产品，拓展提升海港观光游，培育发展工业游，构建"海、陆、空"全方位立体旅游产品体系，打造边关风情、滨海休闲、生态康养三大旅游品牌，促进旅游产品向国际化、品牌化发展。

5．抓产业整合，发挥产业集聚规模效应

推进中越边关国际旅游合作和开放产业集聚区、十万大山森林生态康养旅游产业集聚区、北部湾滨海休闲旅游产业集聚区等 3 个旅游产业集聚区建设，构筑防城港边境旅游形象核心吸引物，建设一批见效快、具有标志性的产品，集中一个有载体，有平台的示范区域。加快推进体育小镇、教育小镇和渔港小镇、边贸小镇建设，打造培育一批滨海休闲、森林康养、边关风情等多类型的特色旅游小镇，促进旅游基础要素和新要素的集聚发展，发挥旅游产业集聚规模效应。创新旅游文化产业融合发展，突出红色文化、中越传统友谊文化，打造中越胡志明足迹之旅跨国红色旅游品牌。挖掘中越边境民俗文化、商贸文化、生态文化，打造边关民俗风情旅游带。进一步挖掘京族渔民文化、伏波文化、潭蓬古运河、南珠文化等海洋文化资源，开发北部湾海洋文化旅游产品。提升漂流、龙舟等项目品牌，加快引进赛艇、滑翔伞、攀岩等项目，办好中国—东盟国际马拉松赛、北部湾开海节等

一批文体节庆活动。推进建设民族特色文化村镇，加强中越跨境文化交流，打造文化旅游特色街区，举办特色文体节庆活动，创造防城港文化旅游品牌，提升旅游资源价值。

（三）探索产业发展引导新机制，拓宽投资融资渠道

1. 创新旅游投融资模式

鼓励政府和社会资本合作（PPP）参与旅游项目投资、建设和运营。设立防城港市旅游产业促进基金，建立旅游投资平台，吸引投资机构和民间资本方面参与子基金的设立，鼓励各种平台资金用于防城港文化旅游产业发展。引导和鼓励金融机构放宽对旅游企业的信贷限制条件，积极拓展金融支持旅游业的方式。开展境外旅客购物离境退税工作。出台支持文化旅游产业发展用地政策的实施意见或细则。

2. 扶持重大重点旅游项目建设

出台边境旅游试验区旅游业发展扶持奖励办法，支持重点项目申报进入国家旅游项目库，积极争取国家旅游发展专项资金扶持。对成功创建国家级旅游度假区、国家生态旅游示范区、AAAAA级景区和世界知名品牌酒店等称号的项目业主，加大财政支持力度。搭建旅游投融资平台，引导投资集团、银行、信用社等金融机构和市、县各级政府签订战略合作协议，鼓励金融机构加大对旅游重点项目建设的信贷支持力度。把旅游招商列入境内外重大招商活动，探索组织针对国际旅游投资商的特色旅游项目专场会，吸引国际资本投入试验区旅游开发建设。

（四）打造边境旅游品牌，推动边境旅游转型升级

1. 边关风情旅游品牌

（1）文化牌。整合东兴边城、中越国门口岸集市、北仑河、滨海村镇等边境旅游资源，加强与东盟国家的跨境文化旅游交流合作，加强文化旅游产品包装策划，打响跨境旅游文化牌。继续推进城市"六化"建设，建设峒中温泉小镇和那良古镇等边境特色文化旅游镇、村，建设东盟特色街区、特色建筑、建设东盟民俗文化村等东盟特色旅游产品，中越联合建设民俗文化表演馆和风情美食酒吧街区。打造

中越边关风景道、国门景区、零公里国家公园、国际品牌酒店、免税购物店等项目，搭建跨境文化旅游交流平台。

（2）东盟牌。重点推进中国东兴—越南芒街跨境旅游合作区，与越南商定中国东兴—越南芒街跨境旅游合作区围网区范围和合作区经营模式，争取2020年实现中越两国居民凭身份证可进入合作区、两国车辆可自由进入合作区通行。支持企业开辟防城港至越南等东南亚国家的国际邮轮航线和滨海游艇项目，推动实现陆地旅游产品与海上旅游产品互动、陆上丝绸之路和海上丝绸之路相结合，培育和打造中越友好跨国广场等一批跨界跨海跨国旅游产品，打造中越边关特色界河游、海陆邮轮游艇、"两国四地"跨境自驾游、跨境旅游等4个跨境旅游产品。推动试验区边贸互市点基础设施和规模升级，打造高品质、特色化跨境旅游商贸区，将百里边境旅游带打造成国家级边关风情游精品线路。

专栏 边关风情旅游产品

特色村镇：京族海洋特色小镇、金花茶小镇、峒中边境温泉小镇、那良边境风情古镇、江平文化小镇、扶隆生态小镇、簕山古渔村、竹山村、冲敏村、贝丘遗址交东村等。

文化景区：民俗文化表演馆、风情美食酒吧街区、零公里国家公园、国门景区、中越友好跨国广场等。

跨国旅游：中国东兴—越南芒街跨境旅游合作区、中国防城—越南横模跨境旅游合作区、中国桂林—防城港—越南下龙跨国自驾游线路、中越跨境旅游、北仑河界河水上游览路线、跨境邮轮、游艇旅游等。

服务设施：国门大道、中越边关风景道、口岸免税购物店、国际品牌酒店、中国东盟自驾车总部（东兴）基地、东兴高铁集散中心等。

2. 北部湾滨海休闲旅游品牌

（1）滨海牌。整合海岛海湾、京族风情、北仑河口滨海红树林资源、北部湾休闲渔业等滨海旅游资源，大力推进珍珠湾国际旅游区开发，重点建设江山半岛国家级旅游度假区、京岛省级风景名胜区、西湾城市观光旅游区、企沙山新和天堂滩滨海旅游区等，发展海岛旅游、海上观光休闲旅游、海洋主题公园、国家湿地公园、海上运动休闲基地、渔家乐等海洋旅游项目。加快策划低空旅游项目，规划建设防城港通用航空基地，打造直升机、热气球、滑翔伞、水上飞机等低空游览项目。完善滨海旅游线旅游厕所、旅游集散中心、游客咨询服务中心、汽车营地、旅游驿站、旅游标识牌等配套设施，打造滨海休闲旅游品牌。

（2）民族牌。整合开海节、京族哈节、京族原生态歌舞演艺，界河中越联欢等民俗风情，升级百鸟衣、秘境东南亚等大型旅游演艺。开发富有海洋文化，京族、瑶族、壮族民俗风情特色的精品文艺表演节目，举办中国—东盟马拉松赛、穿越十万大山国际汽车越野赛、国际帆板赛、中越足球友谊赛、女子沙滩排球赛等体育赛事活动。丰富旅游娱乐业，推进文化休闲设施建设，打造京族哈节、海上国际龙舟节、中越瑶族风情节（阿波节）等具有地方民族风情特色节庆活动品牌。

专栏 北部湾滨海休闲旅游产品

滨海旅游：江山半岛旅游度假区、京岛风景名胜区、西湾城市观光旅游区、企沙山新和天堂滩旅游区、三块石海洋乐园、白浪滩水上世界、江山康养文旅综合体、体育小镇等。

民族风情：广西三月三文化旅游度假区、南珠文化园等。

节庆活动：中国—东盟马拉松赛、女子沙滩排球赛、国际帆板赛、中越足球友谊赛、国际汽车越野赛、京族哈节、海上国际龙舟节、中越瑶族风情节等。

服务设施：渭博酒店、三块石海洋乐园酒店（二期）、中国—东盟旅游接待基地、防城港通用航空基地、旅游码头、旅游厕所、旅游集散中心、游客咨询服务中心、汽车旅游营地、旅游驿站、旅游标识牌。

3. 生态康养旅游品牌

（1）康养牌。依托十万大山国家森林自然保护区、南山金花茶国家自然保护区、北仑河口国家海洋生态自然保护区等国家级生态资源，以十万大山国家森林公园、北仑河口景区、南山生态旅游区、峒中温泉、布透温泉等景区为重点，大力发展生态康养度假等产品。加快推进十万山七星顶生态综合旅游度假区等项目建设，启动广西南山长寿谷文化旅游度假区项目等项目前期工作。充分利用试验区优越的地理环境、土壤、水质、空气、气候和自然生态等因素，开发康养度假旅游产品，打造长寿养生胜地。

（2）暖冬牌。试验区冬天气候温暖，依托全市气候、滨海、森林、空气、生态环境的优势，吸引北方度假型和"候鸟"型游客，开发暖冬养生度假产品，推进开发峒中温泉小镇、上思布透温泉小镇、东兴长寿养生特色小镇等项目，以江山半岛、京岛和西湾西岸、珍珠湾等滨海度假区，十万大山国家森林公园、南山等生态旅游区和滨海、森林为依托，引进世界知名酒店品牌和管理团队打造特色酒店、精品民宿等度假设施，为吸引北方旅游市场提供具有南国边境风情的高品质、个性化住宿服务。

专栏　生态康养旅游产品

生态旅游：十万大山国家森林公园、百鸟乐园、北仑河口景区、南山长寿谷文化旅游度假区、十万山七星顶生态综合旅游度假区、客天下·防城港市东盟特色小镇、皇袍山森林乐园、南天门风景区等。

康养旅游：峒中温泉小镇、上思布透温泉小镇、东兴长寿养生特色小镇、扶隆大峡谷漂流景区、祥龙国际生态城、广西职工劳模疗休养基地等。

服务设施：特色酒店、精品民宿、旅游厕所、旅游集散中心、游客咨询服务中心、汽车旅游营地、旅游驿站、旅游标识牌等。

（五）持续推进跨境合作，探索扩大边境旅游"六个联合"新模式

1. 联合打造跨境旅游精品线路

深入推进中国桂林—防城港（东兴）—越南芒街—下龙"两国四地"黄金旅游线路，延长中越跨境自驾游线路，推动企业开通防城港至越南等东盟国家的邮轮航线，带动跨境旅游业发展。

2. 联合打造跨境旅游拳头产品

共同推进中国东兴—越南芒街跨境旅游合作区项目建设，谋划推进中越友好跨国广场、北仑河景区等中越跨境旅游合作区建设项目，挖掘边关界河内涵，开发中越边关特色界河游产品。

3. 联合开展跨境旅游宣传推广

建立跨境旅游联合宣传推广机制，双方每年持续联合开展跨境旅

游形象推介，到中国北京、上海、广州、深圳等大城市及越南下龙、芽庄、岘港、胡志明市等地举行跨境旅游整体形象推介，加强中越跨境旅游推广的力度。

4. 联合开展跨境旅游领域市场执法

中国东兴、越南芒街加强沟通合作，建立中越旅游联合执法的边境旅游市场监管机制、中越边境旅游管理部门定期会晤机制，完善与越南旅游部门和旅游企业间合作，共同维护中越游客的合法权益和中越边境旅游市场秩序。

5. 联合做好跨境旅游演艺交流

积极推进升级《百鸟衣》《秘境·东南亚》演出、谋划中越演艺项目、加强京族独弦琴、国乐古筝及越南风情表演等中越特色演艺交流，增强文化旅游市场吸引力。将中越界河水上对歌打造为跨境旅游演艺合作品牌。

6. 联合开展跨境旅游培训

建立文化旅游人才智库和成果宣传推介平台，培养一批高素质人才队伍，与越南在旅游人才培养领域加强交流合作，常态化举办跨境旅游从业人员培训班，共同提高双方旅游从业人员素质，共同提高规范旅游行业秩序能力。

（六）充分挖掘海洋经济，开拓海上跨境旅游新市场

1. 规划和建设防城港客运码头和旅游游艇码头

开展邮轮母港经济区的规划，加快防城港马鞍岭1、2号国际邮轮码头及联检、服务等设施建设。推动江山半岛旅游度假区、京岛风景名胜区、企沙山新和天堂滩等滨海旅游度假区建设，发展远、中、近不同类型，高、中、低不同档次的海上游艇休闲旅游产品。

2. 完善防城港口岸人员出入境功能

力争所有具有出境、边境旅游业务资质的旅行社均可经营防城港口岸出境的海上航线、邮轮等出境边境旅游业务。推动中国和第三国商务、旅游人员持护照、通行证等有效证件自由出入境。

3. 支持企业开通防城港至越南、新加坡等东南亚国家的国际邮轮航线

建设海上通关查验系统，配套转港移泊、分类担保、电子通关等设施。

（七）创新旅游扶贫方式，实现边境地区兴边富民

1．加大旅游扶贫力度，实施乡村振兴

加大旅游扶贫重点村开发力度，重点抓好旅游扶贫村的脱贫工作。完善旅游扶贫村屯的旅游基础设施，建设停车场、发展农家乐旅游；高标准规划建设边海乡村旅游示范带和乡村旅游扶贫示范区、星级农家乐等，打造新型乡村旅游品牌。将旅游扶贫乡村旅游点纳入自驾游、乡村休闲游精品线路，安排贫困户到乡村旅游区和农家乐岗位就业，对吸纳贫困户就业的农家乐经营户，给予基础设施相关建设的政策倾斜。

2．建立合理利益分配机制，保障当地居民利益

让当地居民有效参与试验区旅游的发展，定期组织当地居民培训，推介和宣传本地旅游资源。建立合理利益分配机制，推进景区与当地居民共同发展。

3．大力扶持农旅结合项目，对贫困户开展免费技能培训

制定旅游扶贫奖补政策，支持当地居民和贫困户开发餐馆、酒店、民宿等旅游接待设施。支持和引导各类社会资本参与乡村旅游开发。

（八）探索以旅兴城发展新战略

充分发挥旅游业的带动作用，以旅兴城，以城促旅，加快旅产城深度融合，加强城市滨海旅游景观带和景点建设，打造港口西湾景观带、防城江景观带、东兴市区及北仑河景观带、上思明江景观带，抓好城市建筑景观设计和街区亮化、美化风貌改造，带动旅游和城市融合发展，补齐城乡发展短板、提升城市品位、汇聚人气、全面优化产业结构，促进现代服务业提速增效，推动防城港由旅游通道变为旅游目的地，建设边海现代服务业转型发展先行区，打造活力之城、美食之城、风情边城，建成北部湾滨海生态旅游新城。

（九）探索边境旅游购物新方式

拓展旅游消费发展空间，探索发展离岸免税购物游，实施开放便利的互市免税购物政策，争取实施游客在跨境旅游合作区内享受8000

元/人的免税商品边贸政策，并争取增加免税额度。加强边境旅游与口岸经济、互市贸易融合发展，建设互贸区免税购物中心，发展跨境旅游电子商务，提高免税购物限额，实现游客共享边民互市免税政策全覆盖。

四、强化实施保障，确保边境旅游试验区建设取得实效

（一）加强组织领导。成立试验区领导机构，全面统筹、部署和推进试验区建设工作。设立防城港市边境旅游管理委员会，建立联席会议制度，研究解决试验区建设重大问题和重大事项。组建十个工作小组，分别对应争取国家部委和自治区部门的支持指导。明确工作职责，统筹推进各项工作。

（二）加强规划引导，优化发展格局。要坚持规划先行，树立先进、长远、超前的理念，高起点高水平编制试验区总体规划、全域旅游规划、珍珠湾国家旅游度假区概念性规划、江山半岛控制性详细规划以及各类专项规划。重点规划和策划建设边境旅游试验区标志性产品，打造集中示范区域。积极筹措资金，对优质重点旅游资源由市级层面统筹开发，实行一体化规划、一体化招商、一体化建设、一体化管理。

（三）扩大宣传推介。精心策划宣传推介活动，准确解读《实施方案》，最大限度放大宣传效应，营造良好舆论环境。全方位、高强度、宽领域、多媒体进行宣传，高起点、高层次把防城港边境旅游试验区推向国内外。

（四）强化指导督查。从自治区等各级旅游管理、发展改革、边境管理和高等院校、科研院所等部门中遴选一批工作经验丰富、具有一定理论素养和研究能力的专家团队，定期对边境旅游试验区的规划、建设、实施情况等进行评估和加强业务指导。加大边境旅游试验区建设督查督办，推动试验区各项工作高效落实。制定出台考核奖惩办法，建立各级各部门推进试验区建设实绩考核制度，将考核结果作为选拔任用领导干部的重要依据。

参 考 文 献

［1］ 洪银兴. 关于创新驱动和协同创新的若干重要概念［J］. 经济理论与经济管理，2013（05）：5－12.

［2］ 刘刚. 中国经济发展的新动力［J］. 华东经济管理，2014，28（07）：1－7.

［3］ 王海燕，郑秀梅. 创新驱动发展的理论基础、内涵与评价［J］. 中国软科学，2017（01）：41－49.

［4］ 杨蕙馨，等. 创新驱动及其动能转换的策略选择与政策设计——基于构建现代产业发展新体系的视角［J］. 山东社会科学，2019（02）：137－142.

［5］ 李永. 动态比较优势理论：一种新的模型解释［J］. 经济评论，2003（01）：43－45，58.

［6］ 马晓琨. 经济学研究主题与研究方法的演化——从古典经济增长理论到新经济增长理论［J］. 西北大学学报（哲学社会科学版），2014，44（04）：51－57.

［7］ Arrow Kenneth J. The Economic Implication learning by Doing［R］. Review of Economic Studies，1962（29）：155－173.

［8］ Della Corte V，Aria M. Coopetition and sustainable competitive advantage. The case of tourist destinations［J］. Tourism Management，2016，54（06）：524－540.

［9］ Kylanen M，Rusko R. Unintentional coopetition in the service industries：The case of Pyha-Luosto tourism destination in the Finnish Lapland［J］. European management journal，2011，29（03）：193－205.

［10］ 保继刚，楚义芳. 旅游地理学（修订版）［M］. 北京：高等教育出版社，1999.

［11］ 保继刚，梁飞勇. 滨海沙滩旅游资源开发的空间竞争分析：以茂名市沙滩开发为例［J］. 经济地理，1991（02）：89－93.

［12］ Alan F，Brian G. Tourism marketing a collaborative approach［J］. Tourism marketing a collaborative approach，2005，27（06）：1424－1425.

［13］ Ordanini A，Pasini P. Service co-production and value co-creation：The case for a service-oriented architecture（SOA）［J］. European Management Journal，2008，26（05）：289－297.

［14］ Luo Y. A coopetition perspective of global competition［J］. Journal of world business，2007，42（02）：129－144.

［15］ 高梦浠. 改革开放40年来我国旅游业的发展历程、成就与展望［J］. 价格月刊，2018（11）：73－77.

［16］ 王成志. 新时代我国发展优质旅游的必然性与关键问题研究［J］. 旅游学

刊，2018，33（10）：5-7.

[17] 孙振杰. 京津冀旅游共生关系的协调演化 [J]. 企业经济，2018，37（08）：167-174.

[18] 连续两年成都获评"厕所革命"先进市 [N]. 成都商报，2017-11-29.

[19] 贾晓芸. 智慧旅游平台——"浙里好玩"正式上线 [N]. 杭州日报，2017-12-15.

[20] 本书编写组. "一带一路"简明知识读本 [M]. 北京：新华出版社，2017.

[21] 仇华飞. 历史的回首、现实的使命——中国"新丝绸之路"战略 [A]；中国海洋发展研究会2014年学术年会 [C]. 2014.

[22] 沈世顺. "海上丝绸之路"的新内涵及海南省的作用 [J]. 东南亚纵横，2014（11）：8-10.

[23] 陈柳钦. 产业发展的集群化、融合化和生态化分析 [J]. 华北电力大学学报（社会科学版），2006（01）：16-22.

[24] 李美云. 国外产业融合研究新进展 [J]. 外国经济与管理，2005（12）：12-20.

[25] 程锦，陆林，朱付彪. 旅游产业融合进展及启示 [J]. 旅游学刊，2011（04）：13-19.

[26] 厉无畏，王振. 中国产业发展前沿问题 [M]. 上海：上海人民出版社，2003：20.

[27] 马健. 产业融合理论研究评述 [J]. 经济学动态，2002（05）：78-81.

[28] 胡汉辉，邢华. 产业融合理论以及我国发展信息产业的启示 [J]. 中国工业经济，2003（02）：16-21.

[29] 吴大进，等. 协同学原理和应用 [M]. 武汉：华中理工大学出版社，1990.

[30] 哈肯. 高等协同学 [M]. 北京：科学出版社，1989.

[31] 白列湖. 协同论与管理协同理论 [J]. 甘肃社会科学，2007（05）：228-230.

[32] 刘辉，罗劲洪，严东军. 一种自组织能力系统的构造方法 [P]. 中文专利全文数据库. 2015.

[33] 马国强，汪慧玲. 共生理论视角下兰西城市群旅游产业的协同发展 [J]. 城市问题，2018（04）：65-71.

[34] 胡晓鹏. 产业共生：理论界定及其内在机理 [J]. 中国工业经济，2008（09）：118-128.

[35] 张文军. 基于共生理论的田园综合体建设研究 [J]. 河南城建学院学报，2019，28（04）：1-5.

[36] 王东红.共生理论视角下的区域旅游资源整合研究 [J].焦作大学学报，2009，23（02）：56-58.

[37] 刘晓静.共生理论视角下大别山革命老区旅游合作研究 [J].产业科技论坛，2019（15）：16-17.

[38] 周海林.可持续发展原理 [M].北京：商务印书馆，2004.

[39] 王文龙.我国旅游业可持续发展研究 [D].南昌：江西财经大学，2008.

[40] 龙开元.跨行政区创新体系建设初探 [J].中国科技论坛，2004（06）：50-54.

[41] 叶一军，顾新，李晖，陈一君.跨行政区域创新体系中创新主体间知识流动研究 [J].科技进步与对策，2014，31（18）：45-50.

[42] 姜江，胡振华.区域产业集群创新系统发展路径与机制研究 [J].经济地理，2013，33（08）：86-90，115.

[43] 郭峦.旅游创新系统的网络结构研究 [J].创新，2013，7（01）：104-106，121.

[44] 陈健平.乡村社区旅游创新系统机制构建与发展路径研究 [J].福州大学学报（哲学社会科学版），2019，33（02）：75-79.

[45] 孔卫鹏，耿玉环，张建军，康秀芬，武侠.基于需求侧的旅游用地分类标准探究 [J].现代城市研究，2020（07）：60-66.

[46] 周衍鲁.动能转换：信息动能驱动商业数字经济发展的技术理论探究 [J].商业经济研究，2020（18）：183-185.

[47] 韩江波.创新驱动经济高质量发展：要素配置机理与战略选择 [J].当代经济管理，2019，41（08）：6-14.

[48] 李辉.大数据推动我国经济高质量发展的理论机理、实践基础与政策选择 [J].经济学家，2019（03）：52-59.

[49] 张银银，邓玲.创新驱动传统产业向战略性新兴产业转型升级：机理与路径 [J].经济体制改革，2013（05）：97-101.

[50] 范容廷，张辉.中国旅游目的地供给态势分析与政策研究——基于供给侧结构性改革的视角 [J].河海大学学报（哲学社会科学版），2017，19（06）：44-48，87.

[51] 李爽.旅游公共服务供给机制研究 [D].厦门：厦门大学，2008.